远观译丛

陈夏红·主编

中国公司法

中国公司法的问题与出路

分卷主编·葛平亮 梁姣龙　译者·唐晓琳 林少伟 高鹏程 等

中国大百科全书出版社

图书在版编目（CIP 数据）

中国公司法/陈夏红主编；葛平亮，梁姣龙编．－－北京：中国大百科全书出版社，2018.8

（远观译丛）

ISBN 978 - 7 - 5202 - 0078 - 3

Ⅰ. ①中…　Ⅱ. ①陈…　②葛…　③梁…　Ⅲ. ①公司法 - 中国 - 文集　Ⅳ. ①D922. 291. 914 - 53

中国版本图书馆 CIP 数据核字（2017）第 092329 号

策 划 人　郭银星

责任编辑　李海艳

责任印制　魏　婷

封面设计　乔智炜

出版发行　中国大百科全书出版社

地　　址　北京阜成门北大街 17 号　　　　邮政编码　100037

电　　话　010 - 88390093

网　　址　http：//www. ecph. com. cn

印　　刷　北京君升印刷有限公司

开　　本　787 毫米 × 1092 毫米　　1/16

印　　张　21

字　　数　255 千字

印　　次　2018 年 8 月第 1 版　　2018 年 8 月第 1 次印刷

书　　号　ISBN 978 - 7 - 5202 - 0078 - 3

定　　价　69. 00 元

总　序

大洋彼岸的回声

想编这样一套丛书的想法由来已久。自多年前到荷兰游学，出于研究需要，查阅了大量英文写成的有关中国法律的文献。阅读的过程，失望与希望并存。说失望，是发现，由于语言、文化等因素，有一些用英文写成的有关中国法律的文献，或流于浅层次的泛泛介绍，或充满西方式的傲慢与偏见，并不尽如我们在惯性思维里对西方学者的预期与推崇。而说希望，是发现，亦有为数不少的文献，选题新颖，论证严密，评析问题入木三分，既顾及中国的传统与现实，亦能够用最现代化的法治标准，去衡量中国法治发展的成败得失；既有理性的批评与建议，亦有客观的褒扬与赞许。尽管现在国人的英文水平较之以往有提高，文献检索能力也随之进步，数据库技术的发展消除了获取这些原文的障碍，但从传播效果最优化的角度，我觉得这些佳作，依然有翻译成中文并在国内出版的必要。

这个想法，首先得到中国大百科全书出版社社科学术分社社长郭银星女士的鼎力支持。2013 年初，我回国探亲，忙里偷闲与郭银星聚餐，聊及这个选题，双方一拍即合，并在各自的领域内，做了最大的努力。

我与郭银星相识已有十多年，在出版领域算是挚友，此前我们已有一些合作。比如在我的建议下，中国大百科全书出版社重版曹汝霖的回忆录《曹汝霖一生之回忆》；《高宗武回忆录》出版过程中，我亦参与校阅；我们更大规模的合作，便是辛亥革命100周年之际，由我与杨天石教授编辑的《辛亥革命实绩史料汇编》四卷本。这套丛书出版过程延宕甚久；出版之际，辛亥革命百年纪念已经落幕。但这套书出版后，依然获得一些好评，尤其是很荣幸地获得"2011凤凰网年度十大好书"的称号。而这套远观译丛，则是我们最新的合作成果。

选择与中国大百科全书出版社合作，完全是基于该社在法学学术出版领域卓越的声誉和口碑。据我所知，中国大百科全书出版社在法学领域最早期的成果，是20世纪80年代初期的《中国大百科全书·法学》。百科全书作为国家学术思想的门户，其重要性毋庸赘言，尤其是中国经过多年"文革"浩劫，亟待重建知识体系的情况下。中国大百科全书出版社由此创建，而亦以此成名。《中国大百科全书·法学》编撰过程中，当时国内老中青三代法学家尽数参与其中，济济一堂；这本书出版后，一时洛阳纸贵，也成为当时法学院师生不可或缺的参考书。而90年代中后期，中国大百科全书出版社与福特基金会合作，由江平先生出任主编，隆重推出"外国法律文库"，将德沃金的《法律帝国》《认真对待权利》、伯尔曼的《法律与革命》、哈耶克的《法律、立法与自由》、贝卡利亚的《论犯罪与刑罚》、哈特的《法律的概念》、戴西与莫里斯的《论冲突法》、奥本海的《奥本海国际法》、凯尔森的《论法律与国家的一般理论》、拉德布鲁赫的《法学导论》等西方学界脍炙人口的法学名著，悉数译介到国内。这些书籍的出版，对于当时的法学界来说，其意义自不待言。如今随着法学出版格局的进化，译介甚至原版影印的作品越来越多，但中国大百科全书出版社在法学领域的这些贡献和创举，至今散发着绵延不绝的影响力。

远观译丛想法的产生，不能不提及一些同类作品。最为著名的当然是刘东主持编辑的海外汉学丛书。这套书从文史的角度，将海外学人研究中国的佳作"一网打尽"。而在法律领域，除了早年王健编辑的《西法东渐：外国人与中国法的近代变革》，尚有高道蕴、高鸿钧以及贺卫方等编辑的《美国学者论中国法律传统》。除了译作，后来也出现一些研究外国学者论中国法的作品，这里面最重要的一本当属徐爱国教授的《无害的偏见——西方学者论中国法律传统》。我之所以有想法编译这套远观译丛，无疑是受到以上作品的启迪，理当在这里表达敬意与谢意。

但是，上述译作大都局限在比较法或中国法律传统的框架内，重理论而轻实务，重理念而轻实践，文史气息浓郁，对具体的部门法则涉及不多。这或许是远观译丛与前述作品的最大区别。在我看来，中国法律传统固然值得盘点，但在中国大转型的节骨眼上，更为重要的则是对我们现行法制建设的成败得失作出理性的分析评判。正应了那句老话："兼听则明。"我们有必要将域外学者对中国法律制度的具体评述译介到国内，为法治的现代化更上一层楼，增加必要的参考资料。这些中国法治事业在大洋彼岸的回声，势必会给读者带来耳目一新的感觉。这么说，并不是说前述对中国法律传统的盘点不重要，而是希冀在这些工作的基础上更进一步。

说到中国法治的现代化，这无疑是一个更长久的历史过程。清末开启中国法治现代化进程，绵延至今已有一个多世纪。大约115年前，即1902年，刚从义和团运动及八国联军侵华之后回过神来的晚清政府，在与西方列强修订商约过程中，被迫启动修律新政，为挽救这个摇摇欲坠的王朝，不得不服下一剂废弃祖宗成法的猛药。此举一下子将畅行中华帝国千余年的传统律法体系几乎连根拔起，亦将中国带上了法律现代化的不归路。正所谓"开弓没有回头箭"，中国在法律现代化的道路上，因应国际政治形势的演变，先学欧美，再学苏联，复归欧美，一波三折，大方向却始终如一。在这个过程中，中国的法律体系可以说是一个"全盘西化"的过程。这个"西"既包括日本、德国、法国，也包括英国、美国，当然更不能漏掉苏联。周大伟先生尝言，中国现代化的过程便是三院诞生的过程。这里的三院便是医院、法院、法学院，此言颇得我心。现在是对持续近百年的法治"全盘西化"作一盘点的时候。在盘点之前，我们有必要听听域外学者对我们现有的法律成果作何评说。师夷长技以自强也好，师夷长技以制夷也罢，中国法治现代化的伟业，我们只能一步一个脚印，筚路蓝缕，群策群力，以愚公移山的精神艰苦奋斗下去。

在我心目中，这套书预期的读者，将不仅仅是法科学生，而更多的是各个部门法领域的专家、学者及研究人员，还有实务部门的实践者和决策者。我之所以这么说，完全是由这套丛书的格局与气象决定的。在阅读译稿的过程中，我常常惊讶于原文作者直面中国法律实践的学术敏感，以及他们发现问题、归纳问题、提出问题以及解决问题的能力。这里面给我冲击最大的，既有《中国知识产权法》中，从中国传统文化角度解读"山寨"现象的新观点，亦有《中国破产法》中，对1906年《大清破产律》的比较研究。我不敢说每部入选图书都是佳作，但这样的列举势必挂一漏万，因为这样的闪光点实在是比比皆是。

这套丛书能够以现在这个样子呈现在读者面前，不能不归功于一个优秀的翻译团队。这个团队年轻而富有朝气，大部分成员为"八〇后"，基本都在中国、日本、德国、荷兰、奥地利等国内外法学院，受过完备的法律教育及扎实的学术训练。这也是为什么我们首辑包括《中国民法》《中国刑法》《中国刑事司法》《中国公司法》《中国知识产权法》以及《中国破产法》中，能够收录包括日语、德语、英语在内的重要文献。这既保证我们能有国际化的视野，也保证我们可以尽最大的能力，使得这些优秀的作品能够以尽可能完美的方式，呈现在读者面前。

毫无疑问，对于我们这个年轻而朝气蓬勃的翻译团队来说，无论是在专业素养上，还是在人格养成方面，翻译并出版这套丛书，都是一个极为宝贵的锻炼机会。在这个协作的过程中，我们逐渐学会有效沟通、制定规则、执行规则、维护权利、履行义务、践行诺言、承受压力等。在这个组稿、翻译、定稿的过程中，我们既完整地展示出各自的能力，亦发现自身颇多值得完善的地方。对于每个参与者来说，这套丛书出版的意义，绝不仅是署有自己名字的译作出版，而更多的意义在出版物之外。我希望这套丛书的出版，对于所有参与者来说，不是我们这些参与者学术人格训练和养成的终结，而只是开始。

坦率地说，翻译本身不仅仅挑战译者的外语能力，更考验译者的中文水平。就翻译三目标"信、达、雅"而论，能够"信"而"达"已属不易，"雅"更是一个值得恒久努力的目标。什么是美好的汉语？这个问题仁者见仁、智者见智，但能够做到清楚、通顺已经很不容易。只有在翻译的过程中，我们才能真切地看到自身的汉语水平。这套丛书译稿不断更新的过程，也是我们对自己的母语水平不断审视并提高的过程。但即便如此，用一句俗套但绝非客套的话来说，恐怕翻译的讹误之处在所难免，还请读者们不吝赐教。

第一辑七本分册的出版，只是远观译丛的起步。这套丛书将保持开放性、持续性，会通过各种方式继续进行下去。下一步，我们除了继续围绕不同学科或者特定主题选译优秀论文外，亦将会引进合适的专著，目前这方面的工作已经起步。此外，我们诚挚地期待并邀请更多的同行加入这个团队，将更多的佳作介绍给国内的读者。

作为这套丛书的主编，在这里，请允许我诚挚地感谢中国大百科全书出版社尤其是社科学术分社社长郭银星女士；感谢本丛书所收论文的作者或原出版机构等版权持有方的慷慨授权；感谢本丛书各位分卷主编耐心细致的组织工作；感谢各位译者认真负责地翻译；当然，最后更要感谢并期待来自各位读者的意见和建议。

是为序。

陈夏红

2015 年于荷兰马斯特里赫特大学

2017 年定稿于京郊昌平慕风斋

序　言

　　公司是市场经济最重要的参与主体之一，一国经济的繁荣离不开公司的兴盛；而公司法作为规制公司组织和运行等最重要的法律，为公司的成立、发展和兴盛提供了制度性保障。公司法的重要性可见一斑。纵观中国公司法的产生和发展，无不深受外国公司法的影响。最初主要引入日本公司法和德国公司法，之后则重点借鉴英美公司法。例如，中国的监事会制度可以追溯到德国和日本的相关规定，而独立董事制度则是借鉴了美国的经验。

　　伴随着中国经济的崛起和全球一体化的浪潮，中国公司法在借鉴外国法的同时，也吸引了众多外国法律从业者、法学研究者以及法学专家的目光。他们对中国公司法或介绍、或比较、或分析研究，发表了许多相关的文章。在这些文章中，不乏一些客观且深入研究中国公司法的佳作。它们立足于中国的国情和法律实践，鞭辟入里地分析了中国公司法中存在的一些问题，有些还提出许多切实的建设性意见。

　　本书作为远观译丛之一，在文章选择上首先便考察符合上述标准的文章。此外，还兼顾文章的时效性——以 2005 年《公司法》修订之后的文章为限——以及文章主题的新颖性。另外，文章的研究方法也是重要的考量标准。最后，我们选取了九篇具有代表性的文章，共分为四个专题，即公司股东和债权人利益保护、公司治理、公司社会责任、公司法移植，涉及公司法的核心问题和热门领域。

本书翻译时，《公司法》尚在修订中，最终于 2013 年 12 月 28 日通过。由于时间关系，我们来不及选入最新研究成果，遗憾只能留待将来弥补了。

公司股东和债权人利益保护始终是公司法的核心问题。股东派生诉讼制度是保护股东利益，特别是小股东利益的利器。郭丹青、郝山在《通往小股东保障之路径：中国派生诉讼》一文中，便考察中国公司的所有权和控制模式以及中国特殊的司法现实，并基于对 50 多个派生诉讼案例的分析，指出中国《公司法》所规定的股东派生诉讼制度的优点和缺陷，最后提出相关改革建议。本专题的第二篇文章是朴法眼的《中国公司法中的直索责任》。直索责任是对公司债权人在特殊情形下的保护，即在特定情形下，公司债权人可以要求法院判定公司股东直接对其承担责任。作者以中国《公司法》的发展历史作为大背景，阐述中国对直索责任的立法规定历程，并对相关的立法资料和法院判例进行整理分析。之后，作者进一步分析 2005 年新《公司法》对直索责任的规定，并指出现行直索责任规定的缺陷和法院审理直索责任案件中的问题。本专题第三篇是朴法眼、托马斯·冯·希佩尔的《中国公司的解散和清算——最高人民法院最新司法解释作为制止滥用行为和加强债权人地位的工具》，该文以分析 2008 年最高人民法院出台的《最高人民法院关于适用〈中华人民共和国公司法〉若干问题的规定（二）》（以下简称《公司法司法解释二》）为基础，指出《公司法司法解释二》规定的进步和不足。

公司治理同样属于公司法的核心，并且是近几年公司法研究的热点之一。在现代公司制度中，公司所有权和经营权的分离造成公司股东和公司董事等管理人员的利益冲突。良好的公司治理结构和机制可以妥善解决公司各方利益分配问题,提高公司内部运行效率,完善公司内部监管,最终实现股东利益最大化。本专题的第一篇文章——弗洛里安·凯斯勒、马克斯·蒂姆勒《中国法上有限责任公司的组织机构——一个比较法上的分析》以中德公司法比较为视角,分析中国有限责任公司的组织机构。作者指出,中国和德国公司法对有限责任公司组织机构的规定存在着一些不同,但在实质上具有相似性,主要的不同在于中国有限责任公司经营上的二分法、对股东人数的限制以及对设立监事的强制性规定等。郭丹青在《中国公司治理制度:有法律而无秩序》一文中,提出公司治理的概念和构建不同的公司治理模型,并在介绍中国上市公司和投资者背景信息的基础上,详细调查中国公司治理的各种国家或非国家层面的公司治理制度,最后指出中国公司治理制度尚需要改进之处。安你友、唐荣曼的《引导中国百强上市公司:新兴市场经济的公司治理》一文采用实地调查研究的方法,通过108次面对面的访谈,考察中国上市公司的治理实践。在文中,上市公司高级管理人员、法律和会计顾问、上市公司的监管者以及其他观察人士、评论员和学者等纷纷现身说法,展示董事长、总经理、执行董事和独立董事在加强公司治理方面的作用。本文实地调查的成果可为中国公司的治理提供生动翔实的资料。本专题最后一篇文章——郝唯真的《论中国关于风险规制的公司治理规则:以比较法研究看风险监督、风险管理和企业责任》,从风险监督和风险管理的角度研究中国的公司治理机制。在该文中,作者从公司法和董事会义务、证券法和证券交易规则以及企业风险管理和风险监督范围三个方面介绍欧洲风险监督和风险管理的机制,并以此为基础对中国公司治理中风险监督和风险管理进行比较研究。该文角度新颖，作者也称"本文是首篇从比较法视角研究中国公司治理和风险规制关系的文章"。

公司社会责任肇始于美国法，近年来已经成为我国公司法一个新的热点研究问题。本书第三个专题选取卡洛斯·诺罗尼亚、司徒妙仪、管洁琦的《中国企业社会责任报告：概览及与主流趋势的比较》一文，该文以全球企业社会责任报告发展趋势为背景，分析中国在全球化的潮流下有关企业社会责任报告的法律、法规和指南，并结合中国已有的社会责任报告实践，指出中国社会责任报告存在的问题。作者特别指出，当今国际公司竞争的核心已经由工厂和设备等"硬件"性的竞争转向以企业社会责任为导向的"软件"性的竞争，为了提高公司的"软件"实力，中国迫切需要社会责任报告研究。

本书的最后一个专题是中国公司法的移植，这也与中国公司法产生和发展的历程相契合。本专题所选文章为郭丹青《在翻译中遗失？简评中国公司法中的移植体》。作者通过考察中国对工业托拉斯的概念、独立董事、监事会和信义义务的引入，得出结论，即中国实际上并未真正引入这些制度，这些被移植的法律制度或法律概念在其本国的历史和其支撑性制度并没有被完全理解。虽然仅仅以个案为例，尚不能得出有关我国公司法移植一般性的结论，但是为今后我国公司法移植提出警示——移植一国的法律制度或法律概念，不仅仅要完全理解该制度或概念在其国家的历史及相关配套制度，还应考虑我国的文化、社会以及法律现实等，这样才能防止"移植的流产"，并能促进外来制度的本土化。

除了主题的新颖和内容的创新外，请读者们在阅读的同时也不要忘记关注这九篇文章所采取的研究方法。这九篇文章的作者既有来自大陆法系的中坚——德国，也有来自英美法系的代表——美国，他们在研究法学问题时无不具有这两大法系的烙印。大陆法系重视文本和教义学方法，而英美法系则注重先例和经验主义。在全球化的今天，两大法系互相影响，不同的方法被各国学者"拿来"为促进本国法学研究和发展所用，最好的例子莫过于德国法学学者越来越重视对案例的总结和研究。除了这些方法，这九篇文章还采用了历史的、比较的、利益分析的和经济分析的方法等。这些不同的研究方法可以为我们学习和研究法学提供各种不同的方式、手段和技术，甚至可以为繁荣我国法学提供方法论指导。

　　本书的作者团队非常强大，他们来自美国、德国、澳大利亚、中国澳门等，大多都是研究中国法的学者和专家，也有本国公司法领域的翘楚。他们治学严谨，分析问题透彻，令人更加钦佩的是，他们对中国的政治、社会和文化背景有深刻的了解，而这正是透彻理解和分析中国相关法学制度的关键。本书的译者团队则以青年学者为主，他们全都就读于或者毕业于国外的名牌大学法学院，有些已经在国内走上法学教学和科研的岗位。他们的中西学术背景，有助于准确地理解和再现文中作者的原意。

　　本书文章的选编以及翻译出版授权的获取完全由两位主编负责。受到语言的限制，我们仅从英语和德语文献中筛选外国学者研究中国公司法的文章，其中梁姣龙负责英文文章的选编和获取翻译出版授权。由于关于中国公司法的英文文献众多，她为选编文章的付出也是最大的。本书各篇文章由不同的译者负责，其中有的译者翻译两篇文章，甚至参与部分校对，他们是本书的主要译者。两位编者也参与了部分文章的翻译，并对全部译稿进行了最后的校对和统稿。

　　这本书能够呈现在读者面前，首先要感谢文章作者以及原出版社的慷慨授权，一些作者非常支持我们的翻译活动，甚至主动联系出版社帮助我们获得翻译出版许可。同时，感谢中国大百科全书出版社社科学术分社郭银星社长对公司法卷出版工作的大力支持与帮助。特别感谢丛书主编陈夏红先生的动议和提携，以及对我们的信任和指导。特别感谢本书的各位译者，他们为本书的翻译倾注了大量心血。

　　当然，书中难免存在不足甚至谬误之处，还请读者不吝批评指正。

葛平亮于德国汉堡

目　录

公司股东和债权人利益保护

通往小股东保障之路径：
中国派生诉讼*

郭丹青　郝山** 文

林少伟*** 译

简目

一、引言

二、中国的经济及法律改革与派生诉讼

（一）中国背景下的派生诉讼和公司治理

（二）公司化及其效果

（三）有限责任公司的形式和其他非公司法组织形式

（四）法定代表人

（五）中国司法：地方保护主义和避免"群体"诉讼案件

（六）派生诉讼与代表诉讼

（七）股东原告成本、成本分配和成本—效益分析

---

* Donald C. Clarke and Nicholas C. Howson，"Pathway to Minority Shareholder Protection：Derivative Actions in the People's Republic of China"，in Dan W. Puchniak，Harald Baum，Michael Ewing-Chow，eds.，*The Derivative Action in Asia：A Comparative and Functional Approach*，UK Cambridge University Press，2012，pp. 243-295. 本文的翻译与出版已获得作者和出版社授权。

** 郭丹青，美国乔治·华盛顿大学法学院教授；郝山，美国密歇根大学法学院教授。本文作者感谢清华大学法学院博士生刘英娇（音译）的帮助，感谢刘女士的博士生导师朱慈蕴教授的支持和帮助。

*** 林少伟，西南政法大学民商法学院副教授，特华博士后科研工作站博士后。

一、引言

2005 年 10 月，中国国家立法机关对 1994 年《中华人民共和国公司法》（以下简称《公司法》）作出一系列重大修订，首次确立派生诉讼。① 这一新型制度自 2006 年生效，旨在改

---

① 下文将 1993 年制定并于 1994 年生效的《公司法》称为 1994 年《公司法》，将 2005 年修订并于 2006 年生效的《公司法》称为 2006 年《公司法》。

善中国公司治理体系，并为防止新成立上市公司内部人士和控股股东滥用权力，提供制度武器。这一新型制度也与《公司法》大范围的转型保持了一致，即更多地强调司法权力与事后救济，而不是行政机关的事前监管。然而，引入派生诉讼的政治经济秩序以及与之伴随的法律体系只有约 30 年的历史，并且国家第一部西式的《公司法》在 1994 年才生效。另外，公司法律的立法者、执行者以及司法裁判者缺乏与之相当的商业经验，国家在多个层面上仍保留监管者和公司股东的威严形象，而真正的大型私人公司也寥寥无几。

我们将在本文探讨中国股东派生诉讼的历史以及现状。通过对多达 50 个案例进行分析，我们回顾派生诉讼制度被逐步引入中国法律体系的过程，并且考察其在 2006 年 1 月 1 日《公司法》生效后的发展情况。我们发现，在某些方面，2006 年《公司法》派生诉讼的设计具有创新性并符合中国的环境——比如，将公司内部人士或信义义务人以外的当事人纳入派生诉讼被告范围，从而允许原告对控股股东或压迫股东提起"横向"权利主张。同时，我们发现该制度也存在若干设计缺陷，其中包括对原告诉讼资格设置的障碍，有关请求、请求豁免和拒绝等规定缺乏清晰性，对公司信义义务人和"其他人"提起的派生诉讼的过错标准加以不必要的区分。我们也发现，在法律正式确认派生诉讼前后，原告和法院都在积极地使用派生诉讼，但这似乎仅限于中国法律中规定的封闭性公司，即有限责任公司，而涉及股份有限公司的派生诉讼几乎不存在。这种缺失令人吃惊，因为 2006 年《公司法》正式确立派生诉讼，旨在赋予股份有限公司少数股东权利，以制约公司内部人士和控股股东猖獗的违法行为，并使其承担法律责任。

二、中国的经济及法律改革与派生诉讼

（一）中国背景下的派生诉讼和公司治理

长期以来，中国的公司治理专家以及法律起草人认为，派生诉讼是中国有效公司治理体系中不可缺少的一部分。但是，派生诉讼机制在中国实践中所产生的影响，却超过公司治理本身。正如下文所详述的，中国大多数公司实体受内部人士控制，他们拥有或代表着比其本身所具有的经济或管理权力更大的政治权力。大型公司化的国有控股企业的董事或高级管理人员，通常是通过中国共产党的人事管理制度任命的或是中央政府机构的代表。由地方政府或地方党委控制的企业的内部人士也是如此。并且，即便有些内部人士与党或国家没有直接联系，他们常常是具有强大政治和经济权力的关联人士系统的一部分。

（二）公司化及其效果

要理解中国派生诉讼的发展，就不能脱离中国过去数十年的政治经济史。

在经济改革的早期阶段，政策制定者对传统的国有企业进行改革，这些企业生产效率低下、对经济信号反应迟钝且浪费严重。传统的国有企业不仅仅是国家这单一股东完全所有的公司；与此相反，它更像是组织松散的"中国公司"（China,Inc）内部的一个生产资料部门或集合体。公司内部的管理者，可以沿着行政等级向上晋升，逐步担任具有更多政治权力的职位。这些传统的国企本身并不发生任何所有权权益，更不用说股票或可转让的股权权益凭证。甚至，企业的"控制"权（如任命管理层和分配利润的权力），未必由代表中央的相同管理机构所掌控，或者也并不一定在中央层面。即便国企形式

上隶属某个中央部门，其也可能被县级或以上的政府下属部门实际操控。

公司化政策的本质在于，废除国企的传统组织形式，将其转变成《公司法》认可和调整的某种公司形式。这些公司形式如下：股份有限公司，类似于特拉华州公司或德国的股份公司；有限责任公司，针对小规模或相互关系更为密切的投资者；完全国有的有限责任公司，这是一种有限责任公司的特殊类型，完全为国家机构所有且没有股东会（实际上，它是作为有限责任公司的"亚种"而享有企业法律人格的国企）。在大多数情况下，国企公司化并不涉及私有化或让国家退出经济领域，因为改制后企业的控股股份受让方并非私人实体。即便在20年后，无论是在中央或地方层面，国家仍然在诸多领域紧握企业的控制权。事实上，国家控制行业（如国家安全相关的行业、自然垄断行业、提供重要公共产品或服务的行业、支柱产业以及越来越受重视的高科技产业）的企业以及对内部人士或地方政府而言具有高额利润并可由公众投资发展的其他企业，依然由国家控股。这种没有私有化的公司化改革以及中央和地方政府的持续控制，决定着中国上市公司的股权、控制权以及治理结构，不管这些公司在中国内地、中国香港还是国外挂牌上市。在中国上市公司中，由国家单一控股的公司极为常见。2002年，中国证监会和国家经济贸易委员会对公司治理进行的研究发现，在其研究的1175家上市公司中，有1051家公司具有控股股东，其中77%的控股股东具有国家性质；而在390家公司中，国家作为单一股东持有超过一半的股份。①

---

① 记者齐平对该研究进行了报道，参见齐平：《国家经贸委副主任蒋黔贵：做上市公司诚信负责的控股股东》，载《经济日报》2003年1月29日。

对中国《公司法》、整个公司治理制度体制以及具体的派生诉讼制度而言，这种所有权与控制权模式具有重要意义。

第一，国家在诸多领域对企业拥有全部权益或控股权益的政策，这导致中国公司治理的一个基本困境。国家希望其部分拥有但绝对控制的企业能够有效运营，但不仅仅以股东财富最大化为目的。国家控制一家企业的一个必要因素，就是利用对企业的控制达到股东财富最大化以外的其他目的——如城市就业水平的维持、敏感行业的直接控制、特定行业的有效价格控制、政治导向的就业安置或享有政治特权的内部人士对企业利润的抽取。然而，国家在为上述目的行使其控制权时，也公开——而未必通过欺诈（详见下文）——对小股东进行剥削，而这些小股东（除股权收益外）没有其他途径可从其投资中获益。只要国家政策需要，国家便在其不是唯一股东的企业继续保持积极的控股投资者角色；那么，对小股东的有效法律保护就意味着，要么限制国家为保留控制权所要从事相关活动的能力，要么（至少就小股东权利而言）针对控股股东是国家的企业建立事实上独立的法律制度。独立的法律制度需要在国有控股公司和其他公司之间保持严格的界限，而这一界限正是公司化政策及颁布《公司法》所意图消除的。如果无法正视这一问题，那么针对这些新成立并占绝对主导地位的公司的内部人士和控股股东的义务制定法律规则，就会变得异常困难。

第二，中国企业所有权集中的普遍现象，意味着中国公司治理的主要代理问题，不是分散的股东与管理者之间的纵向代理问题，而是小股东和控股股东之间的横向代理问题。在这方面，中国与世界上大多数国家并无二异，有所特殊的是控股股东的身份。在大多数情况下，控股股东要么是政府机构，要么与其关系紧密。这意味着，当股东（直接）诉讼或股东派生诉讼涉及已公司化的企业——特别是那些被允许进入公共资本市场的具有政治特权的企业时，实质上，它很有可能针对的是政府、政府附属机构或任何此类组织的代理人。因此，股东权利主张就会变得具有政治敏感性，而这很可能会影响司法机关受理案件及审理诉求的积极性和能力。

公司化改革的重要遗留问题是，传统国有企业中存在的行政控制渠道并没有消失，它们往往在暗处继续运作，并且不断排挤《公司法》所设计的正式渠道；当我们注意到该问题时，股东诉讼和股东派生诉讼的政治敏感性便更为清晰。^① 例如，对于首席执行官的任命或其他重要的经营决策等事项，董事会可能完全被绕过。因此，在考虑中国派生诉讼的可行性时，研究人员和《公司法》本身必须始终考虑到，国家在许多行业大型公司（尤其是在上市公司）中的普遍存在；必须留意那些在任何国家法律法规中都没有出现的、在公司披露文件中只字不提但又极其重要的规范、践行和职权系统。^②

第三，上述改革时代的公司资本结构，会引诱控股股东和内部人士采取机会主义、滥用权力和公然欺诈，而股份有限公司（无论是否上市）和封闭性公司已欣然接受了这些诱惑。正如我们的案例报告所显示，封闭型公司中充斥着欺诈、掠夺和剥夺资产、压迫小股东和管理不善。然而，尽管中国和外国

---

① N. Howson，"China's Restructured Commercial Banks：the Old Nomenklatura System Serving New Corporate Governance Structures？"，in M. Avery et al.，eds.，*China's Emerging Financial Markets：Challenges and Global Impact*，Singapore：John Wiley & Sons，2009，pp. 123-163；R. McGregor，*The Party：The Secret World of China's Communist Rulers*，New York：HarperCollins，2010，Chapter 5.

② 例如，中国农业银行 2010 年 A 股（上海）和 H 股（香港）的首次公开募股招股说明书对于共产党在该银行的角色几乎完全没有提及。共产党的存在只在一位高级管理人员的简介中有所表明，该高管同时也是该银行（共产党）纪律检查委员会的书记。除了主要人员的简介外，"党"这个字就再没有出现过。正如本文作者之一在其他地方所见，早期中国银行和中国工商银行发行证券时也是如此。Howson，"China's Restructured Commercial Banks：the Old Nomenklatura System Serving New Corporate Governance Structures？"，p. 140.

都存在强制性的信息披露要求，中国及外国证券交易监管者也享有一定的权力，中国上市公司有面临国外证券集团诉讼的威胁，类似问题在上市公司更加严重。上市公司被运营成从股市吸引被动投资资本的工具，服务于控股股东（及其内部人士）。① 国有以及非国有企业的内部人士和控股股东通过关联交易"掏空"企业的现象早已臭名昭著；在 2002 年，控股股东的掏空金额高达 967 亿元人民币，相当于同年上市公司在股票市场募集的资金总额；② 在 2003 年，掏空金额翻了一倍。③ 因此，不难理解，为什么 21 世纪初政策制定者试图通过全面修改 1994 年《公司法》，加强少数股东针对内部人士和控股股东有效的司法救济措施，以解决这一问题和其他治理问题。④ 2006 年《公司法》在形式上实现了这一目标。《公司法》第 152 条（以下简称第 152 条）规定的派生诉讼，是使公司信托义务、股东压迫和关联方交易等新的实体的诉讼理由能够真正地由法院审判的关键因素——至少能够免受控股股东和他们委任的董事与高管的阻碍。2008 年，最高人民法院民二庭（主要负责涉及公司法案件的法院部门）庭长金剑锋在其文章中，着重强调了派生诉讼机制的这一关键功能，他指出："如果不建立股东派生诉讼制度，公司法的有关规

---

① S. Green, *China's Stockmarket：A Guide to Its Progress，Players and Prospects*，2003，London：Profile Books，pp. 118-153；曹康泰：《关于中华人民共和国公司法修改草案的说明》，载桂敏杰主编：《中华人民共和国证券法、中华人民共和国公司法新旧条文对照简明解读》，中国民主法制出版社 2005 年版，第 525—545、528—530 页。

② 李彬：《大股东千亿占款敲响警钟　吞噬巨额利润令人忧》，载《上海证券报》2004 年 4 月 2 日。

③ 张拥军：《大股东占用上市公司资金需标本兼治》，载《证券时报》2004 年 12 月 7 日。

④ 在上海证券交易所 2003 年发布的具有影响力的《公司治理报告》中已明确指出，参见上海证券交易研究中心：《中国公司治理报告》，复旦大学出版社 2003 年版，第 20—32 页。

定将形同虚设。"①

（三）有限责任公司的形式和其他非公司法组织形式

有限责任公司以及类似的非正式封闭型公司是我们研究的几乎所有派生诉讼案件的核心。这一断言是准确的，原因有二：首先，法院不受理与股权分散的股份有限公司有关的案件；其次，当代中国的大量商业活动与股份有限公司（无论是否源于传统的国有企业）没有关联。②

事实上，大量的投资和商业活动，是通过既不是公司制组织（股份有限公司或有限责任公司），也不与新旧《公司法》有多大关系的其他形式实现的。在中国，许多投资或资本集合交易是基于协议、联营、合作或非法人合伙等合同性质的方式。③即使设立类似商业组织的实体，并向国家工商管理总局相关部门注册登记而获得正式的"企业法人"地位，人们往往在中国《公司法》或各种外商投资企业法规及其实施细则中找不到该企业的任何法律依据。④

在应用专为公司形式而设的派生诉讼时，企业法律身份和

---

① 金剑锋：《股东派生诉讼制度研究》，载王保树主编：《实践中的公司法》，社会科学文献出版社 2008 年版，第 414 页。

② 例如，2006 年中国有 7210 家股份有限公司，其工业总产值占全国总数的 10.6%。相比之下，共有 45,738 家非国有有限责任公司，其工业总产值占全国总数的 17.4%。国家统计局：《中国工业经济统计年鉴》，中国统计出版社 2007 年版，第 54 页。

③ 例如，张俊杰诉张建伟和谢祎案〔上海市嘉定区人民法院（2007）嘉民二（商）初字第 944 号〕，上诉至上海市第二中级人民法院（2008）〔二中民三（商）字第 93 号〕【下文引为：上海泰武房地产案（2008）】；北京市隆盛房地产开发有限公司诉中国民族报社案〔北京市第一中级人民法院（2008）一中民初字第 9701 号〕，上诉至北京市高级人民法院（2009）（高民终字第 2325 号）【下文引为：北京格莱瑞项目案（2009）】。

④ 例如，苏振和韩芳诉荣春明案〔北京市海淀区人民法院（2009）海民初字第 32426 号〕【下文引为：北京通华金秋上网案（2009）】；该公司作为股份合作集体所有企业于 1993 年成立，然后通过原集体企业员工投资改制为有限责任公司。

公司法律适用的持续不稳定性会造成许多困难。例如，重庆煤矿案（2006）① 以一家基于煤矿资产而设立的有限责任公司为特征。该煤矿有限责任公司的投资者是局级政府机关，但另一家有限责任公司（代表该局）试图代表该煤矿有限责任公司向一家可能不具有独立法人人格的工厂提起派生诉讼。这些过渡性身份为被告们提供充分的抗辩；这些抗辩在一审被法院认定有效，但在二审则被上诉法院驳回。

北京金世纪（2009）② 似乎是一起相对简单的公司派生诉讼。有限责任公司的两名股东，在股东会一致决议免去该公司的法定代表人、董事、经理（三者同为一人）的所有职务后，向此人提起诉讼以夺回公司控制权。乍看之下，虽似简单，但判决书所陈述的案情却较为复杂。该有限责任公司只在形式上存在，原告股东从未向企业出资，并且该有限责任公司的股东权益已被分给43个农民（以换取土地使用权出资）而由"农村合作社"代为持有。被告的关键辩护理由是，虽然原告声称要保护有限责任公司的权益，但他们不是该公司的真正股东，因此，他们免去被告职位的"股东会决议"是无效的。基层人民法院和审理上诉案件的中级人民法院都被迫以纯粹的形式要件（股东身份的登记以及伴随的出资允诺）来支持派生诉讼的权利主张。同样，在北京通华金秋上网案（2009）中，法院虽然允许股东代表集体所有制企业改制的有限责任公司提出派生诉讼，但是又根据《城镇集体所有制企业条例》

---

① 参见某电力实业总公司和某实业有限公司诉邓某某、联营煤矿、何某某和矿业有限责任公司案〔重庆市第二中级人民法院（2005）渝二中法民初字第28号〕，上诉至重庆市高级人民法院（2006）（未提供案件编号）【下文引为：重庆煤矿案（2006）】。

② 参见北京市后鲁农工商公司和北京市顺义后鲁水泥构件厂诉许连生、北京金世纪农业发展有限公司案〔北京市顺义区人民法院（2009）顺民初字第75号〕，上诉至北京市第二中级人民法院（2009）（二中民终字第08234号）【下文引为：北京金世纪（2009）】。

和 2006 年《公司法》，驳回了股东依据有限责任公司信义义务人违反忠实义务而提出的权利主张，因为集体所有制企业的全体职工大会（同时也是有限责任公司的投资者会议）构成了对所主张的违规行为的事先批准。

这些形式——无论是有限责任公司还是继续存在或有机发展的非正式类似实体——都更像是（具有公司人格的）合伙，而不像是所有权和管理权严格分离的公司。调整公司的规范与调整合伙的规范差异显著，且这些差异涉及企业法的每一个主要领域。就本文而言，最重要的是，类似合伙的有限责任公司缺乏任何所有权与经营权的分离。这种分离的缺乏让人们怀疑派生诉讼对有限责任公司和合同制的合伙等实体的适用性；在这些实体中，不存在所有权和经营权的分离，因此，管理层不能完全阻止其他投资者针对他们提起诉讼，不管是以投资者自己的名义还是以实体的名义。在类似合伙的实体中，任何合伙人都可以作为该合伙的代理人。不仅如此，义务所指向的对象也不同：在公司中，信义义务人对公司负有义务，仅在特殊情况下才对股东负有义务；但是，在合伙中，合伙人不但对合伙企业负有义务，还对其他合伙人负有义务。因此，在我们看到的许多中国的案件中，审理派生诉讼的法院会驳回起诉，并要求股东合伙人直接针对其共同投资人提起诉讼，该类案件包括北京金道宏平广告有限公司案（2008）①、北京格莱瑞项目案（2009）② 和上海天广医药案（2009）③。另一替代性处理方式

---

① 郭宏诉付平案〔北京市海淀区人民法院（2008）海民初字第 7380 号〕，上诉至北京市第一中级人民法院（2008）（一中民终字第 14669 号）【下文引为：北京金道宏平广告有限公司案（2008）】。

② 上海泰武房地产案（2008）和北京格莱瑞项目案（2009）。

③ 上海交通大学医学院附属瑞金医院诉华通天香集团有限公司案〔上海市第一中级人民法院（2008）沪一中民三（商）初字 第 4 号〕，上诉至上海市高级人民法院（2008）〔沪高民二（商）终字 第 18 号〕【下文引为：上海天广医药案（2009）】。

是，法院允许公司提起混合权利主张，即同时针对控股股东压迫和信义义务人（通常为控股股东）违反信义义务（以忠实义务为典型）[1] 提起诉讼。

如果中国的企业构成主要是封闭型的公司制合伙，那么，中国的司法机关在针对它们运用派生诉讼时就会面临艰巨的任务。当然，就派生诉讼允许依据《公司法》设立、权益受到损害的封闭公司（或登记为公司的公司制合伙）起诉那些造成损害的主体（不管是传统的信义义务人还是第三方）这个方面而言，该机制是有用的。然而，与之相同，个人股东作为（实际上的）合伙人往往也会遭受损害，并且也应有权针对同等的合伙人（公司中的管理者）直接提起诉讼主张权利。因此，表面上似乎是新的公司原理应用的失败，即不适用新的派生诉讼机制，实际上可能是对商事企业法非常恰当且有原则的应用。东方建设集团（2009）一案可作为佐证[2]：未经股东会批准，公司向被告股东兼公司董事无偿转让巨额应收账款，持股 0.68% 的有限责任公司股东，起诉持股 10.78% 的股东兼公司董事。将诉讼所依据的违法行为界定为股东董事对其忠实义务的违反，这是正确的。更恰当地说，该行为损害了"公司其他股东"的权益，而非"公司"的权益；因此，法院支持仅持股 0.68% 的股东以自己名义对另一违约股东提起的权利主张。

（四）法定代表人

在中国，派生诉讼具有活力还有另一个与众不同的原因，即法定代表人在中国法律和实践中的特殊地位。尽管公司会选举董事、监事并任命高级管理人员，中国公司仍会统一使用大陆法系中常见的职位（2006 年《公司法》亦如此）。虽然新

---

① 例如，上海泰武房地产案（2008）。

② 陈炬诉东方建设集团有限公司案〔浙江省诸暨市人民法院（2009）绍诸商初字第4058号〕【下文引为：东方建设集团（2009）】。

《公司法》允许任一经正当程序委任的人代表该法人（根据股东会或董事会的授权），但中国大多数民事行为人以及司法主体认为，法定代表人本身就已被授权代表公司；并且多数人（错误地）认为，法定代表人是唯一被授权代表公司的人。此外，对于许多公司主体而言，只有作为公司法定代表人的特定人才能加盖非常重要的公司印章，而公司印章是确认公司行为所必需的，如合同的签署或诉讼的提起。与之相应，本文所分析的，特别是以有限责任公司为背景的许多派生诉讼，都源于法定代表人拒绝代表公司强制执行（他人对公司承担的）义务，或向违反信义义务的人提起诉讼，或拒绝交出实施公司行为所必需的公司印章。对熟悉西方或英美法律体系的律师而言，这种情形看起来很奇怪，但是，因懈怠或持反对态度的法定代表人不允许使用公司印章而产生的障碍几乎是绝对的，并且在许多情况下甚至超越一致通过的股东会或董事会决议的权力（至少在短期内是如此）。

（五）中国司法：地方保护主义和避免"群体"诉讼案件

正如前文所提，诉讼所涉及的政治经济主体越重要，诉讼就越可能具有政治敏感性，也越容易遭受各种障碍和干涉。大型公司的管理层和控股股东很可能具有影响力——特别是在该公司总部所在地、员工招聘和纳税地区，在全国范围内常常也是如此。因此，法院可能会受到压力而保护这些主体免受针对他们提起权利主张。这意味着，地方政府对法院有极大的影响力。一个广泛的对法院地方保护主义的研究发现，"当司法面临着司法之外的各种势力的干涉、干扰和影响时，司法不得不屈服于这种外部压力，而迎合其地方的需求"①。实际上，地

① 刘作翔：《中国司法地方保护主义之批判——兼论"司法权国家化"的司法改革思路》，载《法学研究》2003 年第 1 期。

方政府能够而且也确实向法院发出指示，指导其如何处理特定案件。有些地区还存在特殊规则，规定当外地的一方起诉本地企业时，法院受理案件前必须获得地方政府的许可，或法院须按照地方政府的指示进行裁判。①

　　法院极力避免受理涉及多名原告或多方利益的诉讼，各种规则和实践反映出国家自身厌恶这类诉讼，这也加强了法院对此的抵触。有时，上级法院会直接指示下级法院，要求其完全不受理多原告诉讼。② 至于往往涉及众多股东当事人的证券诉讼，最高人民法院也已向下级法院发出指示，严格限制当事人根据《证券法》主张权利，并且也严格限制提起这些主张的程序。③ 最高人民法院努力将多原告诉讼限制在法院系统的最底层，使原告无法到省会城市（如上诉至高级人民法院）或北京（如上诉至最高人民法院）参加诉讼。由此，群体诉讼

---

　　① 郭道晖：《实行司法独立与遏制司法腐败》，载《法律科学》1999 年第 1 期；伍玉功：《司法独立与地方保护主义》，载《湖南公安高等专科学校学报》2004 年第 2 期。

　　② 我们其中一人于 2006 年从一位中国法学教授处获悉，上海市高级人民法院已指示上海市所有下级法院不得受理原告人数超过 9 人的案件。本文另一作者通过对 1992 年至 2008 年间上海市法院公司法和证券诉讼的大量研究后也发现了这类指示，无论其明示抑或仅供"内部"知悉；N. Howson，"Corporate Law in the Shanghai People's Courts, 1992-2008: Judicial Autonomy in the Contemporary Authoritarian State"（2010），in *East Asia Law Review* 5，2：303-440。

　　③ 《最高人民法院关于涉证券民事赔偿案件暂不予受理的通知》，2001 年 9 月 21 日发布，载 http://www.law-lib.com/law/law_view.asp? id=16373；《最高人民法院关于受理证券市场因虚假陈述引发的民事侵权纠纷案件有关问题的通知》，2002 年 1 月 15 日发布，载 http://www.law-lib.com/law/law-view.asp? id=l6956；《最高人民法院关于审理证券市场因虚假陈述引发的民事赔偿案件的若干规定》，2003 年 1 月 9 日发布，载 http://www.law-lib.com/law/law_view.asp? id=42438。2007 年 5 月召开全国民事审判会议后向法院内部发布的司法文件明显扩大了可允许主张的范围，包括市场操纵和内幕交易，但上述文件确定的其他程序障碍依然适用。参见罗培新：《前置程序去留困境》，载《财经》，http://www.p5w.net/news/xwpl/200709/tl222550.htm；吴晓峰：《内幕交易、操纵市场民事赔偿案件呼之欲出》，载 http://npc.people.com.cn/GB/6543957.html。

（"mass" litigant cases）的政治敏感性得以进一步显现。① 有时，法院还要求欲提起集体诉讼的原告按照他们的诉求分为各个小组。例如，哈尔滨中级人民法院在首例允许针对虚假或具有误导性披露所提起的股东诉讼中，要求将 381 名原告分成 10 到 20 人的小组。②

群体诉讼的原告在向法院提起诉讼之前，即已面临诸多限制。例如，2006 年 3 月，中华全国律师协会——政府会同司法部以及地方司法局控制的全国性律师管理组织，发布《关于律师办理群体性案件指导意见》，其适用于原告有 10 名以上的所有案件。③ 这一意见要求办理该类案件的律师须向政府部门报告并"接受政府部门的监督与指导"。

当然，派生诉讼并非集体诉讼，在理论上也可以只有一位发起股东原告。但是，中国法官应当认识到，涉及公众持股或上市公司的派生诉讼必然牵涉到两方利益：一方是众多的股东，即便他们并非正式的原告；另一方是具有影响力和政治背景的公司管理人员和控股股东。因此，有理由认为，法院不愿受理具有政治敏感性的多方诉讼，也会影响公众持股或上市公司的派生诉讼。④

---

① 《最高人民法院关于人民法院受理共同诉讼案件问题的通知》，2005 年 12 月 30 日通过，载 http：//www. law-lib. com/law/law_ view. asp？id = 149701。

② 《大庆联谊案艰难推进》，载《南方周末》2003 年 8 月 14 日。

③ 《中华全国律师协会关于律师办理群体性案件指导意见》，载 http：// www. acla. org. cn/pages/2006-5-15/s34852. html。"Warning to Lawyers Handling Protest Suits：New Rules from Government-controlled All-China Lawyers Association Demand Lawyers to be Wary of Foreign Media Contact"（2006），*South China Morning Post*，19 May，http：//www. asiamedia. ucla. edu/article. asp？parentid = 45908.

④ 正如清华大学法学院教授汤欣所说："法院系统在审理公司和证券案件时并不积极。上市公司及其高管仍然有一定的政治背景，中国法院既不够老练，也没有多少政治权力，因此不愿意受理涉及复杂推理和强大被告的案件"，see H. Kanda et al. , eds. , *Transforming Corporate Governance in East Asia*，London：Routledge，2008，pp. 141-167，p. 147。N. Howson："Corporate Law in the Shanghai People's Courts，1992-2008：Judicial Autonomy in the Contemporary Authoritarian State"，pp. 400-413.

（六）派生诉讼与代表诉讼

中国的学理对派生诉讼的理解存在很大混淆，这既影响相关研究，也影响案件裁判。因国外经典的派生诉讼往往涉及大量股东，所以多年来，中国法学家认为，中国《民事诉讼法》规定的"共同诉讼"总与"派生诉讼"具有某种关联，这显然是错误的。中国《民事诉讼法》规定的共同诉讼只允许针对一位或多位被告，并且将具有相同或类似诉讼标的的多位诉讼当事人进行合并。与此相类似，许多中国专家和大多数撰写判决书的法官也将派生诉讼当作"代表诉讼"（representative action），而不是其正确的、直译的专业术语"派生诉讼"（derivative action）。[①] 事实上，2006 年《公司法》在规定派生诉讼时没有使用上述用语，而是在第 152 条中规定，股东有权"为了公司的利益以自己的名义"针对被告直接提起诉讼。正如上面提及的"共同诉讼"，"代表诉讼"也只适用于一种情况，即众多诉讼当事人中的一人在司法程序中"代表"该团体的利益。2006 年之前，诉讼当事人在为"派生诉讼"或"代表诉讼"是否具有法律依据而争论不已时，这一问题在实体法上变得非常重要。[②] 该问题也影响着中国当前正进行的有关完善派生诉讼的讨论。例如，最高人民法院为股份有限公司派生诉讼持股比例 1% 的门槛进行辩护，因为这确保原告在某种意义上"代表了"全

[①] 刘俊海教授明确表示，使用误导性词组（代表诉讼）的原因是日本的《公司法》和中国台湾地区的"公司法"使用了相同的汉字。参见刘俊海：《股份有限公司股东权的保护》，法律出版社 2004 年版，第 314—315 页。我们在本文中分析的大部分法律意见书均使用术语"代表诉讼"而非能够准确传达诉由为派生性质的专业术语。

[②] 例如，浙江金桥股份有限公司（2003）一案中，法院对代表 165 名其他股东的 4 名原告的"代表诉讼"和因对公司造成损害而寻求救济的"派生诉讼"（当时不存在明确的法律依据）进行了区分。

体股东的利益。

（七）股东原告成本、成本分配和成本—效益分析

如缺乏资金，诉讼也无从提起。典型的筹资机制包括风险代理、"败者付费"、法院于受理派生诉讼时裁定费用由受到保护的公司承担（无论诉讼主张是否得以成立）、原告律师费由来自公司（而非原告）获得赔偿金的"共同基金"进行补偿承担等各种规则的组合。此外，其他司法区域，如中国台湾地区，已尝试建立准公共基金会，其任务就是提起这类诉讼。[1]

中国的民事诉讼程序目前还不完全支持这些筹资机制。[2]中国民事诉讼程序的基本规则是败诉方支付诉讼的各种费用，但并不包括律师费，因此律师费用需由各当事人直接承担。[3]在中国，案件受理费按诉讼请求的金额或价额的一定比例计算，通常要求原告在法院受理案件前先行支付。[4] 此外，律师事务所通常要求当事人预付至少一半的律师费。[5] 虽然支付这些预付款对于具有一定规模的公司原告而言，不会有多大困难，但对个人股东原告而言，则可能会比较困难。

---

[1] C. Milhaupt，"Nonprofit Organizations as Investor Protection：Economic Theory and Evidence from East Asia"（2004），*Yale Journal of International Law*29，1：169-207；X. Tang，"Protecting Minority Shareholders in China：a Task for Both Legislation and Enforcement"，in H. Kanda et al.，eds.，*Transforming Corporate Governance in East Asia*，London：Routledge，2008，pp. 153-154；另见王文宇和曾宛如在本文所属文集中有关中国台湾地区的章节。

[2] 有关中国派生诉讼经费的问题，参见 Z. Zhang，"Making Shareholder Derivative Actions Happen in China：How Should Lawsuits be Funded？"（2008），in *Hong Kong Law Journal*38，2：523-62。

[3] 参见《诉讼费用缴纳办法》第6条和第29条。

[4] 参见《民事诉讼法》第107条、最高人民法院《人民法院诉讼收费办法》；X. Hong and S. Goo，"Derivative Actions in China：Problems and Prospects"（2009），*Journal of Business Law* 2009，4：376-95，392-3。

[5] J. Xiao and X. Tang，"Cost and Fee Allocation in Civil Procedure（China）"，http：//www. personal. umich. edu/～purzel/national_ reports/China%20（PRC）. pdf（最后访问时间：2011年12月15日）。

　　资助派生诉讼的另一途径是风险代理。在法制建设的后毛泽东时代，风险代理曾遭受冷落。但在过去的数年里，风险代理在实践中已被逐渐接受。2006 年，中央政府颁布一项规定，明确允许律师可收取不超过判决金额 30% 的胜诉费，但特定种类的案件除外，包括拖欠工资、配偶抚养费、继承、婚姻等案件，以及与本文有直接关系的多原告诉讼案件；由此可见，国家特别关注且不鼓励多原告诉讼。① 如上所述，派生诉讼在形式上无须是多原告诉讼，一名发起股东即已足够。但是，如果国家关心的是出现众多利益相关方的实质，而非纯粹的形式，则有理由认为，该政策可能也适用于公众持股的公司。

　　应当指出的是，形式上的规则并不必然代表实际操作也是如此。也正因如此，该机制比乍看之下具有更大的灵活性。即便在正式禁止时期，风险代理也有被允许的时候。本文也认为，在 2006 年《公司法》正式实施前，派生诉讼本身在实践中是被允许的。即使没有明确的制定法授权，法院偶尔还是会青睐有利于胜诉原告的费用分配，至少在消费者保护案件中是如此。② 在对该问题进行初步研究的过程中，我们其中一位作者发现，原告要求被告支付律师费并最终胜诉的，在一半以上的案件中法院也愿意在法律上判决原告律师费用由败诉被告承担。如此看来，在实践中禁止判决胜诉方律师费由败诉方承担的规定似乎并非一个不可逾越的障碍。关键在于，法院是否愿意在实践中这么做。③

---

　　① 参见国家发展和改革委员会及司法部发布的《律师服务收费管理办法》。

　　② 参见 D. Clarke，"The Private Attorney-general in China: Potential and Pitfalls"（2009），*Washington University Global Studies Law Review* 8，2：241-55，253-5；涂建国：《律师费由败诉方承担，有利于民众选择法律手段保护合法权益》，载 http://tinyurl.com/r5mxdt。

　　③ 此处审查的案件，我们只发现法院强制分摊起诉费等费用的证据，但案件并未详细说明律师费是如何分摊的。

三、2006 年之前的派生诉讼

在 2006 年《公司法》生效前，尽管法律上不存在明确的立法依据，中国法院还是受理了派生诉讼。派生诉讼被法律正式认可前的历史表明，中国法院一旦想要这么做，即便违背上位法的正式规定也无妨；在规则制定和审判能力方面，法院也可以很容易地自行制定规则并适用自己的规则。

在本文中，我们发现一种模式，它在中国法律其他领域也常见，即中央层面的政策不利于某种实践，但地方层面（经常通过法院）实施小规模的先行试验，最终将该实验的实践纳入中央层面的规范。我们进一步发现，下级法院偶尔会越过明显处于上位的制定法以及上级法院和监管部门规定的界限。

（一）非法律规则的制定

在 2006 年之前，虽然没有获得中央的立法授权，地方政府和非立法机构也并非无所作为。2002 年 1 月，中国证券监督管理委员会颁布了《上市公司治理准则》，[①] 其中第 4 条规定："董事、监事、经理执行职务时违反法律、行政法规或者公司章程的规定，给公司造成损害的，应承担赔偿责任。股东有权要求公司依法提起要求赔偿的诉讼"。

作为中国派生诉讼的授权，《上市公司治理准则》有几处瑕疵：第一，也是最明显的，《上市公司治理准则》并非立法文件。它实际上只是中国证监会对于公司如何安排内部治理的建议，并不构成股东提起或法院受理派生诉讼的法律依据。第二，其仅授予股东要求公司起诉的权利，股东在与董事和高级管理人员就期望的公司行动进行沟通方面，并不需要《上市公司治理准则》的授权。但派生诉讼的特别之处在于，与公

---

① 《上市公司治理准则》，2002 年 1 月 7 日发布。

司董事或高管进行沟通通常是必需步骤和先决条件，而非单纯的授权行为。事实上，如无须事先通知公司董事或高管，则显然更有利于代表公司起诉的股东。

《上市公司治理准则》颁布不到一年后，2002 年 12 月，最高人民法院一名法官公开表示，法院应该受理派生诉讼。[①]随后，某下级法院认为该言论不足以作为受理派生诉讼的依据，称其"仅供参考"。[②] 然而，有充分理由相信，这是法院系统内部对话的一个信号。例如，从 2002 年年底到 2004 年，江苏、上海和北京的高级人民法院（省高级人民法院，比最高人民法院低一级），均颁发"意见"[③]，允许其管辖范围内的法院受理派生诉讼，并详细规定了实施办法。[④] 例如，《上海意见》规定可将控股股东和第三方列为被告；允许公司以第三人身份参加诉讼；授权法院查明公司的利益是否受到实际损害，公司利益所受损害与被告不当行为之间是否存在因果关系，被告是否存在任何善意抗辩以及控股股东对公司的控制程度（致使

---

① 《最高法院副院长李国光表示：小股东告大股东法院应受理》，载《北京娱乐信报》2002 年 12 月 12 日。

② 参见《首例股东代表诉讼未被受理》，载《上海证券报》2003 年 4 月 22 日；钱卫清：《公司诉讼——公司司法救济方式新论》，人民法院出版社 2003 年版，第六部分，转引自 chinalawinfo. com，http：//article. chinalawinfo. com/article/ user/article_ display. asp？ ArticleID = 25304。

③ 中国最高人民法院以下的地方法院和政府机构经常发布以"意见"命名的文件，就各种问题规定提议的规则。"意见"具有不同水平的约束力。但不应同法院在特定案件中的"意见"相混淆，也不应同最高人民法院发布的"解释"或"规定"相混淆。

④ 江苏省高级人民法院：《关于审理适用公司法案件若干问题的意见（试行)》，载上海市高级人民法院编：《公司法疑难问题解析》，法律出版社 2006 年版，第 240—248 页【下文引为：《江苏意见》】；上海市高级人民法院民二庭：《关于审理公司诉讼案件若干问题的处理意见（一)》，载上海市高级人民法院编：《公司法疑难问题解析》，法律出版社 2006 年版，第 231—236 页【下文引为：《上海意见》】；北京市高级人民法院：《关于审理公司纠纷案件若干问题的指导意见（试行)》，载上海市高级人民法院编：《公司法疑难问题解析》，法律出版社 2006 年版，第 236—240 页【下文引为：《北京意见》】。

其不能以自己的名义提起诉讼）；禁止达成使具有真正利害关系的当事人（公司的小股东）利益受损的和解；① 授权法院撤销违规交易，并允许判令被告和公司承担损害赔偿责任。这些详细的规定，是地方法院早在 2006 年前实际上已受理派生诉讼的有力证据。事实上，在本文取样案件里一个关于 2006 年前的案例报告中，实际上已引用《北京意见》（第 8 条）作为派生诉讼的依据，只不过因为没有履行前置程序的请求而以败诉告终。

与高级法官的非正式评论相比，最高人民法院还以更为正式的途径表达了其对派生诉讼的认可。早在 1994 年的张家港化纤公司（1994）一案中，最高人民法院就已下发文件（《批准复函》），批准江苏法院将该案作为派生诉讼处理。2003 年，在中国学术界的广泛参与下，最高人民法院向下级法院公布了《关于审理公司纠纷案件若干问题的规定（一）（征求意见稿）》（以下简称《若干问题规定》），该规定对《公司法》进行了大幅改动，尤其是规定了派生诉讼机制。② 最终，最高人民法院于 2005 年——在规定新的第 152 条的 2006 年《公司法》生效前夕，维持了北京市高级人民法院认可派生诉讼的判决。③

---

① 涉及一起在和解前已上诉至最高人民法院的案件，参见浙江和信电力开发有限公司、金华市大兴物资有限公司诉通和置业投资有限公司、通和投资控股有限公司案〔浙江省高级人民法院（2008）民二终字第 123 号〕【下文引为：通和投资（2008）】。

② 《最高人民法院关于审理公司纠纷案件若干问题的规定（一）（征求意见稿）》，2003 年 11 月发布。该法规草案没有进入正式发布阶段，2006 年《公司法》的颁布使其毫无意义。

③ 苏州新发展投资有限公司和兖矿集团有限公司诉青岛千禧宏达体育娱乐有限公司、四川宏达（集团）有限公司和四川宏达股份有限公司、中国中期期货经纪有限公司案〔北京市高级人民法院（2004）高民初字第 1287 号〕，上诉（撤销原被告上诉后）维持原判〔最高人民法院（2006）民二终字第 56 号〕【下文引为：中国中期期货（2004）】，载赵继明、吴高臣主编：《中国律师办案全程实录——股东代表诉讼》，法律出版社 2007 年版，第 263—274、306—307 页。

（二）2006 年之前的案件

在 2006 年之前发生的几起案件表明，派生诉讼机制在实践中的实施有时是按照上述文件和规定，有时则完全是由法院自行审理。

1. 1994 年最高人民法院《批准复函》和其他有限责任公司案件的缘由

案例集和判决书显示，2006 年 1 月 1 日前，一些原告向法院提起派生诉讼诉求的，中国法院也受理该诉讼或对权利主张进行调整，以便允许原告代表公司提起诉讼。当然，我们从这些判决意见得到的结论受到一些限制，比如，我们不知道这些被受理的或者实际进入审理并作出判决的案件，是否代表大部分或小部分试图提起这类诉讼的结果。

1994 年《公司法》颁布后，首次对派生诉讼机制予以认可的案件是张家港化纤公司（1994）一案，① 该案导致最高人民法院发布上述《批准复函》。该案适用范围有限，仅适用于外商投资企业领域，而且，最初适用于表面上仅与中外合资或合作经营企业相关的案件。在这些企业中，外国投资者同时也是该合资企业的技术许可方或转让方。然而，正如我们在下文将要提及的，这起案件允许派生诉讼，并且曾援引《批准复函》，以支持一个涉及完全内资企业的 2006 年后的判决（该判决基于 2006 年前的事实）。

在张家港化纤公司（1994）一案中，江苏省高级人民法院请示最高人民法院，中外合资经营企业的中国投资方（某工厂）是否可代表合营企业，起诉该企业的供应商（为合营

---

① 《最高人民法院关于中外合资经营企业对外发生经济合同纠纷，控制合营企业的外方与卖方有利害关系，合营企业的中方应以谁的名义向人民法院起诉问题的复函》，1994 年 11 月 4 日发布。

企业外商投资者的关联方)。最高人民法院对此答复:中国投资方确实可以行使合营企业的诉权。但就本案而言,由于合资企业与供应商的合同中订有仲裁条款,因此法院不应受理。

这是中国最高司法机关首次明确确认派生诉讼合法性的案件,尽管该案设有各种前置条件,使派生诉讼的适用受到广泛的限制,然而,《批准复函》很快就被证明在与外商投资企业不相关的案件中也可以适用。例如,其在 2006 年前涉及股份有限公司的浙江五芳斋(2001)一案中被援引作为法律依据。[①] 随后,在第二个重要案件——中国迄今为止与派生诉讼有关的最大判决金额的案件中,广东省高级人民法院以 1994 年最高人民法院的《批准复函》作为依据,判决被告向全内资企业支付 4 亿元的损害赔偿。[②] 这起案件〔广州天河科技园(2003)〕的判决值得关注,不仅因其在不涉及外商投资企业的情况下仍援引 1994 年最高人民法院的《批准复函》,还因为广东省高级人民法院作出判决的日期在 2006 年 1 月 1 日之后。这意味着,该院本可以将新生效的第 152 条适用于本案事实(下文会对新法溯及进行具体讨论[③]),却没有选择这样做。1994 年最高人民法院的《批准复函》对广州某案的原告股东也有相当大的帮助,因为它允许法院驳回被告提出的合理诉求,即原告股东如未遵守第 152 条关于诉前请求的规定,

---

① 罗培新:《公司法的合同解释》,北京大学出版社 2004 年版,第 335—336 页;卢晓平:《董事长自掏腰包赔 250 万 质疑五芳斋事件》,载《财经时报》2001 年 7 月 27 日;《都是担保惹的祸:董事长被股东告倒》,载《检察日报》2001 年 7 月 27 日【下文引为:浙江五芳斋(2001)】。

② 广州市天河科技园建设有限公司诉广东珠江投资有限公司、廖若清和南博置业有限公司案〔广东省高级人民法院(2003)粤高法民初字第 5 号〕【下文引为:广州天河科技园(2003)】。

③ 如下所述,法律溯及诉讼指 2006 年 1 月 1 日后使用 2006 年《公司法》审理 2006 年 1 月 1 日前发生的事实的案件。

该诉求须被驳回。①

1994 年最高人民法院下发《批准复函》后，有证据表明，自 1996 年至 2005 年间中国法院审理了许多派生诉讼案件。②最耐人寻味的是，在这些案件中，为向原告提供救济，中国法院自行推理得出派生诉讼。正如厦门信达（1997）一案所述："如果股东受到侵害，则股东应首先向公司权力机构提出书面申请，请求公司对致害人采取行动或提出诉讼，追究其法律责任，在公司没有采取行动的情况下，股东可代位提起诉讼。"③

也许最重要的是，在 2006 年前，最高人民法院已在实际

---

① 这一抗辩理由在数起 2006 年以后的案件中非常起作用。例如，王彬诉江源泉和北京佩尔优科技有限公司案（上海市基层人民法院），上诉至上海市第一中级人民法院（2006 年后）【下文引为：上海佩尔优（2006）】；赵玉诉周宇超案〔广东省佛山市顺德区人民法院（2006）顺法民二初字第02196 号〕，上诉至广东省佛山市中级人民法院（2007）（佛中法民二终字第 348 号）【下文引为：顺德兆宇电子五金（2007）】；张科诉张晨案〔北京市海淀区人民法院（2008）海民初字第 23873 号〕【下文引为：北京鼎域电缆（2008）】；钱庆文和陈晓冰诉高维勇案〔云南省昆明市五华区人民法院（2008）五法民三初字第 253 号〕，上诉至昆明市中级人民法院（2009）（昆民五终字第 49 号）【下文引为：昆明康派力科技（2009）】；相反的案例，参见北京金世纪（2009）；石建军诉钱国丽、钱国钧、周国进、许学军、郑冬生和石惠芳案〔安徽省黄山市中级人民法院（2004）黄中法民二初字第 21 号〕，案件发回重审后（黄中法民二初字第 24 号），上诉至安徽省高级人民法院（2009）（皖民二终字第 0163 号）【下文引为：黄山丰华房地产（2009）】。

② J. Deng, "Building an Investor-friendly Shareholder Derivative Lawsuit System in China" (2005), *Harvard International Law Journal* 46，2：347-85，366-7，该文介绍了上海延中饮用水公司（1996—1997）一案【下文引为：上海延中饮用水公司（1996—1997）】；谢志洪、陈明添：《股东派生诉讼再思考》，载《福建政法管理干部学院学报》2001 年第 4 期，该文介绍了厦门信达（1997）一案【下文引为：厦门信达（1997）】；张汝莲、王玲：《本案股东是否有权充当原告代表公司提起诉讼》，载人民法院网，该文介绍了北京泰山（2000）一案【下文引为：北京泰山（2000）】；北京市第一中级人民法院（民四庭）主编：《公司法审判实务典型案例评析》，中国检察出版社 2005 年版，第 359—370 页中的一个案例【下文引为：未知北京当事方（2001）】，英文译本参见 N. Howson, "The Doctrine that Dared not Speak its Name：Anglo-American Fiduciary Duties in China's 2005 Company Law and Case Law Intimations of Prior Convergence", in H. Kanda et al. , eds. , *Transforming Corporate Governance in East Asia*, London：Routledge，2008，pp. 193-254；黄山丰华房地产（2009）；北京台群科技（2006）。

③ 谢志洪、陈明添：《股东派生诉讼再思考》，载《福建政法管理干部学院学报》2001 年第 4 期。

案件判决中，① 而不是像在 1994 年因张家港化纤公司（1994）一案所作出的《批准复函》中，默认派生诉讼。2005 年 12 月 18 日，最高人民法院对下级法院允许派生诉讼的判决予以维持时，也默许了派生诉讼在中国法院的可行性。②

2. 公众持股公司

2006 年前，派生诉讼的成功案例几乎仅涉及封闭性公司——通常是有限责任公司。然而，也有证据表明，中国法院至少受理了数起涉及股份有限公司甚至上市公司的派生诉讼。③

一件 2006 年前涉及股份有限公司④的案例值得关注，其展现了涉及股份有限公司的案件中的一些利益关系，无论该公司是否上市。该案发生在 1994 年《公司法》生效后不久，源于股份有限公司发起创设时的出资纠纷。由绍兴县政府经营的一家公司，以信托方式募集到 160 多位公众投资者提供的 3500 万元，用以为即将成立的股份有限公司融资，受托公司在该公司中同时也是将拥有 30 ％股份的股东。股份有限公司成立后，受托公司从未向股份有限公司提供该笔资金。随后，在公司清算时，公众持股人代表股份有限公司起诉该受托公

---

① 中国中期期货（2004）。

② 仅发生在新《公司法》（包括第 152 条）颁布后，生效前 13 日。代表原告的律师带有挖苦意味地指出，北京市高级人民法院作出判决时并未援引"派生"或"股东代表"诉讼，似乎接受下列说法但又没有作出评论：允许这些股东代表其投资的公司就起诉事由进行辩护。参见赵继明、吴高臣：《中国律师办案全程实录：股东代表诉讼》，法律出版社 2007 年版，第 274 页。

③ 浙江五芳斋（2001）；李凯诉河南莲花味精有限公司和莲花集团公司案〔黑龙江省大庆市让胡路区人民法院（2004）〕，载《上海证券报》2004 年 7 月 7 日【下文引为：河南莲花味精（2004）】；上海耀国能源科技有限公司诉高宝泉案〔上海市第一中级人民法院（2005）沪一中民三（商）初字第 26 号〕，上诉至上海市高级人民法院（2005）〔沪高民二（商）中字第 188 号〕【下文引为：上海陆家嘴（2005）】。

④ 浙江金桥股份有限公司（2003）。

司。该案以及由此产生的判决书之所以值得注意，原因在于涉及政治权力的一方作为被告，原告请求依据类似刺穿公司面纱原理判定指定被告绍兴县政府承担连带责任，法院受理的案件涉及公众持股的股份有限公司（有近170位愤怒的投资者），并且在当时缺乏法律依据的情况下法院就允许提起股东派生诉讼进行严谨的论证。正如该案法官所言："虽然控股股东的不当行为所侵害的直接对象是公司，但公司在不当行为人的控制下很难以自己的名义主张权利……被告……认为原告无权代表公司提起诉讼的答辩意见，不予采纳……为保护公司的利益，原告将"公司"列为本案第三人，这并不与《民事诉讼法》第56条的规定相悖。"①

该类涉及公众持股的股份有限公司的案件，原告股东人数众多，被告又是政府控制的公司组织和政府部门，即使在2006年《公司法》明确规定派生诉讼制度的情况下，这类案件仍非常少。

四、2006年《公司法》和派生诉讼的法定授权

2006年《公司法》第152条规定的派生诉讼机制有别于英美或欧陆传统的派生诉讼，也不同于中国台湾地区和日本所实施的机制。

第152条的规定，不能简单地一概而言，因为其所作出的一些区分在其他国家和地区的制度中并不存在。第一，在程序规则方面，该条规定对有限责任公司和股份有限公司加以区分；第二，允许为公司利益针对以下人员提起实体上的诉求：传统的公司信义义务人（董事、高级管理人员和监事）和所谓的"他人"，包

---

① 浙江金桥股份有限公司（2003）。

括控股股东及第三人（针对各方诉求的基础也略有不同）。

该规定可被归纳如下：

（1）被告和相关诉由。股东可针对以下人员提起派生诉讼：在履行公司职责的过程中违反法律、行政法规①或公司章程给公司造成损失的董事会、监事会成员或高级管理人员；以及侵犯公司合法权益、给公司造成损失的"他人"。

（2）诉讼资格。在股份有限公司中，发起原告必须连续180日以上单独或合计持有公司1/100以上股份。对有限责任公司的原告则没有此种要求。

（3）诉前请求的规定。在针对董事、高级管理人员提起诉讼前，股东必须先向监事会（或不设监事会的有限责任公司的监事）发出书面请求。在针对监事提起诉讼前，股东必须先向董事会（或不设董事会的有限责任公司的执行董事）发出书面请求。如该请求被拒绝，或自收到请求之日起30日内未提起诉讼，或不立即提起诉讼将会使公司利益受到难以弥补的损害，原告可直接向人民法院提起诉讼。

我们将在下文详细讨论该规定的每一要件，但首先要关注以下有关2006年《公司法》引入的其他新规定的两个要点：第一，需要区分这一新的法律诉由与另一种诉由：对董事或高级管理人员（但不包括监事会成员）损害股东利益的违法行为，股东可直接起诉。② 这种诉由类似于1994年《公司法》和1999年《证券法》规定的直接诉讼。第二，2006年《公司法》广受关注的原因，除了体现在第152条中的创新型派生诉讼中，还在于其扩大了可对董事、高级管理人员和监事会成员

---

① 上下文中，"法律"和"行政法规"是专有术语，分别指由以下机构颁布的规范：全国人民代表大会及其常务委员会和国务院。例如，由中央政府各部委发布的条例不能算作"行政法规"。P. Keller, "Sources of Order in Chinese Law"（1994）, *American Journal of Comparative Law* 42, 4: 711-59.

② 2006年《公司法》第153条。

中国公司法

提起诉求的范围，以及加强了向作为潜在受益人的公司进行赔偿的责任，其中包括对忠实义务和勤勉义务的违反；① 董事会因其决议违反法律、行政法规或者公司章程、股东大会决议，致使公司遭受严重损失而对公司负赔偿责任（但董事表明异议的除外）；② 返还因违反特定忠实义务而产生的非法收入；③ 赔偿因关联交易而对公司造成的损失（不管是否已披露或经批准）。④ 因此，2006 年《公司法》新增的派生诉讼是（至少可能是）范围已扩大的众多实体性主张的程序工具。

（一）诉讼资格

正如上文所提，股份有限公司的股东还须满足特殊的诉讼资格要求。首先，其必须连续 180 日以上持有股份。法律并未规定提出请求的股东必须是诉由发生时的股东，因此排除了源于美国法中的"同时持有规则"。⑤ 由于疏忽而未作此规定，这似乎不太可能；因为，2003 年《若干问题规定》明确规定了这一规则，这说明立法专家当时已意识到这一问题。⑥ 2003 年《若干问题规定》提出的替代规则，即在产生诉由前应满足连续 6 个月持有股份的要求，也未被采纳；这致使现行第 152 条对那些显然经过认真衡量的原告设置的障碍最低。

有趣的是，第 152 条并没有明确规定诉讼发起人在提出书面请求时必须是股东，而对该条文作出其他解释又会显得牵强——毕竟，该条规定"股东"必须提出请求。那么，诉讼发起人在向法院起诉时必须是股东，这点似乎已相当清楚。而且，根据中国民事诉讼基本规则，原告对诉讼标的必须具有直

① 2006 年《公司法》第 148 条。
② 2006 年《公司法》第 113 条。
③ 2006 年《公司法》第 149 条第 8 款。
④ 2006 年《公司法》第 21 条。
⑤ 《特拉华州普通公司法》第 327 条。
⑥ 《若干问题规定》第 44 条。

接利害关系，这就很难看出非股东（当然排除公司债权人）在公司所获救济中有何种利害关系。最高人民法院就 2006 年《公司法》颁布的首个解释性规定也暗示（尽管不甚明确），持股期间（这将在下文讨论）需延伸至诉讼提起之日。① 我们在本文所讨论的案例，没有一起案件中的原告在发起诉讼时不具有股东身份。

其他大陆法系国家和地区倾向于要求试图提出派生诉讼的股东在提出诉前请求时是股东；且先前在特定期间内已具有股东身份，而不管该请求方在诉由发生时是否为股东。例如，日本《公司法》只要求请求方在提出请求前 6 个月已是股东；德国是 3 个月，中国台湾地区则是 1 年。

股份有限公司股东的第二项诉讼资格要求是，其必须单独或合计持有公司 1/100 以上已发行股份。针对有限责任公司的股东，并没有持股比例的要求。与持股期间要求一样，第 152 条的规定较 2003 年《若干问题规定》对原告更为有利，后者同样有对股份有限公司股东持股比例的要求，但要求有限责任公司股东必须持股 10%。相比之下，美国各州和日本的公司法律制度并没有要求股东在请求时的最低持股比例，但是美国一些州允许法院在认为持股比例（价值）过低的情况下，可要求原告股东在提出请求前须先缴纳保证金。大陆法系国家和地区一般都有最低持股比例的规定。例如，德国是 10%，法国是 5%。具有影响力的相邻法域，如中国台湾地区和韩国，也规定了最低持股比例，分别为 1% 和 5%。我们在本节所讨论的针对股份有限公司股东的最低持股比例，在 2006 年《公司法》生效后被用以挫败至少一例

---

① 《最高人民法院关于适用〈中华人民共和国公司法〉若干问题的规定（一）》，2006 年 5 月 9 日生效。

高调的派生诉讼案件。①

（二）请求

2006 年《公司法》明确规定，股东应以书面方式向相关机构提出请求。这一要求也是对用尽公司内部救济原则的回应。这一原则在中国的起诉书和判决书中屡见不鲜。但在现实中，公司内部救济措施似乎无关紧要；唯一能够阻止原告提起诉讼的途径是公司自行提起诉讼。与国际上众多其他派生诉讼机制不同，在中国，公司根本没有余地辩称诉讼不符合公司利益，或者公司已就不当行为获得了充分的非诉讼救济。

虽然第 152 条的规定对 2003 年《若干问题规定》有所改进，并大致规定了提出请求的对象，② 但这一条规定并没有说明的是，如股东所提之诉求并非针对传统的信义义务人，而是针对非内部人士的"他人"时，股东应向谁提出请求。有中国学者建议，在此情况下，应先向法定代表人提出请求，再向董事会，最后向监事会提出，每次有 30 天时间等待回应。③ 该观点在一起案件中获得认可。④ 但一般而言，在涉及针对"他人"的派生诉讼请求中，法院似乎不会这么苛刻要求。⑤

我们注意到，如仔细解读，第 152 条规定的"不立即提起诉讼将会使公司利益受到难以弥补的损害的，原告可直接向人民法院提起诉讼"，似乎并不意味着可免除请求（尽管本来意

---

① 该案为三联商社（2009）一案，最终由山东省高级人民法院于 2009 年 12 月受理。参见《三联商社小股东诉三联集团侵权正式立案》，载 http：//qy. qianlong. com/7440/2009/12/16/4722@5353758. htm。

② 《若干问题规定》第 45 条。

③ 卢小青：《漫谈我国新〈公司法〉股东代表诉讼前置程序》，载《财经世界》2007 年第 7 期。

④ 通和投资（2008）（对董事会的请求具有充分性）。

⑤ 黄山丰华房地产（2009）（请求被免除，因为该公司已处于停业清算）和北京金世纪（2009）（第 152 条被援引，但并未提及诉前请求）。

图可能如此）。就措辞而言，该规定要求即使在这一紧急情况下也须提出请求，但可以免除等待期。然而，这种严格解释似乎并不代表中国法院对该规定的通常理解，因为他们经常允许股东在"危急"或"紧急情况"下可免除提出请求。

（三）被告和相关诉由

中国派生诉讼一个既重要又不寻常的特点是，第152条将被告划为两类：内部人士（董事、高级管理人员和监事）和"他人"，两类被告的诉由也有所不同。这一额外划分（针对"他人"的公司诉讼）旨在解决两种情况：当第三方（经常是关联方）损害公司利益时，具有利益冲突的公司董事或法定代表人不针对该第三方寻求救济；如2006年《公司法》第20条第2款所规定的，控股股东滥用公司形式损害或压迫公司小股东。因此，自2006年起，[①] 中国在有限的"纵向"意义（公司对公司信义义务人）和"横向"意义上（公司对因压迫或违反控股股东信义义务的控股股东）允许派生诉讼。正如本文引言所述，考虑到中国公司化制度导致的资本结构和功能障碍，能够赋予股东使用派生诉讼对抗控股股东并且就其所受压迫获得救济，这本身已具有一定意义。与中国台湾地区的"公司法"[②] 以及日本《公司法》相比，[③] 将第三方列为被告极大地扩展了被告的范围。但令人疑惑的是，为何2006年《公司法》的起草者并没有针对传统的内部人士和"他人"规定统一的诉由。根据第152条规定，内部人士在履行公司职责

---

① "公司股东滥用股东权利，给公司或其他人造成损害的，其应根据法律承担赔偿责任"是英美普通法违反信托义务和"压迫"的对等规定。2006年《公司法》第20条第1款和第3款还规定了在权利请求人是公司的第三方债权人的情况下，传统刺破公司面纱主张的基础。

② 中国台湾地区"公司法"第214条规定：被告仅限于"董事"。

③ 被告的范围限于发起人、董事、监事、高级管理人员和清算委员会成员；日本《公司法》第847条第1款。

中违反法律、行政法规或者公司章程的规定，损害公司利益的（"诉由1"）可被起诉；他人侵犯公司合法权益，给公司造成损失的（"诉由2"）亦可被起诉。如果诉由2涵盖了诉由1未涵盖的行为，则为何内部人士可置身事外？但第152条的结构表明，立法者并不认为这两个诉由是一致的。

我们搜集的取样案例有充分证据显示，派生诉讼也被用于针对"他人"——如与遭受损失的公司订立合同的[①]缔约方和控股股东提起。[②] 在有些案件中，如上海源记国际（2006）、上海泰武房地产案（2008）和北京普仁医院（2009），存在混合诉求，有针对被告为第三方（通常是关联方）或控股股东的诉求，以及对被告为传统信义义务人的诉求。在这些案件中，中国法院似乎不太关注法律在违规和损害方面对这两种被告人的不同规定。

---

① 中国中期期货（2004）；重庆煤矿案（2006）；平海发展有限公司诉上海中星集团振城房地产有限公司案〔上海市第一中级人民法院（2005）沪一中民五（商）初字第122号〕，上诉至上海市高级人民法院（2006）（沪高民四字第58号）【下文引为：上海德诚房地产（三）（2006）】；（美国）恩比集团源记洋行诉上海协作投资有限公司和周祖园案〔上海市第二中级人民法院（2006）沪二中民五（商）初字第2号】【下文引为：上海源记国际（2006）】；吴永建诉许文兴和朱玉香案〔北京市顺义区人民法院（2009）顺民初字第1065号〕，上诉至北京市第二中级人民法院（2009）（二中民终字第11811号）【下文引为：北京普仁医院（2009）】；通和投资（2008）。

② 浙江金桥股份有限公司（2003）（公众股东针对控股30%的政府支持股东的诉讼）；河南莲花味精（2004）（少数股东针对上市公司控股股东的诉讼）；平海发展有限公司诉上海中星集团振城房地产有限公司案〔上海市高级人民法院（2005）沪高民四（商）初字第1号〕【下文引为：上海德诚房地产（二）（2005）】（针对中外合资经营企业持股50%合伙人的诉讼，要求其履行融资义务）；上海佩尔优（2006）（持股49%的股东针对剥夺公司机会的持股51%的公司股东的诉讼）；上海泰武房地产案（2008）（持股20%的股东连同监事诉三人有限责任公司持股54%的另两位股东）；北京普仁医院（2009）（被告为持股90%的股东）。

五、2006 年 1 月 1 日至今中国派生诉讼的实际情况

自 2006 年 1 月 1 日起，随着新的派生诉讼机制的实施，中国各级法院已开始受理派生诉讼，并进行裁判。

（一）与股份有限公司或上市公司有关的案件的缺乏

值得注意的是，涉及上市或非上市股份有限公司的派生诉讼几乎完全没有出现过。[①] 这可谓是一个悲剧，因为将派生诉讼写入 2006 年《公司法》，正是为了向公众持股的股份有限公司的小股东提供针对公司信义义务人、控股股东以及似乎可以免于履行义务或被强制执行的关联方债务人提起诉讼的途径。

在 2006 年以后，我们发现的唯一一例涉及上市股份有限公司的案件仍在审理。[②] 原告试图代表三联商社有限公司对该上市公司三联集团前控股股东提起派生诉讼。我们相对肯定的是，该案是截至 2010 年中国法院受理的唯一一例与上市股份有限公司相关的派生诉讼案件，因为在（由被告提出的）2010 年 1 月 21 日旨在将该案由山东省高级人民法院提交到最

---

① 2006 年以后我们发现只有一些案件涉及非上市股份有限公司或有限责任公司大量股东。例如，李孝忠和 28 位其他股东诉肖武勇和张定忠：南川区五金交电化工有限公司案，〔重庆市南川区人民法院（2006）南川法民初字第 538 号〕【下文引为：南川化工（2006）】（28 位股东）；董凤昌诉方益树：上海众建公司案，上海市虹口区人民法院民二庭，2008 年 9 月 26 日提交诉讼，未查阅判决意见，但由虹口区人民法院罗健豪法官 2009 年 2 月 26 日报告【下文引为：上海众建公司（2008）】（40 位股东）；朱永军和 20 位其他股东原告诉刘华仁、朱永军和马中华：石嘴山市恒源金属回收有限责任公司案〔宁夏回族自治区石嘴山市武口区人民法院（2008）石民初字第 1008 号〕，上诉至石嘴山市中级人民法院（2009）（石民终字第 25 号）【下文引为：石嘴山恒源（2009）】（21 位股东）。当然后者并未上升到真正的由数千位股东持有的公众公司。

② 三联商社（2009），该案由山东省高级人民法院于 2009 年 12 月 11 日受理。（股东和一位独立董事劝说持有上市公司 1.56% 股份的股东参与诉讼。）

高人民法院的上诉状或请求中就是这样注明的："本案是中国资本市场上市公司首例股东代表诉讼"。①

对于缺少与股份有限公司相关案件的原因，有几种具有不同可信度的解释。第一种可能的解释是，股份有限公司整体管理可能更为完善，没有有限责任公司所发生的权力滥用等行为。我们认为这一解释并不可信，其完全得不到来自中国证监会及其执法部门所发布数据的支持。即便大多数股份有限公司的管理确实完善，也无法解释几乎完全不存在与股份有限公司相关案件这一事实。第二种可能的解释是，前面提及的各种诉讼障碍和交易成本，可能会对股份有限公司的原告提起派生诉讼造成较重负担。这一解释具有更高的可信度。法律对股份有限公司的原告股东要求更为苛刻，现实障碍也更大。按成本—效益分析，与有限责任公司或封闭型股份有限公司较大的小股东相比，股份有限公司的小股东更为不利。然而，此解释为何几乎完全不存在与股份有限公司相关的派生诉讼，也稍显不足。可以肯定的是，偶尔还是会有较大的股份有限公司小股东希望提起派生诉讼［如三联商社（2009）一案］。第三种可能的解释是，出于某种原因，涉及股份有限公司的派生诉讼在立案后（立案统计不像判决统计那样准确），甚至在立案前，都在我们不知情的情况下，在法律的背后达成和解。然而，如同第二种解释，这一解释并未帮助我们理解，为何我们的案例取样中完全没有与股份有限公司相关的派生诉讼。除了法院也许对与股份有限公司相关的诉讼持有不同的态度外，我们也想不出任何理由解释，为何该类诉讼与有限责任公司相关的诉讼相比，完全不成比例地过早进行和解。此外，我们推测在封闭型

---

① 《代位诉讼：小股东诉三联集团案目前仍在进行中》，载中国证券网 2010年 3 月 15 日。

公司环境下，和解似乎更加容易，因为相较于股份有限公司的小股东长期信息不足的情况，封闭型公司的所有诉讼当事人的消息更为灵通。

因此，我们转向第四种解释，即法院不受理与股份有限公司相关的股东诉讼，不论这是法院决定，还是根据上级司法机关的指示。本文作者之一曾指出，中国法院自身是如何拒绝受理政治上和技术上具有复杂性的案件。① 上文已提及中国法院的一些为人熟知的指示，其要求限制或禁止受理或审理涉及大量原告的案件。本文作者之一曾在他处介绍过向地方法院发布的特定的公开指示，要求它们不得受理特定种类的公众公司的公司法案件（其中一类案件是使公众上市公司股东会决议无效的股东诉讼)② 以及一个内部指示，禁止受理所有与上市股份有限公司相关的案件。③ 本文作者曾在他处推测法院拒绝或者上级法院禁止的原因，并在上文指出法院在司法程序方面对涉及多方当事人的强烈敌意。一言以蔽之，缺少涉及股份有限公司的派生诉讼可谓显而易见的事实。

（二）"新法溯及"诉讼

如上所述，由最高人民法院颁布的《最高人民法院关于适用〈中华人民共和国公司法〉若干问题的规定（一）》允许法官将 2006 年《公司法》规定的新权利适用于该法生效前涉及相关交易的案件中。在我们收集的案例中，当案件事实发生在 2006 年前，没有一个法院仅基于该理由拒绝受理随后发生

---

① N. Howson，"Corporate Law in the Shanghai People's Courts，1992-2008：Judicial Autonomy in the Contemporary Authoritarian State"，pp. 332-333，p. 404. （有关全国范围内拒绝受理或审理要求履行转让至资产管理公司后又销售给商业买方的银行不良贷款案件。）

② Ibid. p. 406. （据称是要防止"股东不适当行使诉讼权"。）

③ Ibid. p. 405. （由上海市最忙碌且最专业的基层人民法院院长向本文其中一位作者披露。）

的派生诉讼。事实上，在大多数该类案件中，法院都明确允许"参照"2006 年《公司法》提起派生诉讼。①

（三）避免派生诉讼

在我们收集的案例样本中，有几例案件显示了法官的专业能力，但也有些案件展现出法官对第 152 条规定的过度技术性解读，以使相关法院避免麻烦，不必审理派生诉讼案件。的确，司法实践在这一方面并不统一，就如同下节所要论述的，法院有时又热衷于受理派生诉讼。

比如，在顺德市兆宇电子五金（2007）一案中，基层法院允许就"新法溯及"主张提起派生诉讼，但在上诉过程中，中级人民法院撤销了原判决，理由是原告股东并未严格按照第 152 条规定提交诉前请求。法院可能已经注意到，提起诉讼的

---

① 这些诉讼包括下列案件：江阴市顺兴化工机械有限公司诉林震等股东纠纷案〔江苏省无锡市中级人民法院（2005）锡民三初字第 0016—2 号〕【下文引为：江阴兴化（2005）】；张新龙诉吕益明案〔上海市第二中级人民法院（2005）沪二中民三（商）初字第 403 号〕【下文引为：上海世兴房地产（2005）】；林宇诉航天新概念科技有限公司案〔北京市海淀区人民法院（2006）海民初字第 08927 号〕【下文引为：北京航天（2006）】；北京台群科技（2006）；重庆煤矿案（2006）；林向阳、林路强和林雄杰诉林仪俊、广州市蓝岸玻璃有限公司和贾保珍案〔广东省广州市天河区人民法院（2005）天法民三字第 2493 号〕，上诉至广州市中级人民法院（2006）（穗中法民三终字第 1 号）【下文引为：广州玻璃（2006）】；福建亚通新材料科技股份有限公司诉刘道敏、黄珊珊和沈阳富裕新材料管业有限公司案〔辽宁省沈阳市中级人民法院（2006）沈中民四全初字第 1 号〕【下文引为：辽宁宝通材料（2006）】；南川化工（2006）；上海德诚房地产（一）（2006）；上海德诚房地产（二）（2005）；上海德诚房地产（三）（2006）；上海佩尔优（2006）；上海源记国际（2006）；上海泰武房地产案（2008）；顺德兆宇电子五金（2007）；金加投资有限公司诉宗庆后：杭州娃哈哈饮料有限公司案〔新疆生产建设兵团农八师中级人民法院（2007）兵八民一初字第 17 号〕【下文引为：杭州娃哈哈（2007）】；蒋芝苓、蒋之筠诉沈吕遂案〔北京市第二中级人民法院（2009）二中民初字第 U9350 号〕【下文引为：北京伟士特（2009）】；黄山丰华房地产（2009）。这一模式只有两种偏差，参见中国中期期货（2004）（2006 年 5 月维持 2006 年之前的下级法院判决，但并未参照 2006 年《公司法》）以及广州天河科技园（2003）（2006 年 11 月判决 2003 年提起的诉讼，但并未参照 2006 年《公司法》）。

股东同时也是公司的法定代表人，因此有权代表公司提起诉讼。但我们发现，全国法院系统存在多例因未能"履行法律要求的程序"（诉前请求）而拒绝审理派生诉讼的现象，即便这些诉求证据确凿。① 北京鼎域电缆（2008）一案展现了法官对诉前请求极为苛刻的解读——即使根本不存在能够接收请求的公司机构或相关人士，法院也因原告未能提出适当请求而拒绝受理派生诉讼。

我们将这些对派生诉讼诉求进行高度技术性和限制性解读的案件，与基于较为合理理由而拒绝受理的其他案件相区分。例如，在昆明康派力科技（2009）一案中，虽然针对有限责任公司股东（法定代表人）的实体上的诉求具有强有力的依据，但由于原告股东是所谓的"隐名股东"（虽向有限责任公司出资，但在公开文件中并未被登记为股东），昆明五华区人民法院和昆明市中级人民法院均拒绝受理其提起的派生诉讼。昆明两级法院均不认为，记载真实股东权益的私人文件效力胜于经公共登记的股权。此外，法院还认为，即使发起原告在法律上被视为"股东"，但其并未满足第152条的请求要件。本案会促使中国商人更加认真对待公开文件，并强调法律要求的备案和程序的重要性。从这一角度而言，该案的结果从表面上看具有一定合理性。

在上海天广医药案（2009）中，上海高级人民法院正确地维持了下级法院因原告未提出请求而驳回派生诉讼起诉（将此称作"程序瑕疵"和"未用尽内部救济"）的判决，但仍然允许原告对其他股东（实质上是合伙人）提起直接诉讼。这似乎也是一种合理的引导，也就是说，将为了公司利益而提

---

① 石嘴山恒源（2009）；昆明康派力科技（2009）；北京格莱瑞项目案（2009）；北京伟士特（2009）；北京鼎域电缆（2008）；上海佩尔优（2006）；上海天广医药案（2009）。

起的派生诉讼引导至一个在法理上更恰当的领域。

（四）自主和受理

虽然有些法院通过对法律的技术性解读避免受理派生诉讼，但也有法院乐于接受派生诉讼。

"新法溯及"的北京航天（2006）一案——一个涉及一家已进入清算程序、有持股 35% 的控股股东的有限责任公司的股东诉讼，展现了对派生诉讼的积极利用。与北京鼎域电缆（2008）一案有所不同的是，在本案中，即便不存在能够接收诉前请求的公司机构，法院依然受理这一诉求。[①] 此外，法院还允许派生诉讼会造成诉讼时效抗辩无效的后果，即被起诉的不作为发生在 1999 年至 2002 年间，案件首次受理日期为 2004 年。法院大胆地判定，因为 2006 年 1 月 1 日前尚无派生诉讼机制，因此为期两年的诉讼时效直至 2008 年 1 月 1 日才到期。

在通和投资（2008）一案中，尽管相关诉前请求和拒绝可能存在技术瑕疵——被告为"他人"（不是内部人士）时，原告向董事会而非监事会提交请求并收到书面拒绝——但浙江省高级人民法院仍然允许继续进行该派生诉讼。正如我们前面所提及的，2006 年《公司法》对于此种情况下诉前请求对象的规定不甚明确，较为谨慎的法院可能会专门以未向监事会提交请求为由驳回起诉。在北京普仁医院（2009）一案中，也可看到此种宽容态度。该案是一起复杂的关联方借款案件，（法院认为）原告股东向被掠夺资金的公司法定代表人送达诉前请求，即可视为（满足诉前请求），足以使该案继续进行。

---

① 法院在湖广商会株式会社诉姚仁均、上海市奉贤劳防用品厂和上海市奉贤区南桥镇农工商联合社案的类似情况下允许了派生诉讼，参见上海市第一中级人民法院（2008）沪一中民五（商）初字第 181 号民事判决书【下文引为：上海湖广商会（2008）】；辽宁宝通材料（2006）；黄山丰华房地产（2009）。

在河南金芒果地产（2009）一案中，① 一审和二审法院均允许进行派生诉讼，即使提起诉讼的股东并未正式向公司送达其起诉建筑承包商的诉前请求。两级法院都注意到，该公司最初已就合同提起诉讼，但随后又撤回诉讼。二审法院认为这"可视为拒绝提起诉讼"。

法院还大量使用了紧急情况这一概念，即如果"不立即提起诉讼将会使公司利益遭受难以弥补的损害"，不适用第152 条规定的 30 日的等待期，这在事实上免除了请求要件，使原本不符合要求的案件被法院受理。②

的确，在某些案件中，中国法院受理派生诉讼时不苛求，甚至不强调前置程序，这使其标准显得过度宽松。在激烈的达能与娃哈哈争议这一仅有的延续到判决阶段的国内公司诉讼案件，即 2007 年 12 月 11 日作出的杭州娃哈哈（2007）一案的判决中，法院对起诉书中派生诉讼的性质只字不提，但仍受理了该案并根据案件事实作出了判决。

（五）专业水平

中国的司法官员在理解和实施派生诉讼机制方面所展现的

---

① 路通诉河南隆祥建筑工程有限公司案〔河南省郑州市管城回族区人民法院（2007）管民二初字第 257 号〕，上诉至郑州市中级人民法院（2009）（郑民二终字第 718 号）【下文引为：河南金芒果地产（2009）】。

② 青岛市化工石油供销有限责任公司诉于长春案〔山东省威海市中级人民法院（2007）威民二外出字第 27 号〕，上诉至山东省高级人民法院（2008）（鲁民四终字第 103 号）【下文引为：威海瀛海（2008）】（紧急情况）；北京鼎域电缆（2008）（无紧急情况）；黄山丰华房地产（2009）（公司进入破产清算，因此缺少诉前请求不是问题）；北京金世纪（2009）（当被驱逐董事、法定代表人和总经理无视股东大会一致决议，不放弃公司印章和许可证时，公司无法运营）；北京普仁医院（2009）（原告股东被告知控股股东和宣称的信义义务人将申请公司破产作为对信义义务人诉讼的战略性回应）。亦参见四川省县级法院法官发表的观点，确认在"紧急情况下"未经诉前请求仍可提起直接诉讼；彭华：《控股股东损害公司及股东利益的法律救济与思考：从一股东代表诉讼看公司及小股东的法律保护》，载《中国法院》2009 年 3 月 9 日（原文出处失效，参见 http：//old. chinacourt. org/public/detail. php? id＝347591——译者注）。

能力水平令人印象深刻。①

　　少量的"新法溯及"案件表明，在2006年前较低级别法院会因缺乏法律依据而驳回派生诉讼，而这些驳回又会在上诉中被推翻。适用"新法溯及"的重庆煤矿案（2006）就是一例。尽管一审法院基于缺少法律依据而驳回派生诉讼，但二审法院因2006年《公司法》的颁布撤销了该裁定。

　　上海蔻薇尔（2008）一案②严格坚守2006年《公司法》规定的派生诉讼，拒绝"双重派生"诉讼。原告是某公司的股东，而该公司是声称利益受到损害的组织的唯一股东。法院裁定，原告不能代表与自己没有直接持股关系的子公司提起诉讼。不管基于何种考虑，根据第152条的规定，该裁判在严格的法律意义上是正确的，因为第152条似乎不允许"双重派生"诉讼或"多重派生"诉讼。③

　　除此之外，还有数例案件将第152条的派生诉讼机制适用于根据外商投资企业法律法规设立并受其规制的外商投资企业法人。④ 但是，我们发现，没有一例案件因有关实体为不受《公司法》管辖的外商投资企业而使法院驳回派生诉讼。

　　一些判决书在驳回派生诉讼诉求时展现了真实的专业能

---

　　① 此处我们并未讨论众多未经争议而予以履行的派生诉讼案件，如上海中建实业（2008）一案，该案中仅持有2.86%股份的股东代表公司针对存在疏忽或不忠的法定代表人的有关贷款而提起诉讼，法定代表人被明令就贷款向公司赔偿。

　　② 江文宏诉吴金辉和苏州嘉慈服饰有限公司案〔上海市第二中级人民法院（2008）沪二中民五（商）初字第21号〕【下文引为：上海蔻薇尔（2008）】。

　　③ 允许该类诉讼的其他司法管辖区如下：澳大利亚、新西兰、加拿大和新加坡根据法律允许该类诉讼；中国香港特别行政区根据对现有派生诉讼原则的普通法扩大允许该类诉讼。

　　④ 北京台群科技（2006）；北京伟士特（2009）；辽宁宝通材料（2006）；上海德诚房地产（一）（2006）；上海德诚房地产（二）（2005）；上海德诚房地产（三）（2006）；上海源记国际（2006）；杭州娃哈哈（2007）；上海蔻薇尔（2008）；上海湖广商会（2008）；威海瀛海（2008）。

力，因为遭受损害的实际上是一个合伙人（股东），而不是共同出资设立的有限责任公司。我们在北京金道宏平广告有限公司案（2008）中可以发现这点。该案中，一审法院（上诉维持一审判决）驳回了说服力不强的派生诉讼诉求。该案其实涉及有限责任公司中持股比例相当的股东之间的纠纷，且该公司已进入清算程序，所以不存在对公司的损害。北京格莱瑞项目案（2009）在驳回派生诉讼诉求方面，采取了大致相同的方法——该案形式上是因为缺乏向公司发出诉前请求而被驳回；但是，我们认为，实际上是因为争议双方是房地产开发合同的双方当事人，投入资金的一方因持有开发许可的一方不履行义务而提出诉讼。在上述每一例案件以及我们研究的其他数例案件中，① 中国法院事实上将具有公司色彩的派生诉讼导向更合适的领域，即合伙人之间的直接诉讼。

（六）实体主张上的困难

我们的研究显示，虽然中国法院可能会越来越多地受理派生诉讼，但他们在对实体主张进行审理时会遇到各种困难。事实上，我们很少看到法院真正地适用针对传统公司信义义务人的实体主张。一个罕见的例子就是北京香口笑餐饮公司（2009）一案。② 该案中，挪用公司收入的法定代表人被裁定违反"正当使用公司财产的义务"，而该义务随后被明确视为 2006 年《公司法》第 150 条所规定的义务的一

---

① 例如，上海天广医药案（2009）〔上海市高级人民法院推翻了基层法院拒绝派生诉讼的判决，但又指示原告基于原告（而非公司）的损害重新提交起诉书〕。

② 温建国诉赵丽梅、北京香口笑京南金家餐饮有限责任公司案〔北京市宣武区人民法院（2009）宣民初字第 2625 号〕【下文引为：北京香口笑餐饮公司（2009）】。

部分。①

更为常见的是，中国法官在案件判决书中笨拙地处理实体主张或避免对其进行裁决。例如，在南川化工（2006）一案中，即便该案被诉行为发生于 2006 年前，法院还是受理了这一诉讼，但却驳回了针对公司被告董事和高级管理人员的实体主张，理由（在我们看来非常奇怪）是："……即使其他被告可能违反了其注意义务，②但对该义务的违反和对公司造成的（赔偿）责任是另外的法律关系"。

在威海瀛海（2008）一案中，我们发现一个关于实体诉求的类似的错误，至少在一审阶段是如此。该案中，法院受理派生诉讼，但随后认为被告被指控的错误行为因经过公司决议授权（使用公司印章），或者其同公司内部管理事宜相关（向公司股东披露财务记录），因而不具有可诉性。

在黄山丰华房地产（2009）一案中，同样的问题也非常明显。该案中，安徽省高级人民法院维持下级法院对派生诉讼的受理，同时也维持原法院对实体诉由的驳回，因为该诉由按被告辩论意见所述，"仅仅是股东内部纠纷"，而且因对公司有害而被起诉的合同也只受《合同法》规定的合同成立原则的调整。判决书甚至认为，派生诉讼仅适用于主张公司董事和高级管理人员违反《公司法》第 150 条的情形。因此，当面对被告所代表的已经处于清算中的公司以低于市场价值的金额签署 9 块土地销售合同时，法院拒绝审理被告可能的违约行为，而是确认上述合同在《合同法》规定下的有效性。

---

① 亦见上海蔻薇尔（2008），在该案中，法院驳回了"双重派生"诉讼，但又处理了对注意义务的违反。

② 判决意见使用了 2006 年《公司法》的"勤勉义务"和"注意义务"，后者在中国大陆学术著作和中国台湾地区"公司法"中较为常见。

我们发现，有些案件，法院虽受理派生诉讼，但似乎不愿裁定该案有违反信义义务的行为。① 上海 XX 电器（2009）②一案表明，法院无法适用信义义务规则，并且其对派生诉讼背后的逻辑有所误解。法院基于包括原告未能证明公司受损等理由驳回诉讼，然后又进一步推翻已被接受的派生诉讼背后的基本原理，指出"该笔借款可以由电气公司通过诉讼等途径要求张董事返还"。法院没有理解的是，被告董事作为有限责任公司的执行董事和法定代表人，完全可以阻碍公司寻求该救济。

（七）对派生诉讼和代表诉讼的混淆

在一些案件中，我们看到对派生诉讼过度积极并且实际上存在瑕疵的应用，或者在不适合使用第 152 条的情况下援引该条规定。这一现象的典型例证就是北京华宇亚房地产（2009）一案。③ 在该案中，法院援引第 152 条的规定，迫使异议股东履行股东会决议。本案事实是，在本案中，有限责任公司有 3 名股东，1 名是父亲的股东死亡，其在有限责任公司 72% 的股份由其妻子和 3 个孩子继承，且所有股东通过决议任命其妻子作为该有限责任公司法定代表人和执行董事。2 位现存股东（已故父亲的孩子和可能是该孩子配偶的人）不执行股东决

---

① 除其他案件外，参见下列主张违反忠实义务的案件：上海德诚房地产（一）（2006）；张巍诉王龙案〔北京市丰台区人民法院（2009）丰民初字第 02775 号〕【下文引为：元年文化（2009）】；刘彬诉李占军案〔北京市海淀区人民法院（2009）海民初字第 13158 号〕，上诉至北京市第一中级人民法院（2010）（一中民终字第 1099 号）【下文引为：北京万朋管理（2010）】；上海湖广商会（2008）；上海源记国际（2006）。

② 林某诉张某案〔上海市闵行区人民法院（2009）〕【下文引为：上海某电气（2009）】。

③ 陈亚丽、朱镕清、朱宥伊和朱皓翔诉北京市华宇亚房地产开发有限公司、朱铁军和李进案〔北京市东城区人民法院（2009）东民初字第 4349 号〕【下文引为：北京华宇亚房地产（2009）】。

议，未采取行动将已故股东的妻子登记为新的法定代表人和执行董事。新股东以其自身名义进行起诉，要求就其受到的损害进行补偿，并要求履行股东协议。为了让该案依据第 152 条规定继续进行，法院指出，"权利受损的股东可以提起提议股东代表诉讼"。就本案而言，这一说法是错误的。如法院真的是指"代表诉讼"，则该表述有误，原因在于，原告股东并未主张要代表任何其他股东。如果法院所指是第 152 条规定的"派生诉讼"，这种说法同样错误，因为股东并未就公司遭受的损失提起诉讼。①

（八）法官为监事创制的直接诉讼权

在研究案例的过程中，我们发现了一个有趣的司法主动行为，即法官为监事创制了一项可以不经股东诉前请求而代表受害公司起诉的法律权利。② 我们推测，中国法院创设这一直接诉讼权是为了避免派生诉讼机制在实施中存在技术障碍，而允许法院自身根据该机制的条款和精神进行适用。更重要的是，这一直接诉讼权，似乎仅当封闭型有限责任公司中监事同时享有股东权利时才有效。

（九）诉讼费用分配和败诉方承担一切费用

我们的样本案例显示，无论在 2006 年 1 月 1 日之前抑或之后，法院一般都判定由败诉方承担诉讼费用。殊为可惜的

---

① 东方建设集团（2009）一案中存在相同的错误观念。

② 上海世兴房地产（2005）（除了说监事作为原告根据《公司法》的规定有权利提起诉讼且该诉讼"符合法律规定"外，对于该权利未列举任何法律或制定法依据）；郝玲诉汪寄燕案〔北京市海淀区人民法院（2007）海民初字第 11373 号〕，上诉至北京市第一中级人民法院（2009）（一中字第 5142 号）【下文引为：北京柯捷美门窗（2009）】（判决指出原告无须明确使用第 152 条的派生诉讼机制，因为他既是股东也是监事会成员）；上海泰武房地产案（2008）（允许有限责任公司持股 24% 的股东作为代表公司的监事，起诉两位总持股 54% 的股东）；北京香口笑餐饮公司（2009）（似乎认为监事不但有权利而且有义务在管理层发生冲突时提起诉讼）。

是，尽管我们可以想象，如法院采取的办法与各方承担各自的律师费这一普遍规则不同时，判决书中大概会有所说明，但我们样本案例的报告都没有透露，当事人之间是如何分配律师费的。就派生诉讼而言，这意味着发起股东将不得不支付自己的律师费。

在本文分析的 44 例案件中，有 18 例遵循了"败诉方承担费用"的原则，有 19 例未对诉讼费用承担问题作出裁定，有 7 例则对所谓"败诉方承担费用"原则有所改变。在所收集的案例中，只有一例似乎内化了派生诉讼的逻辑，即北京通华金秋上网案（2009）。在该案中，法院受理了原告股东提起的派生诉讼，但驳回了其关于被告违反忠实义务的主张，因此"第三人"（声称受损害的公司）被判定承担 8109 元诉讼费用。[①] 虽然败诉方支付了费用，但"败诉方"被认定为该公司，而非代表公司发起派生诉讼的股东。

还有一些案件则出现相反情况。[②] 但可惜案例报告和判决书均未提供充分数据，所以无法解释这些偶尔与"败诉方承担费用"原则背离的原因。我们可以推测，当原告从被告处获得大量损害赔偿时，更可能发生这一背离，正如在上海世兴

---

① 同样的逻辑也被证明是正确的，但该案并未遵循"败诉人支付所有费用"的原则；参见重庆煤矿案（2006），在该案中，原告股东在派生诉讼中获胜，但其权益被保护的有限责任公司却被分配支付几乎 1/3 的法庭费用。

② 这些案件如下（依时间顺序）：上海世兴房地产（2005）（监事成功代表公司起诉，但被分配支付 96% 的法庭费用）；重庆煤矿案（2006）（原告股东在派生诉讼中获胜，但其权益被保护的有限责任公司却被分配支付几乎 1/3 的法庭费用）；上海德诚房地产（三）（2006）（部分获胜的原告或上诉人和公司支付部分法庭费用）；北京鼎域电缆（2008）（派生诉讼被驳回，但法院命令向原告返还诉讼费押金）；威海瀛海（2008）（胜诉原告摊付 348,000 元法庭费用，败诉被告摊付仅 200 元）；北京柯捷美门窗（2009）（允许监事或股东代表公司诉讼，但被判令支付 0.75% 的一审法庭费用和 33.7% 的二审法庭费用）；北京香口笑餐饮公司（2009）（发起诉讼的监事连同股东支付 2389 元法庭费用，败诉被告摊付仅 171 元）。

房地产（2005）一案中所见，被告被判令向公司偿还272,000元。

六、对第152条的批判及改革建议

上文已提到了第152条规定的各种问题。我们将在本节总结上述批判并提出改革建议。

第一，《公司法》应明确规定，提起派生诉讼的股东在提起诉讼时必须是受影响公司的股东。

第二，《公司法》缺少衡量董事会或监事会拒绝股东请求的正当性的标准，甚至不存在这一概念。从字面看，该规定使诉前请求这一前置程序几乎失去意义，因为若公司未应要求提起诉讼，则股东总可以自己提起诉讼。无疑，立法者担忧，董事会有利益冲突时，会产生结构性偏见与请求无效，但使请求失去意义或不允许监事会或董事会作出正当、善意的拒绝并非解决问题的良方，这样反而会导致派生诉讼的滥用。此外，这一设计不当的机制并不承认第148条规定的监事和董事为公司最大利益行事的职责，更没有承认法院在衡量其拒绝请求是否符合该职责时的角色。对此问题，有多种立法救济途径，包括指定受托成立的"独立委员会"，或通过司法评价来维持董事会作出的拒绝（或股东宣称请求无用）以及认可适用于董事的类似"商业判断"规则。最高人民法院的一位法官曾提出建议："我们必须规定（董事会拒绝请求之）决议的有效条件：第一，决议以监事会或独立董事（对主张）的先前适当调查为条件；第二，作为派生诉讼被告的董事，不得对此决议进行表决；第三，决议是为了公司的最大利益而作出的"。[1] 第三个建议表

---

① 参见金剑锋：《股东派生诉讼研究》，载王保树主编：《实践中的公司法》，社会科学文献出版社2008年版，第423页。

明，在评价董事拒绝诉前请求是否遵守信义义务时，司法机构的参与扮演重要的角色。这便产生一个问题，缺乏相当商业经验的中国法官是否能担当此任务。

第三，《公司法》应规定，当股东针对非内部人士的"他人"提起诉讼时，应向谁提出请求。如未做此规定，保守的司法机关可能会基于其对法律条文的苛刻解读而阻碍有价值的派生诉讼的进行。

第四，《公司法》应澄清"情况紧急"对股东提出请求及对 30 天的等待期的影响。是如多数法院的做法免除股东提出请求，抑或仅仅免除 30 天等待期？

第五，对第 152 条的批评是，其对触发派生诉讼的诉由进行了区分：当内部人士在履行公司职责的过程中，因违反法律、行政法规或公司章程而损害公司利益时，股东可对内部人士提起诉讼。而如"他人"损害公司合法权益时，即可对"他人"提起诉讼。我们认为，这种诉由的区分并不具有充分的理由。

从更广泛的角度而言，我们质疑在涉及股份有限公司的派生诉讼中设置最低持股比例的必要性。这种限制在中国没有太大意义，因为中国上市公司的所有权非常集中，并且存在许多诱惑，诱使控股股东作出不法行为或压迫小股东。当我们考虑到中国有诸多其他防止小股东提起最终为公司诉求（法庭审判中须如此认定）的机制时，这种持股要求显得更加不合理。在中国的相关论述中，似乎长期存在一个错误的观念，即派生诉讼实际上是"代表"诉讼，因此需要规定最低持股比例以确保原告股东能"代表"所有或多数其他股东的利益。这是对派生诉讼的极大误解，派生诉讼是公司的诉求，之所以由个别股东提起，只是为了规避不愿提起诉讼的控股股东所造成的结构性障碍。① 此外，即便设置最低门槛，1/100 的持股要求可能太高，会阻碍股份有限公司的小股东提起有价值的诉讼。②

根据中国的管辖权规则，一般在公司主要办事机构所在地审理派生诉讼案件。③ 但是，这也不利于派生诉讼。因为被诉公司的内部人士或该企业的控股股东——通常是对地方法院具有重大政治、行政和财政控制权，有权势的地方政府。

就法院在评判事实和法律问题方面的角色而言，法律中关于对"公司利益遭受难以弥补损害"（例如，在紧急情况下）的用语，强烈地暗示了中国司法机关应该扮演某种真正的评判角色。如果不是这样理解，就意味着只要股东声称有这样的情况，法院就必须采纳。我们注意到有曲解这一规定的案件，如在北京鼎域电缆（2008）一案中，法院驳回派生诉讼，理由是该公司已被全部洗劫一空，故而不存在紧急情况。但与此同时，我们也发现在其他一些判决书中，法院认定存在紧急情况，并实际上免除股东提出诉前请求。

此外，有时候股东在全面披露条件下事先批准某种行为，后又投机性地就该行为提起派生诉讼。现有派生诉讼制度并不考虑如何处置这些股东提出的诉前请求。在这些例子中，唯一适合评判事实和法律问题的机构便是法院。然而，中国法院在此种复杂情况下，是否具备作出评判所需的能力和自主权则仍

① 例如，中华人民共和国最高人民法院法官金剑锋为股东最低持股比例正名，理由是他们"确保了原告具有充分代表性"，参见金剑锋：《股东派生诉讼研究》，载王保树主编：《实践中的公司法》，社会科学文献出版社 2008 年版，第418 页。在真正的派生诉讼中，原告是公司，并不受任何人代表，当然也不受股东代表（股东具有其自身的"直接"主张）。

② Xin Tang, "Protecting Minority Shareholders in China: a Task for Both Legislation and Enforcement", p. 145. 对为了获得和解金而提起恶意股东诉讼的担忧有些过分渲染；Zhang, "Making Shareholder Derivative Actions Happen in China: How Should Lawsuits be Funded?", pp. 549-550。

③ 参见金剑锋：《股东派生诉讼研究》，载王保树主编：《实践中的公司法》，社会科学文献出版社 2008 年版，第 423 页。

有待观望。现在对法院而言，更有力的、界限更清晰的规定可能效用更大。

2006 年《公司法》和现行《民事诉讼法》对公司在派生诉讼中法律地位的规定仍不够清晰。典型的英美派生诉讼在衡平法上实际是两个诉讼，其中一个是由作为"真正原告"的公司针对诉称损害其利益的被告所提起的诉讼。这种双重结构很重要，因为它意味着任何赔偿是归于公司，而非归于可能与其有不同利益的股东。大陆法系则有所不同，其处理方式又可能与"派生诉讼实际上是代表诉讼"这一误解密切相关。例如，日本法认为，公司并非派生诉讼的必要的正式当事人，法院享有自由裁量权，既可驳回公司参加诉讼的申请，也可要求不愿参加诉讼的公司加入诉讼。2006 年《公司法》对公司在诉讼中处于何种角色并没有明确规定，因此法官无从判定在诉求充分的派生诉讼中，公司是当事人，还是原告（与提起诉讼的股东一同成为原告或仅自己是原告），抑或某类非自愿的第三人——"第三人"是《民事诉讼法》下允许参加诉讼的角色，但仅限自愿申请的第三人。[1] 最高人民法院一位有影响力的法官认为，公司应视为原告或第三人。[2] 因此，应该在法律（《公司法》或《民事诉讼法》）中明确公司作为正式原告的地位。这样在许多方面将有助于派生诉讼，包括费用分配（涉及律师费和一般应由较有财力的公司预付的诉讼费）、财务激励以及对损害和因果关系的裁定等。这样也将有助于阐明一个由"代表诉讼"这个术语产生的混乱的概念，即公司是由股东代表的。公司应该被直接指定为原告，而派生诉讼也应

---

① 《民事诉讼法》第 56 条第 1 款。最高人民法院法官金剑锋确认了这一技术问题，参见金剑锋：《股东派生诉讼研究》，载王保树主编：《实践中的公司法》，社会科学文献出版社 2008 年版，第 421 页。

② 参见金剑锋：《股东派生诉讼研究》，载王保树主编：《实践中的公司法》，社会科学文献出版社 2008 年版，第 415 页。

该为了公司的利益而进行。

我们也关注未向公司提出诉前请求的股东的地位。如果是真正的派生诉讼，则诉讼之成败对这些股东而言，也产生同样的影响。如果最先提出请求并因此主导派生诉讼的股东与控股股东勾结，此种情况下如何保护其他股东的利益？一种建议是，若诉讼在进行中，则赋予其他未提出请求的股东共同主导诉讼的权利。① 另一种建议是，为法院提供法律依据，以禁止被告与主导派生诉讼的股东达成和解。② 其他法域的派生诉讼规则通常限制未经法院批准的和解。③ 中国现行的民事诉讼未做此限制。这就是 2006 年以前允许派生诉讼的省级"意见"恰好规定此种限制的原因，④ 也是最高人民法院某位权威的法官建议派生诉讼的和解协议须经法院批准才能生效的缘由。⑤

最后，鉴于中国派生诉讼在财务激励方面存有障碍，我们认为，中国设置更多的障碍（比如要求提出请求的股东在提起派生诉讼前须先缴纳保证金）是不明智的。⑥ 实际上，2003

---

① 最高人民法院法官金剑锋表明：这种做法，第一，可以对被告的不法行为进行较好的调查；第二，诉讼将更具代表性。但是，他的论据却错过了主要目标，即防止勾结。参见金剑锋：《股东派生诉讼研究》，载王保树主编：《实践中的公司法》，社会科学文献出版社 2008 年版，第 420 页。

② 在一例和解案件中（在向最高人民法院上诉的阶段中），案件报告也强调法院对派生诉讼中的和解协议要谨慎对待，因为受控制的公司可能会同意对自己不利的条件。参见通和投资（2008）。

③ 例如，参见美国《联邦民事诉讼规则》第 23.1 条。中国《民事诉讼法》第 51 条仅确认了"双方当事人可以自行和解"。

④ 例如，参见《上海意见》："当事人在诉讼中提出和解的，若经查实该和解方案损害其他股东利益或公司利益的，则对该和解方案不予批准而应继续审理。"

⑤ 参见金剑锋：《股东派生诉讼研究》，载王保树主编：《实践中的公司法》，社会科学文献出版社 2008 年版，第 425 页。

⑥ 金剑锋：《股东派生诉讼研究》，载王保树主编：《实践中的公司法》，社会科学文献出版社 2008 年版，第 423—424 页，以及清华大学法学教授汤欣对这一问题的担忧。Xin Tang, "Protecting Minority Shareholders in China: a Task for Both Legislation and Enforcement", in H. Kanda et al., eds., *Transforming Corporate Governance in East Asia*, London: Routledge, 2008, p. 146.

年《若干问题规定》第 47 条再现了一个与日本《公司法》第 847 条第 7 款类似的阻止无理诉讼的机制。也就是说，若派生诉讼被告能提供证据证明原告所提之诉讼乃出于"恶意"，则法院可应被告请求，要求原告为被告的合理诉讼费缴纳保证金。就算中国努力（错误地）去创设符合"国际（最佳）标准"的派生诉讼机制，在中国设置这种障碍也会适得其反。

七、结 论

在当今中国，派生诉讼突然变得切实可行，并且在全国范围内越来越被法院所接受。尽管存在本文所指出的技术的、制度的、经济的和政治的障碍，法院事实上在受理派生诉讼，这毋庸置疑是中国公司治理发展进程的一大进步。考虑到法院偏好具体实施规则，而非一般性的立法授权，这一进步更值得赞赏，因为最高人民法院尚未公布关于派生诉讼的具体实施细则。

我们对案例的研究表明，法院会允许使用派生诉讼来克服公司形式的内在结构性障碍，有时候甚至较积极地去使用这类诉讼。这种积极表现如下：法院在没有任何立法依据的情况下允许派生诉讼；将 1994 年最高人民法院表面上仅适用于外资控制的合资经营企业的《批准复函》作为其他派生诉讼的法律依据；出现许多将 2006 年生效的派生诉讼规定适用于 2006 年前发生的交易的新法溯及案件；有许多针对"他人"（包括控股股东）的"横向"派生诉讼案件；2006 年后赋予监事（至少是具有股东身份的监事）直接代表公司起诉的权利。这些判决有力地证明了，我们着重强调的各种技术瑕疵，至少就有限责任公司而言，并未严重限制派生诉讼在中国的发展和实施。此外，本文讨论的发展状况和具体法理还表明，法院越来越认可并能够熟练地运用作为派生诉讼基础的复杂的实体公司法原理（至少就忠实义务而言，这一原理含有受信义务）。这些观察对中国公司治理制度的细化和加强以及法院适用公司法的角色而言，都是一个好的征兆。

另一方面，我们在本文所讨论的一些缺陷和障碍，将被法院作为逃避审理派生诉讼的搪塞，进而使部分公司行为人和契约当事人无须承担责任。最重要的是，我们发现所有案件几乎都不涉及上市甚至未上市的股份有限公司。我们对这一现象的原因已进行分析推测。无论原因为何，涉及股份有限公司的案件几乎不存在这一现象，对中国公司法和公司治理实非幸事。对于数量不断增长的股份有限公司及其小股东投资者而言，第152条规定的派生诉讼机制根本不起作用或不被允许起作用。

我们发现的另一个问题是，即使成功地实施派生诉讼，一些法院对作为其基础的某些公司法原理，特别是谨慎义务，仍然小心翼翼或者不甚了解。我们发现，几乎没有一例派生诉讼案件涉及谨慎义务，而且我们对非派生诉讼案件所做的其他研究也得出类似结果。如上所述，我们发现了一起令人震惊的案件，该案中法院宽松地受理了派生诉讼，但随后又拒绝适用有关信义义务的实体主张，理由为后者是"另外一种法律关系"的一部分。如果法院不愿或不能强制执行谨慎义务，那么允许派生诉讼所隐含的基本原理的一个重要因素将继续无法实现。

总之，中国的派生诉讼机制仍然不足以支持股份有限公司良好的公司治理，以及对管理人员和控股股东的问责。但这一机制也并非完全没有效果，会导致我们建议放弃努力改善相关实体法律和发展其应用机制。实际上，该机制存在本身这一事实，就在某种意义上有助于司法机关在行事时不仅能更加自主，而且在中国社会中能拥有更大的权力。在公司治理方面，特别是在股东压迫没有其他救济途径的情况下，该机制是股份有限公司和有限责任公司股东重要的救济工具。我们相信，派生诉讼在中国拥有未来。然而，我们也相信，目前它只能补充而不能取代国家监管机构在规范公司治理和内部操作方面的作用。在今天的中国，仍然只有国家监管机构而不是法院，才可能独立于地方政治和经济利益，以及拥有专业技术人员，以实施问责和扩大法律权利。

中国公司法中的直索责任[*]

朴法眼[**] 文

葛平亮[***] 译

---

* Knut Benjamin Pissler, "Der Haftungsdurchgriff im Chinesischen Gesell-schaftsrecht", in Grundmann/Haar/Merkt/Mülbert/Wellenhofer (Hrsg.), *Festschrift für Klaus J. Hopt zum 70. Geburtstag am 24. August 2010: Unternehmen, Markt und Verantwortung*, De Gruyter Verlag, Berlin 2010, S. 3271 – 3289. 本文的翻译与出版已获得作者和出版社授权。

** 朴法眼，德国人，汉学硕士，法学博士。自2002年起担任德国汉堡外国法和国际私法马普所中国法部门主任。自2013年起担任哥廷根大学法学院副教授，讲授中国法。同时担任欧洲中国法研究协会主席，德中法律家协会董事会成员。

*** 葛平亮，德国汉堡大学法学博士，中国政法大学民商经济法学院讲师。

一、导论

在公司法中，"直索"（Durchgriff）指的是法人人格独立的例外情形。在直索责任中，法人财产和法人成员个人财产的区分被部分或全部废除。直索责任仅仅发生在特殊的例外情形下，因为法人这一法律形式和法人股东借助该法律形式追求的责任限制便会失去价值。[1]

下文将研究 2005 年修订的《中华人民共和国公司法》（以下简称 2005 年《公司法》）引入的直索责任。[2] 不过，在《公司法》修订之前，直索责任已经在中国通过法院判决获得了承认。

直索责任是指这样的情形，即法人或者自然人作为股东时必须承担比起初所承诺的按份额限定的更高的风险资本。[3] 因此，对公司的管理机构（执行董事、董事会）不适用直索责任；股东因非法分红被强制返还的情形，同样不适用直索责任。

---

[1]　Klaus J. Hopt, in Baumbach/Hopt, *Handelsgesetzbuch* （34. Aufl. 2010）, § 172a Rn. 40.

[2]　《中华人民共和国公司法》修订于 2005 年 10 月 27 日，德文译本参见 *Zeitschrift für Chinesisches Recht* 2006, 290 ff。

[3]　Felix Steffek, Durchgriff, in Basedow/Hopt/Zimmermann, *Handwör-terbuch des Europäischen Privatrechts* （2009）, S. 332 ff.

二、中国《公司法》的历史发展

中国的计划经济时期并不存在公司这一法律形式,[①] 直到 20 世纪 80 年代的经济改革才使得引入新的从事经营活动的组织形式成为必要。关于公司的法律规定首先出现在《中外合资经营企业法》中;[②] 与此同时,主要通过政治上的引导,先后对农村的个体工商户和城市的工业企业进行改革实验。[③] 与具有外资性质的企业不同,当时中国的内资企业主要不是通过新设,而是通过对已有经济体(主要是国有企业)进行改制而成立的。

直到 1986 年,随着《民法通则》[④] 的颁布,法人这一项法律制度才在中国拥有了普遍适用的法律基础。此后,中国又颁布了一些单行法规,它们在"社会主义企业形式"(全民所有企业、集体所有企业和私营企业)的基础上,根据不同的所有权形式对公司进行规定。在 1992 年颁布了两部规定相对详细的有限责任公司和股份公司的部门规章[⑤],以及地方上出台一些规定[⑥]之后,到 1993 年年末颁布《公司法》(以下简称 1993 年《公司法》),其于 1994 年 7 月 1 日生效前一段时间

[①] Matthias Steinmann/Martin Thümmel/Zhang Xuan, *Kapitalgesellschaften in China* (1995), S. 6.

[②] Matthias Steinmann/Martin Thümmel/Zhang Xuan, *Kapitalgesellschaften in China* (1995), S. 6 f.

[③] Philip Comberg, *Die Organisationsverfassung der Aktiengesellschaft in China* (*Mitteilungen des Instituts für Asienkunde*, 2000), S. 19 ff.

[④] 1986 年 4 月 12 日的《中华人民共和国民法通则》,德文译本参见 Frank Münzel(Hrsg.),http://www.Chinas-Recht.de, 12.4.86/1.

[⑤] 《有限责任公司规范意见》和《股份有限公司规范意见》,二者均于 1992 年 5 月 15 日颁布。

[⑥] Matthias Steinmann/Martin Thümmel/Zhang Xuan, *Kapitalgesellschaften in China* (1995), S. 9,并附有相关条文。

内，中国兴起了设立公司的浪潮。①

　　鉴于公司的迅猛发展和处于变革中的中国经济对有限责任公司以及股份有限公司这两种法律形式经验的欠缺，现实中出现了一些在德国法上已经构成资本显著不足、公司存在毁灭和财产混同的情形也就不足为奇了。② 例如，一些调查表明，某些政府机构设立的企业往往没有出资，或者仅有很少的（他人）出资。③ 这些实质上资本显著不足而且通常不具有典型的公司机构、公司会计和财务审核的公司，在中国被称为"皮包公司"（Aktentaschengesellschaft）。④ 此外，由于在当时设立公司需要许可，⑤ 因此私营企业在清算时往往被视为国营企业办理，以便能够从有限责任中获益以及规避国家对私营企业的限制。⑥ 在这样的背景下，对不同权利主体的财产进行区分几乎是不可能的，因此常常出现财产混同的情形。另外一个严重的问题是，一些财政上出现困难的公司将公司资产转让给新设的公司，从而规避清算程序。对原公司不进行清算并且新设立的公司在原班人马下继续运营的情形并不少见，这

---

① 相关数据参见 Zhang Xianchu，"Piercing the Company Veil and Regulation of Companies in China"，in Wang/Wei（Hrsg.），*Legal Developments in China：Market Economy and Law*（1996），S. 129ff.（130）；Matthias Steinmann/Martin Thümmel/Zhang Xuan，*Kapitalgesellschaften in China*（1995），S. 8.

② 德国法上关于直索责任的案件类型以及相关文献和司法解释参见 Felix Steffek，"Der Subjektive Tatbestand der Gesellschafterhaftung im Recht der GmbH"，*Juristenzeitung* 2009，77 ff.（80 f.）.

③ Zhang，"Piercing the Company Veil and Regulation of Companies in China"，S. 130.

④ 金剑锋：《公司人格否认理论及其在我国的实践》，载《中国法学》2005年第 12 期；Steinmann/Thümmel/Zhang，*Kapitalgesellschaften in China*（1995），S. 8.

⑤ 许可设立制度直到 1993 年《公司法》颁布后才仅在有限责任公司上废除，参见 Steinmann/Thümmel/Zhang，*Kapitalgesellschaften in China*（1995），S. 22ff。

⑥ Zhang，"Piercing the Company Veil and Regulation of Companies in China"，S. 130.

样 导 致 原 公 司 最 终 成 为 空 壳 公 司 （Leere Mantelgesell-schaft）。[①] 最后，还常常出现子公司将其盈利全部上缴给母公司，而债务和费用却被有计划地转嫁给子公司的情形。[②]

三、2005 年《公司法》修订之前的直索责任

（一）1993 年《公司法》

1993 年《公司法》对公司出资作出了特定的要求。例如，第 23 条按照不同的业务范围对最低注册资本作出了不同数额的要求；[③] 根据第 25 条和第 27 条规定，有限责任公司的股东应足额缴纳其认缴的出资额，并将出资存入以公司名义开设的账户，才能够申请公司登记。[④] 有限责任公司的股东和股份公司的股东[⑤]不得抽回已经认缴的出资。[⑥] 依然抽逃出资的，公司登记机关[⑦]可以"责令改正"，并处以罚款。[⑧]

1993 年《公司法》并没有规定针对公司股东的民法上的恢复原状请求权，也没有规定直索责任。

---

① Zhang，"Piercing the Company Veil and Regulation of Companies in China"，S. 130.

② 金剑锋：《公司人格否认理论及其在我国的实践》，载《中国法学》2005年第 12 期。

③ 这条规定在 2005 年《公司法》修订时被删除。根据 2005 年《公司法》的规定，有限责任公司最低注册资本是 3 万元人民币（一人有限责任公司为 10 万元人民币），股份公司最低注册资本是 500 万元人民币，参见 2005 年《公司法》第 26 条第 2 款、第 59 条和第 81 条第 3 款。

④ 这条规定在 2005 年《公司法》修订时被弱化，根据 2005 年《公司法》第 28 条第 1 款的规定，现在允许分期付款。

⑤ 中国《公司法》在概念上并未区分有限责任公司的股东和股份公司的股东。

⑥ 分别参见 1993 年《公司法》第 34、93 条和 2005 年《公司法》第 36、92条的规定。

⑦ 中央级别是国家工商行政管理总局。

⑧ 1993 年《公司法》第 209 条；2005 年《公司法》第 201 条。

（二） 政府和政党的措施以及最早一批的法院案件

早在 20 世纪 80 年代，中国国务院和中共中央就已经针对"皮包公司"采取了一些措施，并于 1989 年命令解散和清算了一大批公司。① 在此之后，即 20 世纪 90 年代初，人民法院也审理了一些债权人要求抽逃出资的股东承担责任的案件。②

（三） 最高人民法院的司法解释

为了确保下级法院在审理这类案件时能够统一，最高人民法院分别于 1994 年、2001 年和 2003 年颁布司法解释。③ 这些司法解释一方面规定股东有履行出资的义务，另一方面也规定了特定情形下的直索责任。④

最高人民法院曾于 1994 年作出批复，母公司所设立的子公司，虽然其实际出资额满足法定最低资本要求，但却低于注册资本额，若子公司清算时不能清偿其全部债务，则母公司对该子公司在其注册资本额的范围内承担责任。⑤ 对于那些出资未达到法定最低资本额的子公司，最高人民法院认定该公司

---

① 具体措施详见金剑锋：《公司人格否认理论及其在我国的实践》，载《中国法学》2005 年第 12 期；Zhang，"Piercing the Company Veil and Regulation of Companies in China"，S. 130。

② Zhang，"Piercing the Company Veil and Regulation of Companies in China"，S. 134 ff. 即使当原告提出要求股东承担的责任不高于其出资时，也仅有部分原告获得胜诉。从该文作者的论述中，不能得出法院是根据哪个请求权基础作出的判决。可惜笔者无法获得这些法院的判决。

③ 根据中国司法解释的性质，它应该是对现行法的解释，其目的是为了使下级法院判案时能够统一；但是，中国司法解释在一定意义上也具有立法的性质。关于中国司法解释详见 Björn Ahl，"Die Justizauslegung durch das Oberste Volksgericht der VR China-Eine Analyse der neuen Bestimmungen des Jahres 2007"，*Zeitschrift für Chinesisches Recht* 2007，251 ff。

④ 参见金剑锋：《公司人格否认理论及其在我国的实践》，载《中国法学》2005 年第 12 期。

⑤ 1994 年 3 月 3 日《最高人民法院关于企业开办的其他企业被撤销或者歇业后民事责任承担问题的批复》（法复〔1994〕4 号）第 2 目。

"不具备法人资格"①，由母公司承担其全部债务。② 在后面这种情形下，法院以忽视法人的法律人格独立为由第一次认可了直索责任。

在 2001 年，最高人民法院确认了这一规则的前提要件，③但却对法律后果加以限制，即母公司仅在（子公司）注册资本的范围内承担责任。④ 直索责任因此并未得到确立。然而，最高人民法院还进一步规定，如果母公司抽取子公司的财产，则应当对子公司的债务承担责任，只是责任也是以抽取的财产为限。⑤

在 2003 年的一部司法解释中，最高人民法院规定了企业收购时的（无限）直索责任，适用情形是控股企业抽逃被收购企业的财产并导致被收购企业无法清偿其债务。⑥

（四）高级人民法院的指导意见

2003 年，上海市高级人民法院和江苏省高级人民法院也在研究直索责任的问题。与最高人民法院的司法解释相一致，江苏省高级人民法院也将股东对公司债权人的责任限制在（其未认缴的）出资或者其抽逃的出资额内。⑦ 上海市高级人民法院则对此进一步作出规定，该规定的第一部分与最高人民

---

① 该名词的德文表述为"keine Rechtspersönlichkeit besitzt"。

② 法复〔1994〕4 号第 3 目。

③ 参见 2002 年 3 月 20 日《最高人民法院关于审理军队、武警部队、政法机关移交、撤销企业和与党政机关脱钩企业相关纠纷案件若干问题的规定》（法释〔2001〕8 号）第 2 条和第 3 条。

④ 法释〔2001〕8 号第 10 条。

⑤ 法释〔2001〕8 号第 4 条。另外，根据该法释第 5 条的规定，母公司抽逃、转移资金或者隐匿财产以逃避子公司债务的，应当将所抽逃、转移的资金或者隐匿的财产退回，用以清偿子公司的债务。

⑥ 《最高人民法院关于审理与企业改制相关的民事纠纷案件若干问题的规定》（法释〔2003〕）1 号。

⑦ 2003 年 6 月 3 日《江苏省高级人民法院关于审理适用公司法案件若干问题的意见（试行）》第 52 目和第 53 目。

法院 1994 年的司法解释相一致，即首先规定当股东实际认缴的出资低于法定最低注册资本限额时，股东对公司的债务承担无限责任。[①] 法院认定该责任的基础是"公司法人人格否认"[②]。其次，上海市高级人民法院规定，当公司因公司财产或业务与股东个人财产或个人业务混同而导致公司法人人格被股东"吸收并因而不再独立"[③] 时，股东对公司的债务承担无限责任。在此情形下，法院虽然承认法人的人格，但是认为对股东和公司财产进行区分的原则（区分原则）存有例外是有必要的。

（五）最高人民法院司法解释征求意见稿

为了使下级法院在处理类似或其他公司纠纷案件时能够做到统一，最高人民法院于 2003 年年底起草了一项新的司法解释，并在最高人民法院的网站和一些报纸上发布了该司法解释的征求意见稿。[④] 在该征求意见稿中，最高人民法院强调法人人格独立原则和股东有限责任原则，并规定直索责任只能针对控股股东，并且仅当在具体法律关系中存在该司法解释所列的构成"滥用公司人格"[⑤] 的特定事由出现时，才能适用。[⑥] 在该司法解释中，最高人民法院规定了三种区分原则的例外情形，在这三种情形下适用直索责任，它们分别是："（一）公

---

① 《上海市高级人民法院关于审理涉及公司诉讼案件若干问题的处理意见（一）》（沪高法［2003］216 号）第 4 项第 2 目。

② 该名词的德文表述为 "Nichtbeachtung der Rechtspersönlichkeit der Gesellschaft"。

③ 该名词的德文表述为 "absorbiert worden und daher nicht mehr unabhängig ist"。

④ 《最高人民法院关于审理公司纠纷案件若干问题的规定（一）（征求意见稿）》，2003 年 11 月 4 日发布，载 http：//www. court. gov. cn/wsdc/index. php? id＝88552，最后访问时间：2009 年 1 月 14 日。

⑤ 其德文表述为 "Missbrauch der Rechtspersönlichkeit von Gesellschaften"。

⑥ 《最高人民法院关于审理公司纠纷案件若干问题的规定（一）（征求意见稿）》第 48 条。

司的盈利与股东的收益不加区分，致使双方财务账目不清的；
（二）公司与股东的资金混同，并持续地使用同一账户的；
（三）公司与股东之间的业务持续地混同，具体交易行为、交易方式、交易价格受同一控制股东支配或者操纵的。"①

　　征求意见稿还规定了第四种直索责任的情形，即公司实际只有一个股东。在此情形下，该股东对公司债务承担无限责任，而无须考虑其他的责任构成要件。这一规定的背景是，在2005 年《公司法》修订前，原则上不允许一人公司的存在，②因此，这类情形也属于"法人人格否认"。

　　2004 年年初，全国人大常务委员会将《公司法》修订列为其立法计划，鉴于此，最高人民法院最终没有出台该项司法解释。最高人民法院转而开始进行法律修订的工作。

四、对引入直索责任的讨论

　　关于《公司法》修订的讨论已经出版，共有三卷。③ 其中，对直索责任的规定是这次《公司法》修订讨论的重点之一。

　　在 2004 年年初举行的全国人民代表大会上，代表们提出引入直索责任；④ 同时在国务院法制办的领导下，成立了两个负责起草修订草案的工作委员会。⑤ 在此之后，引入直索责任

---

　　① 《最高人民法院关于审理公司纠纷案件若干问题的规定（一）（征求意见稿）》第51 条。
　　② 由外商投资的企业（外商独资企业）是一个例外。与此相应，《最高人民法院关于审理公司纠纷案件若干问题的规定（一）（征求意见稿）》第50 条第3款规定该条不适用于外商独资企业。
　　③ 张穹：《新公司法修订研究报告》，共上、中、下三册，中国法制出版社2005 年版。
　　④ 张穹：《新公司法修订研究报告》（上册），中国法制出版社2005 年版，第20 页。
　　⑤ 关于修订工作的组织机构参见张穹：《新公司法修订研究报告》（下册），中国法制出版社2005 年版，第379 页以下。

的建议分别得到了商务部、国务院国有资产监督管理委员会、证监会、律协、法官、仲裁员、法学学者和各个学术机构的支持。① 最高人民法院在工作委员会的委托下起草了对直索责任的研究报告，并在报告中明确提出现存的滥用有限责任的问题，而且指出，现行法已经不能圆满解决这个问题。② 报告还提出了相关的立法建议并附带理由，总体而言，这份立法建议是最高人民法院征求意见稿中对直索责任规定的再现。③

通过以上这些工作，"修订草案"④ 最终得以出台，其中第 19 条第 2 款规定了当"人事、财务和经营混同"时控股股东的直索责任。⑤

然而，这一条规定却在之后的工作组咨询时遭到国务院国有资产监督管理委员会的反对，因为国有企业和其设立的子公司之间的财产关系往往模糊不清，国有资产监督管理委员会不得不担心，直索责任将会波及许多国有企业。⑥ 尽管国务院国有资产监督管理委员会之前表达了对引入直索责任的支持态度，此时却要求删除这一条文。这种方向性转变的原因可能在于，并非所有的参与者在提供咨询建议时对直索责任的概念都有全面的理解。譬如，国企中石油也是支持"法人人格否认"

① 他们各自的意见分别详见张穹：《新公司法修订研究报告》（上册），中国法制出版社 2005 年版，第 8、46、75、52、71、73、84 页。

② 张穹：《新公司法修订研究报告》（下册），中国法制出版社 2005 年版，第 1 页以下、第 13 页以下。由金剑锋法官和张勇健法官起草的最高人民法院研究报告还对美国、英国、德国和日本的直索责任进行了比较研究；张穹：《新公司法修订研究报告》（下册），中国法制出版社 2005 年版，第 3 页以下。

③ 张穹：《新公司法修订研究报告》（下册），中国法制出版社 2005 年版，第 18 页以下。

④ 《中华人民共和国公司法（修订草案）》。

⑤ 该草案显然没有公布，但是笔者却有一份。这一条文的原文也刊登在对该草案讨论的修订报告中，参见《新公司法修订研究报告》（上册），第 106 页。

⑥ 这类情形可以统一简称为"两块牌子，一套人马"。上市公司猴王集团的破产便属于这类情形的经典案件。参见吴峰、刘幼萍：《大股东的凶狠戏法》，载《新财富》2001 年第 2 期。

制度，但是却希望将责任限定在出资范围内。①

这一意见导致第 19 条第 2 款在之后的征求意见稿中被删除。② 国务院法制办领导向全国人大常委会陈述草案的理由时，指出中国的法院至今没有对直索责任积累充分的经验，以致很难对其在成文法中进行规定。即使在美国、德国、法国和日本等其他国家，直索责任这项法律制度也是通过法官法确立的。因此，国务院法制办建议，直索责任的规定应该交由法院通过判例进行发展。③

2005 年 2 月，公司法修订草案交由全国人大常务委员会进行一读。④ 在一读中，部分委员要求重新引入直索责任。2005 年 8 月，全国人大法律委员会也表示同意引入直索责任。⑤ 最终，各个部门在 2005 年《公司法》第 20 条第 3 款的规定上达成了一致。

五、修订后的《公司法》中的直索责任

2005 年修订后的《公司法》第 20 条第 3 款规定，公司股东滥用公司法人独立地位和股东有限责任逃避债务，严重损害公司债权人利益的，应当对公司债务承担连带责任。

对于一人公司（在这次《公司法》修订前，原则上不允许一人公司，现在却被引入了《公司法》中）而言，2005 年

---

① 张穹：《新公司法修订研究报告》（上册），中国法制出版社 2005 年版，第 56 页。

② 《中华人民共和国公司法（修订草案）2004 年 7 月 5 日征求意见稿》，该意见稿刊登于安建主编：《中华人民共和国公司法释义》，法律出版社 2005 年版，第 359 页以下。

③ 《2005 年 2 月 25 日关于〈中华人民共和国公司法（修订草案）〉的说明》，刊登于安建主编：《中华人民共和国公司法释义》，法律出版社 2005 年版，第 349 页以下、第 355 页以下。

④ 参见《中国证券报》2005 年 2 月 19 日。

⑤ 参见《法制日报》2005 年 8 月 24 日。

《公司法》第 64 条规定，一人有限责任公司的股东不能证明公司财产独立于股东自己的财产的，应当对公司债务承担连带责任。

在《公司法》修订后，学界涌现出许多研究直索责任的书籍和文章。学者们常常批评，规定直索责任的条文太过原则和抽象，对中国法官而言难以操作，因而要求最高人民法院通过司法解释将直索责任的规定加以细化。① 虽然在 2010 年年初可以从"北大法宝"上查找到 43 篇涉及 2005 年《公司法》第 20 条和第 64 条的法院判决，② 但是到目前为止仍未有一部著作对这些案件进行总结分析。下文将对学界已经讨论的问题进行进一步探讨，并且对直索责任在法院实践中的适用进行研究。

（一）请求权人

根据 2005 年《公司法》第 20 条第 3 款的规定，请求权人是公司的债权人，至于其为合同债权人或者非合同债权人则在所不问。③

---

① 朱慈蕴：《公司法人人格否认：从法条跃入实践》，载《清华法学》2007年第 2 期；Mark Wu, "Piercing China's Corporate Veil: Open Questions from the New Company Law", *Yale Law Journal*, Vol. 117 (2007), 329ff. (335)。

② 在北大法宝数据库（www. chinalawinfo. com）中，在每条法律条文下都显示有与此条文相关的司法解释、法院判决和文章。根据哪种系统学将法院判决进行分类则不得而知。数据库中针对 2005 年《公司法》第 20 条和第 64 条选出的判决显然仅仅依据这一标准，即在判决中是否援引了这个条文，而不考虑该条文是不是判决形成的法律基础。在这 45 个判决中，仅仅有 16 个判决和本文的研究有关。

③ 然而，在文献中基于债权人的可保护性分为"自愿债权人"（freiwillige Gläubiger）和"非自愿债权人"（unfreiwillige Gläubiger）（如侵权行为受害人、雇员），并以此分类进行讨论。参见刘俊海：《现代公司法》，法律出版社 2008 年版，第 476 页以下；朱慈蕴：《公司法人人格否认：从法条跃入实践》，载《清华法学》2007 年第 2 期。这一分类和讨论起源于美国法上的"voluntary creditors"和"non-adjusting creditors"。

（二）请求权相对人

根据2005年《公司法》第20条第3款的规定，直索责任请求权的相对人是有限责任公司或者股份公司的股东。但是到目前为止的法院判决中，还未有针对股份公司股东行使直索责任的案件。

在文献中，有人提出直索责任是否可以适用于非股东的实际控制人以及同属一个控股公司的姊妹公司这一问题。刘俊海认为，应对2005年《公司法》第20条第3款进行扩大解释，将直索责任适用于这两种情形。[①] 最高人民法院在2008年的一项判决中认定一家公司对同属一个（香港）母公司的另外一家姊妹公司的贷款承担责任。[②] 但是，最高人民法院作出该项判决并未援引2005年《公司法》第20条第3款的规定（案件事实发生在《公司法》修订之前），而是出于一般的公正性衡量。在最近的一项判决中，上海市中级人民法院否认了关联企业之间能够互相承担责任，并指出按照2005年《公司法》第20条第3款的规定，直索责任只针对公司股东适用。[③]

在文献中，还存在这样一种观点，即只有控制股东[④]或者"积极股东"[⑤] 才能承担2005年《公司法》第20条第3款规定的责任。支持该观点的理由是，在实践中，小股东或者"消极股东"根本不可能滥用（公司人格）。如果我们审查滥用行为的构成要件，即使这些特定的股东从一开始并未被排除

---

① 刘俊海：《现代公司法》，法律出版社2008年版，第478页。

② 最高人民法院（2008）民二终字第55号民事判决书。

③ 上海市第一中级人民法院（2007）沪一中民五（知）初字第132号民事判决书，2007年4月9日作出。在这个案件中，法院认定这两个企业构成关联企业，因为它们由同一个自然人控制，其同时在两个企业担任董事以及董事长。

④ 叶林、宋尚华：《解读〈公司法〉第二十条第三款》，载《国家检察官学院学报》2009年第5期。

⑤ 李潇白：《揭开公司面纱制度若干问题思考》，载《法制与社会》2009年第28期。

适用直索责任，也可以得出与上面相同的结论。部分案件中，法院也对所有的股东适用直索责任；但是，在财产混同的情况下，法院只是针对控制股东和控股股东适用直索责任，而且债权人在诉讼中也未向其他股东主张其债权。

（三）请求权的前提要件

从 2005 年《公司法》第 20 条第 3 款的字面表述上来看，该条区分了两个不同的构成要件，即违反财产区分原则和滥用有限责任。此外，该条还要求逃避公司债务以及因此造成公司债权人的利益受损。

对于一人公司这种特殊情形，2005 年《公司法》第 64 条规定，在财产混同时适用直索责任，并规定举证责任倒置，由股东承担举证责任。[①]

1. 侵权行为

中国的文献仅仅对请求权的前提要件进行了扼要的研究，便对案件类型进行了归纳。[②]

在文献中，学者并未对 2005 年《公司法》第 20 条第 3 款规定的两种构成要件进行区分。[③] 例如，刘俊海认为，"实践

---

① 同样，文献中也认为 2005 年《公司法》第 64 条仅仅涉及程序上的证明责任，而不是一个请求权基础，参见朱慈蕴：《公司法人人格否认：从法条跃入实践》，载《清华法学》2007 年第 2 期。在唯一支持适用该条的判决中，昆明市中级人民法院判决一人公司的股东直接向公司的贷款人承担直索责任，并且该法院只援引了 2005 年《公司法》第 64 条作出了该判决。参见云南省昆明市中级人民法院（2008）昆民四终字第 112 号民事判决书。

② 参见朱慈蕴：《公司法人人格否认：从法条跃入实践》，载《清华法学》2007 年第 2 期；徐强胜、王少禹：《公司法》，人民法院出版社 2008 年版，第 85 页以下；不同观点见刘俊海：《现代公司法》，法律出版社 2008 年版，第 477 页；同见江平、李国光主编：《最新公司法条文释义》，人民法院出版社 2006 年版，第 104 页以下。

③ 朱慈蕴：《公司法人人格否认：从法条跃入实践》，载《清华法学》2007 年第 2 期；叶林、宋尚华：《解读〈公司法〉第二十条第三款》，载《国家检察官学院学报》2009 年第 5 期（仅以"侵权行为"为准）。

中"，在滥用公司法人独立地位的同时，往往也存在股东有限责任的滥用。① 他对"滥用"这一概念并没有进行解释。与此同时，刘俊海并不希望其所归纳的案件类型被视为包罗所有的情形，并提醒法院不要因为存在单一的、非"关键"的违反财产区分原则的事由而断然适用直索责任。② 其他学者也都得出相类似的结论。③

同样，司法实践也并不以是否满足 2005 年《公司法》第 20 条第 3 款规定的构成要件为判断标准。

因此，下文将根据 2005 年《公司法》第 20 条第 3 款规定的两个构成要件，对文献中列举的案件类型和法院的判决进行区分。

（1）滥用有限责任

有限责任的滥用包括资本显著不足。④ 文献中的观点认为当 50% 的注册资本尚未认缴时，便成立资本显著不足。⑤

位于中国南方的海南省和广州市的人民法院分别审理了这一类案件，并判决股东在资本显著不足的情形下承担责任；在其中一个案件中，未认缴的出资达到注册资本的 2/3；⑥ 而在另外一个案件中，股东不能证明他是否进行了出资。⑦

---

① 刘俊海：《现代公司法》，法律出版社 2008 年版，第 477 页。
② 刘俊海：《现代公司法》，法律出版社 2008 年版，第 481 页。
③ 朱慈蕴：《公司法人人格否认：从法条跃入实践》，载《清华法学》2007年第 2 期（警惕滥用直索责任）。
④ 中文是"股权资本显著不足"，字面意思是："das Anteilsrechtkapital ist offensichtlich unzureichend"。刘俊海：《现代公司法》，法律出版社 2008 年版，第 478 页以下，他在文中使用了英文概念"undercapitalization"，并介绍了美国法的规定。
⑤ 刘俊海：《现代公司法》，法律出版社 2008 年版，第 480 页以下。
⑥ 广东省广州市中级人民法院（2007）穗中法民四初字第 358 号民事判决书。
⑦ 海南省高级人民法院（2007）琼民一终字第 23 号民事判决书。

（2）违反财产区分原则

违反财产区分原则包括公司存在毁灭的侵害和财产混同这两种情形。

第一，公司存在毁灭的侵害。根据文献，公司存在毁灭的侵害是指无偿转让财产、不主张或豁免债权、股东对公司战略决策施加直接影响而导致公司支付不能的情形。[①]

至今，有6个法院判决的案件属于该侵权行为类型。在2006年到2008年间由不同的人民法院作出的4个判决中，所有股东均被判决承担公司债务，因为他们抽逃了公司的全部财产，[②] 并利用其中部分财产设立了其他公司。[③] 在另外一个判决中，昆明市中级人民法院判决某有限责任公司3名股东中的2名承担直索责任，原因是他们2人将公司与债权人合同中的价款据为己有。[④] 2009年，北京市第二中级人民法院以一名股东从公司处无偿获得人民币82,500,000万元人民币（约870万欧元）为由判决该股东承担直索责任。[⑤]

第二，财产混同。当存在财产混同，并因此导致不能区分公司和股东个人的财产时，同样构成对财产区分原则的违反。这类情形包括文献中列举的共同使用同一个银行账户、公司履行股东合同义务（或者相反）、共用一个部门（例如销售）、

[①] 刘俊海：《现代公司法》，法律出版社2008年版，第481页。

[②] 四川省成都市中级人民法院（2008）成民终字第2401号民事判决书。但是，该判决在判决结果上与法律规定不一致：根据法律的规定，股东承担无限责任，但是该判决理由对2005年《公司法》第20条第3款的解释却是股东仅仅在其出资的范围内承担责任。

[③] 四川省内江市中级人民法院（2007）内民初字第00015号民事判决书；重庆市中级人民法院（2007）渝五中终字第11号民事判决书；上海市杨浦区人民法院（2006）杨民一（民）初字第2609号民事判决书。

[④] 云南省昆明市中级人民法院（2005）昆民四初字第226号民事判决书。在该判决中，法院还提到公司存在资本显著不足的情形。

[⑤] 北京市第二中级人民法院（2009）二中民终字第00489号民事判决书。

71

高级管理人员混同等。①

2006 年和 2007 年间共有 3 个与财产混同相关的案件。福建省高级人民法院判决,控股股东对公司的著作权侵权行为承担损害赔偿责任,因为该控股股东将个人账户用于公司收入。② 辛集市人民法院认定,控制股东应对公司买卖合同产生的债务承担责任,原因是公司的年度决算存在赤字,并且不能区分公司和股东个人的会计凭证。③ 与此相反,杭州市中级人民法院在将公司收入存入股东账户的情形下否认适用直索责任,理由是债权人不能够证明股东将该公司收入据为己有。④

迄今为止,法院仅在一个案件中判决了一人公司股东承担直索责任。判决理由是股东不能证明公司的财产独立于其个人财产。⑤ 在该案件中,原告仅仅以这是一个一人公司为由主张股东应承担公司的贷款责任。

2. 过错——未明确规定的构成要件

虽然法律没有明文要求存在过错,但是一部分文献认为,仅当存在过错时才能适用直索责任。⑥ 支持者给出的理由是直索责任是侵权责任,⑦ 换言之,过错是"滥用"这一概念的应

---

① 刘俊海:《现代公司法》,法律出版社 2008 年版,第 481 页。

② 福建省高级人民法院 (2006) 闽民终字第 504 号民事判决书。

③ 河北省辛集市人民法院(2007) 辛民初字第 20004 号民事判决书。在本案中,原告要求被告股东提交公司会计凭证,但是被告没有提交。据此法院认为已经证明公司法律人格被滥用。

④ 浙江省湖州市中级人民法院 (2006) 湖民一初字第 9 号民事判决书。

⑤ 云南省昆明市中级人民法院 (2008) 昆民四终字第 112 号民事判决书。

⑥ 但是李建伟援引法律规定的原文字句拒绝过错作为构成要件,参见李建伟:《公司法学》,中国人民大学出版社 2008 年版,第 471 页以下。

⑦ 叶林、宋尚华:《解读 <公司法>第二十条第三款》,载《国家检察官学院学报》2009 年第 5 期。

有之义。① 对应该适用何种过错标准，则存有争议。② 个别文献建议适用举证责任倒置。③ 在法院的判决中，法院并未从正面对过错进行过确认。但是在部分案件中，法院以被诉股东未提出任何证据证明其行为无过错为判决理由。在其中一个案件中，法院否认了（另外）一个股东的责任，原因是并不能证明其有过错，并且法律未规定直索责任无须存在过错。

3. 损害

在文献中，学者认为当公司因股东的滥用行为陷于支付不能时，则构成对公司债权人利益的严重损害。④ 法院并未对公司陷于支付不能作出明确规定，但是通过确认滥用行为，如股东抽逃公司全部财产，便可以得出公司已陷于支付不能。但是，在因财产混同而适用直索责任的案件中，判决并未说明是否需存在公司财产不足。⑤

（四）法律后果

法律规定了直索责任的法律后果，即股东（公司债权人）对公司的债务（与公司一起）承担连带责任。文献对此解释到："法人人格否认"导致股东和公司被视为一体，因此承担

---

① 朱慈蕴：《公司法人人格否认：从法条跃入实践》，载《清华法学》2007年第2期。

② 朱慈蕴：《公司法人人格否认：从法条跃入实践》，载《清华法学》2007年第2期（其主张故意）；叶林、宋尚华：《解读＜公司法＞第二十条第三款》，载《国家检察官学院学报》2009年第5期（认为过失也可构成过错）。

③ 参见王延川的观点，载高在敏主编：《公司法》，法律出版社2008年版，第81页。

④ 刘俊海：《现代公司法》，法律出版社2008年版，第477页；朱慈蕴：《公司法人人格否认：从法条跃入实践》，载《清华法学》2007年第2期；李潇白：《揭开公司面纱制度若干问题思考》，载《法制与社会》2009年第28期；童相灿：《公司法人人格否认制度若干问题探讨》，载《法制与社会》2007年第2期。

⑤ 原告在上诉程序中提出，在查封公司财产时，他发现公司几乎没有财产。但是，法院并未将原告的主张作为判决的依据。

连带责任。[1]

部分文献认为，直索责任是一个"补充性连带责任"，因此，股东仅在公司财产不足的范围内承担责任。[2] 该观点将作为直索责任构成要件的财产不足转移到了法律后果层面上。

法院的判决对此作出了区分。对于资本显著不足的案件，法院判决股东仅仅在其未认缴的出资额内承担责任。

当公司存在毁灭的侵害时，就法律后果而言，法院的判决不尽相同。大部分法院主张无限的直索责任；但是，北京和上海的法院对 2005 年《公司法》第 20 条第 3 款规定的直索责任有不同的理解：在 2006 年，上海法院曾判决股东在其出资范围内对公司的债务承担责任。[3] 北京的法院在 2009 年的一个判决中，将直索责任限定在股东无偿获得公司财产的数额之内，并且判决股东仅在对公司财产进行强制执行后仍未能完全清偿债务时承担责任。[4]

在财产混同的案件中，法院均判决股东对公司的债务承担无限责任。

六、结论

自 2005 年《公司法》修订起，之前法院在特定案件判决中适用的直索责任，作为法人人格独立原则的例外，在中国的成文法上获得了承认。

尽管中国法律在形式上并未将直索责任限定于有限责任公司的股东，但是引人注意的是，在中国法院的审理实践中，至今未有针对股份公司股东提起直索责任诉讼的案件。其原因何

---

① 李建伟：《公司法学》，中国人民大学出版社 2008 年版，第 472 页。

② 同前。

③ 上海市杨浦区人民法院（2006）杨民一（民）初字第 2609 号民事判决书。

④ 北京市第二中级人民法院（2009）二中民终字第 00489 号民事判决书。

在，在此不作论述。

中国对直索责任的规定还存在一些问题：首先，请求权相对人范围并未完全确定，对非股东的公司实际控制人以及属同一母公司的姊妹公司是否适用直索责任并未进行说明。此外，就直索责任的构成要件而言，法律未对是否需要审查公司财产不足（或者是否在法律后果层面上审查财产不足的范围）以及股东的过错程度作出说明。

除此之外，法律后果的适用问题也引人深思。一部分法院（在存在资本显著不足或公司存在毁灭的侵害的情形下）不适用直索责任，并仍以最高人民法院和高级人民法院的旧的司法解释为准。这些法院将2005年《公司法》第20条第3款规定的直索责任理解为最低注册资本规则在民法上的强制机制，并因而导致对股东的保护超出立法者在引入直索责任时的立法目的。法院仅仅在财产混同的情形下一致适用直索责任。

最高人民法院将来是否通过新的司法解释来弥补以上法律漏洞和解决直索责任在适用中产生的诸多问题，我们拭目以待。

中国公司的解散和清算
——最高人民法院最新司法解释作为制止滥用行为和加强债权人地位的工具[*]

朴法眼　托马斯·冯·希佩尔[**]　文

唐晓琳[***]　译

---

[*]　Knut Benjamin Pissler/Thomas von Hippel, "Auflösung und Liquidation von Gesellschaften in China: Die neue justizielle Interpretation des OVG als Instrument zur Missbrauchsbekämpfung und zur Stärkung der Gläubigerposition", in *Zeitschrift für chinesisches Recht*, 2008, S. 206-217. 本文的翻译与出版已获得作者授权。

[**]　朴法眼，德国人，汉学硕士，法学博士。自 2002 年起担任德国汉堡外国法和国际私法马普所中国法部门主任。自 2013 年起担任哥廷根大学法学院副教授，讲授中国法。同时担任欧洲中国法研究协会主席，德中法律家协会董事会成员。

[***]　唐晓琳，德国慕尼黑大学法学硕士，德国汉堡大学博士研究生，研究方向为公司法。

一、引言

最高人民法院审判委员会在 2008 年 5 月 5 日举行的第 1447 次会议上通过了一项针对修订后的《中华人民共和国公司法》（以下简称《公司法》）[1] 的最新司法解释。该司法解释于 2008 年 5 月 12 日公布，并于 2008 年 5 月 19 日生效。

这项司法解释应当是由最高人民法院民二庭起草的，[2] 其标题为《最高人民法院关于适用〈中华人民共和国公司

---

[1] 2005 年 10 月 27 日修订通过的《中华人民共和国公司法》，德文译本参见 *ZChinR* 2006，S. 290ff。中国《公司法》及其注释的德文译本参见 Frank Münzel（Hrsg.），*Chinas Recht*，29. 12. 93/1。

[2] 司法解释中对此并未作出任何声明。但是可参见《中国证券报》2008 年 5 月 20 日的报道中，民二庭一名负责人对本次司法解释的阐释。

法〉若干问题的规定（二）》①（以下简称《最高法司法解释》）②。

根据司法解释的性质，它是对当前法律的解释，以保证其在下级法院得到统一适用；但是司法解释间或也会带有准立法的性质。③

本次司法解释的对象是《公司法》第 10 章中所规定的公司解散和清算。虽然司法解释对于其适用范围并未作出任何说明，但是正如《公司法》第 10 章相应规定所表明的那样，该解释无差异地适用于有限责任公司和股份有限公司。

值得争论的是，该司法解释是否同样适用于中外合营企业④以及外国公司的分支企业⑤（通称为外商投资企业）的解散和清算。根据《公司法》第 218 条的规定，《公司法》对这两种企业形式只是起到补充适用的作用。⑥ 之前存在的专门规定外商投资企业的法律⑦，已于 2008 年 1 月 15 日由国务院予

---

① 最高人民法院已于 2006 年 3 月 27 日通过了《公司法》第一部司法解释，针对新《公司法》对其生效时未决案件的适用问题进行了解释。参见《最高人民法院关于适用〈中华人民共和国公司法〉若干问题的规定（一）》，2006 年 4 月 28 日公布，英文译本参见 CCH Asia Pacific（Hrsg.），*China Laws for Foreign Business-Business Regulation*，Volume 1-6，Hongkong 1985 ff. C 13-519。

② 德文译本参见 *ZChinR* 2008，S. 249；英文译本参见 *China Law and Practice*，Vol. 22（2008），Nr. 6，S. 49 ff；入门性介绍参见 Zhu，Zhu/Mendel，Fraser，"China's New Judical Interpretation on the Company Law——A Step Towards Systemized Corporate Exit Mechanismus"，in *China Law and Practice*，Vol. 22（2008），Nr. 6，S. 24。

③ 对司法解释的论述详见 Björn Ahl："Die Justizauslegung durch das Oberste Volksgericht der VR China-Eine Analyse der neuen Bestimmungen des Jahres 2007"，in *ZChinR* 2007，S. 251ff。

④ 合资企业和合作企业。

⑤ 外资企业。

⑥ 《公司法》第 218 条规定："外商投资的有限责任公司和股份有限公司适用本法；有关外商投资的法律另有规定的，适用其规定。"

⑦ 1996 年 7 月 9 日《外商投资企业清算办法》，英文译本参见 *China Law and Practice*，Vol. 10（1996），Nr. 9，S. 37 ff，详见 Lutz-Christian Wolff，*Das internationale Wirtschaftsrecht der VR China*，Frankfurt 2，2. Aufl.（2005），S. 199 ff。

以撤销，撤销的理由是该法律已经被修订后的《公司法》所代替。① 因此，该司法解释应不受任何限制地适用于外商投资企业的解散和清算情形。② 但是还需要进一步予以明确的是，如何将现在新引入的公司解散机制与外商投资企业解散和清算程序中原则上必须履行的行政批准义务③加以协调。

本文将以《公司法》中对公司解散和清算的规定为背景，对《最高法司法解释》中的内容进行分析，将其内容区分为公司解散的规定、公司解算程序的规定以及责任要件规定，最后作出总结归纳结束全文。

二、公司解散

《公司法》第181条中的解散原因可以区分为"自主"解散原因和"非自主"解散原因。④ 前一种情况下，公司是通过有限责任公司股东会或者股份公司股东大会作出决议进行解散，⑤ 后者则是通过国家机构（行政机关、法院）的命令进行

---

① 2008年1月15日《国务院关于废止部分行政法规的决定》中行政法规列表第46号；《国务院公报》2008年第6号，第5页以下。

② 同样观点可参见 Zhu，Zhu/Mendel，Fraser，"China's New Judical Interpretation on the Company Law——A Step Towards Systemized Corporate Exit Mechanismus"，S. 25。

③ 有关审批义务参见 Lutz-Christian Wolff，*Das internationale Wirtschaftsrecht der VR China*，S. 200。

④ 中文文献中使用的是"自行解散"或者"自愿解散"以及"强制解散"概念。参见公司法释义编写组：《中华人民共和国公司法释义》，中国法制出版社2005年版，第316页。根据后记中的信息（第482页），公司法释义编写组成员为直接参与公司法起草和修订的专家和学者。在一份不完全名单中列出了15位编写人员。

⑤ 属于这种情况的是《公司法》第181条第1款第3项中所规定的公司改组（合并、分立）以及《公司法》第181条第1款第1项中规定的解散原因，即公司章程规定的营业期限届满或者公司章程规定的其他解散事由出现。这时股东大会可以通过修改公司章程来使公司继续存续下去（《公司法》第182条）。

中国公司法

解散。①

在 2005 年之前,《公司法》所规定的唯一非自主解散情形是在公司有违法情形下由主管部门进行的解散。② 2005 年《公司法》修订后增加了一项非自主解散的原因,即人民法院应股东③请求对公司进行解散(《公司法》第 181 条第 1 款第 5 项)。

《公司法》第 181 条第 1 款第 5 项和第 183 条包含以下前提条件:由至少持有 10% 表决权的(一名或多名④)股东⑤提起公司解散之诉。⑥ 诉讼理由为:

(1)公司经营管理出现"严重困难";

(2)继续存续会使股东利益受到"重大损失";

(3)没有其他途径可以解决。

根据媒体报道,《公司法》修订后股东已经多次使用这一

---

① 人民法院"接受"破产申请且进入到破产清算程序中,则这种情形属于与"非自主"解散相类似的情形。参见《中华人民共和国企业破产法》(2006 年 8 月 27 日全国人大常委会通过)第 10 条以下条款,德文译本参见 *ZChinR* 2007,S. 50 ff。

② 1993 年《公司法》第 192 条;2005 年《公司法》第 181 条第 1 款第 4 项。

③ "股东"一词不仅指有限责任公司股东(Gesellschafter),还指股份有限公司中的股东(Aktionär),参见《最高法司法解释》德文译本的脚注 2,*ZChinR* 2008,S. 249。

④ 对此,法律的表述十分不清晰;但是最高人民法院司法解释第 1 条确认了合计持有公司全部股东表决权 10% 以上的多名股东也有权提起诉讼。在司法解释颁布之前,学术界已经从法律比较论证的角度得出了这一结论。刘诗聪:《我国公司司法解散制度的适用条件》,载《金融法苑》2008 年第 2 期。

⑤ 未规定的是,是否允许投票代理权争夺,即股东公开征集其他股东的投票代理权。根据刘诗聪的观点,允许这种行为,尤其允许律师从事这种行为,原因是并没有明确对此予以禁止。中国公司治理准则已经明确允许征集股东大会上的投票权,但是限定在投票授权的作出应以无偿的方式,而该作者并没有涉及于此。《上市公司治理准则》第 10 条,德文译本参见 *ZChinR* 2002,S. 166 ff。

⑥ 法律并没有规定股东持有表决权份额超过法定投票份额的时间。根据刘诗聪的观点,基于实际可行性考量,应当以提起诉讼时为判断标准,否则事后对解散理由出现的时间难以作出判断。

新的规定。但是，实践中的情形表明，对《公司法》第 181 条第 1 款第 5 项和第 183 条的解释和适用，各地方法院的观点却是大相径庭。①

在此背景下，这一新颁布的《最高法司法解释》便承载了提高法律安全性的期待。该司法解释通过列举肯定性和否定性的原则例，对不确定的构成要件"严重困难"进行了具体化。

《最高法司法解释》第 1 条第 1 款明确援引《公司法》第 183 条的规定，根据这一条款，基于以下原因而导致公司经营出现"严重困难"的，人民法院应当受理解散公司的诉讼：

公司持续两年以上无法召开股东会或者股东大会（第 1 项）；

股东表决时无法达到法定或者公司章程规定的比例，持续两年以上不能作出有效的股东会或者股东大会决议（第 2 项）；

公司董事长期冲突，且无法通过股东会或者股东大会解决（第 3 项）。

《最高法司法解释》第 1 条第 1 款第 4 项规定了公司继续存续会使股东利益遭受重大损失的"其他严重困难"的兜底性构成要件，从这一规定中也可以看出以上条款的原则例性质。②

《最高法司法解释》第 1 条第 2 款中列举了股东不能要求公司进行解散的否定性原则例：

股东知情权，利润分配请求权等权益受到损害；

---

① 罗洁琪：《破解公司僵局》，载《财经》2008 年 5 月 26 日。

② 兜底性构成要件可能会使人产生困惑，认为《公司法》第 183 条中公司继续存续对股东利益造成损失是与存在"严重困难"并列的构成要件。由于《最高法司法解释》第 1 条明确说明了《公司法》第 183 条中所有的要件都必须具备，因此这里可能只是一种（事实上多余的）重复的编辑失误。

公司亏损，财产不足以偿还债务；

公司被吊销企业法人营业执照未进行清算[1]。

该司法解释对"严重困难"这一概念的理解与之前学术界对这个问题的阐释也是一致的。[2]

三、清算程序

（一）概述

1. 清算程序的二元论

公司解散后，即开启公司清算程序。《公司法》（在其相应的规定内）将清算程序区分为两种，分别可以称之为"自主"清算程序和"法院"清算程序。

"自主"清算中，股东负责开展清算程序；"法院"清算中，人民法院应申请开启清算程序。需要指出的是，公司解散的方式（自主解散或者非自主解散）对之后的清算程序并没有影响。即便公司是通过非自主方式（法院）解散，接下来的清算也完全可以是自主清算程序。[3]

此外，不应忘记的是，在公司丧失支付能力和资不抵债的情况下，将会进入独立的破产清算程序，这一程序规定在《企业破产法》中。[4]

---

[1] 在营业执照被撤销的情形下，《公司法》第181条第4项和第184条适用于公司清算程序。

[2] 刘诗聪：《我国公司司法解散制度的适用条件》，载《金融法苑》2008年第2期。其在对文献中具有代表性的观点进行分析的基础上，除却上述三种（肯定性）原则例又引入了一种情形，即生产或者经营活动停滞合计超过一年；此外还确定了经济上的困难不视为《公司法》第185条意义上的"严重困难"（如同《最高法司法解释》中的否定性原则例）。

[3] 例如，《最高法司法解释》第2条中的明确规定。《最高法司法解释》第3条为了保护债权人利益不受到不可信赖的股东和机构的侵害，规定了债权人可以申请扣压和证据保全。

[4] 《企业破产法》第107条以下条款。

2. 程序概览

在这两种清算类型下，清算程序均是以组成清算组为开端（组成阶段）。清算组通知股东并在查明的公司资产和债务基础上编制公司资产负债表和财产清单，同时需要考虑已经申报的债权（调查阶段）。接下来，清算组制定清算方案，清算方案需要得到确认，并以此为基础向债权人和股东分配财产（分配阶段）。清算结束后，清算组需要制定清算报告并且负责登记注销（结束阶段）。

（二）组成阶段

根据《公司法》第184条第1句，公司必须在解散事由出现之日起15日内成立清算组，并开始清算。

1. 自愿清算程序

《公司法》第184条规定有限责任公司的清算组由股东组成。对于股份有限公司，《公司法》授权股东大会来确定清算组成员。股东大会没有进行确定的情况下，则由董事会成员依法担任清算组成员。[1]

2. 法院清算程序

如果未能在15日之内成立清算组进行清算，债权人可以根据《公司法》第184条的规定，向人民法院申请指定清算组。新颁布的司法解释对这一法院清算程序进行了一系列详细的规定。

（1）申请权限

《最高法司法解释》第7条第3款将有权提起申请的人员

---

[1] 同样参见公司法释义编写组：《中华人民共和国公司法释义》，中国法制出版社2005年版，第324页以下。如果股东大会没有确定清算组成员，旧的《公司法》并没有规定这种情形下清算组的构成。江平、李国光主编的《最新公司法疑难解释》并没有考虑到新的法律现状，因此容易造成误解。

范围扩大到股东，而且对股东的最低持股量没有进行要求。①

《最高法司法解释》第7条第2款对《公司法》第184条中"不成立清算组"这一构成要件作出如下规定：公司解散后15日内没有成立清算组；虽然成立了清算组，但是清算组"故意拖延"清算；违法清算可能"严重损害"债权人或者股东利益。

（2）组成

《最高法司法解释》第8条对人民法院"可以"（基于法律的系统性或许应作"应当"理解，如果不是按照"必须"理解的话）指定来担任清算组成员的人员范围进行了具体界定：公司股东、董事、监事、高级管理人员；律师事务所、会计师事务所、破产清算事务所等社会中介机构；律师事务所、会计师事务所、破产清算事务所等社会中介机构中具备相关专业知识并取得执业资格的人员。

（3）解职和重新任命

在这之前，对于是否能够或者在什么条件下能够更换清算组成员并未进行任何规定。现在，《最高法司法解释》在第9条中对解职和重新任命的程序作出规定，应债权人或者股东申请或依职权，人民法院可以在以下情形下更换清算组成员：有违反法律或者行政法规的行为；丧失执业能力或者民事行为能力；有"严重损害"公司或者债权人利益的行为。

（三）调查阶段

1. 清算组的一般职权

根据《公司法》第185条的规定，清算组行使以下职权：

（1）清理公司财产，并且编制资产负债表和财产清单；

（2）通知、公告债权人；

---

① 单一股东足以提起申请，因为并不参照适用《最高法司法解释》第1条中股东提起公司解散申请的条件。

（3）处理与清算有关的公司未了结的业务；

（4）清缴所欠税款以及清算过程中产生的税款；

（5）清理债权、债务；

（6）处理公司清偿债务后的剩余财产；

（7）代表公司参与民事诉讼活动。

清算程序进行期间，公司继续存续，但不得开展与公司清算无关的经营活动（《公司法》第 187 条第 3 款）。

2. 通知和公告义务

《公司法》第 186 条第 1 款对第 185 条第 2 项中清算组对债权人的通知和公告义务进行了细化规定。据此，清算组应当自成立之日起 10 日内通知债权人，并于 60 日内在报纸上进行公告。

《最高法司法解释》第 11 条第 1 款再次对第 186 条第 1 款第 1 项中的通知和公告义务作出如下规定：对已知债权人的通知应该以书面方式进行①，公告应"根据公司规模和营业地域范围在全国或者公司注册登记地省级有影响的报纸上"进行。

对于之前未规定的未履行通知和公告义务的情形，《最高法司法解释》第 11 条第 2 款赋予了债权人向清算组成员就因其未履行通知和公告义务，以及因此所导致的债权人债务的未获清偿请求损害赔偿的权利。②

3. 债权申报和登记

根据《公司法》第 186 条第 1 款的规定，债权人应当自接到通知书之日起 30 日内，未接到通知书的自公告之日起 45 日

---

① 在本次司法解释作出之前，从《公司法》第 186 条第 2 款的规定中已经可以得出该结论，即债权人必须以"函件"的方式得到通知。因此，《最高法司法解释》第 11 条第 1 款的规定更多的是一种装饰性质。

② 《最高法司法解释》第 11 条第 2 款中有待于进一步适应的表述以及本司法解释中规定的其他损害赔偿请求权，参见下文第四部分。

内，向清算组申报其债权。债权人应当说明债权基础，如果可能应当提供证明材料。清算组应当对债权进行登记（《公司法》第 186 条第 1 款），并且在债权申报期间不得对债权人进行清偿（《公司法》第 186 条第 2 款）。

《最高法司法解释》第 13 条第 1 款对此进行了补充，并规定，对于超出规定期限但是在公司清算程序终结前"补充申报"的债权，清算组应予登记。特定情况下，这些债权能够得到清偿。

《最高法司法解释》第 12 条还赋予债权人在"对清算组核定的债权有异议"的情况下，可以要求清算组重新核定并在特定情况下以公司为被告向人民法院提起诉讼的权利。中文的条文中并没有规定债权人是否只能要求对由其申报的债权进行重新核定，还是可以扩张到其他债权人所申报的债权。①

4. 清算方案

《公司法》第 187 条规定，清算组在清理公司财产，编制资产负债表和财产清单后，应制定清算方案，并"报股东会、股东大会或者人民法院确认"。

该条文并没有规定清算组是否享有将清算方案报股东会或者股东大会或者人民法院进行确认的选择权。《最高法司法解释》第 15 条第 2 款对此作出进一步的规定，即不存在选择权。在自愿清算程序中由股东会或者股东大会进行确认，在法院程序中确认则由法院作出。

此外，《最高法司法解释》第 15 条第 1 款规定，如果清算方案未经确认，则不得被执行。如果执行了未经确认的清算方案给公司、股东或者债权人造成了损失，则由清算组成员依据

---

① 根据《最高法司法解释》第 12 条的英语译文（a creditor objects its claim）可以认为股东仅能要求对自己所申报的债权进行核定，虽然该翻译并未以中文原本为基础。

《最高法司法解释》第 15 条第 2 款的规定承担损害赔偿责任。[①]

5. 债务清偿方案

与《企业破产法》[②] 规定的破产程序中的重整计划相类似，司法解释中也引入了清算组和公司债权人制作债务清偿方案的可能性。

人民法院所指定的清算组在清理公司财产，编制资产负债表和财产清单时，如果发现公司财产不足以清偿债务，可以根据《最高法司法解释》第 17 条第 1 款的规定与债权人协商制作债务清偿方案，以避免进入《公司法》第 188 条所规定的破产程序。如果债务清偿方案经全体债权人确认且不损害其他利害关系人利益，人民法院可依清算组的申请裁定予以认可。在这种情况下，清算组在依据清偿方案清偿债务后，应当向人民法院申请裁定终结清算程序（《最高法司法解释》第 17 条第 2 款）。

与此相反，如果债务清偿方案未能得到债权人的确认或者人民法院的认可，则清算组必须向人民法院提起破产申请[③]（《最高法司法解释》第 17 条第 3 款）。

（四）分配阶段

根据《公司法》第 187 条第 2 款的规定，公司应当首先支付清算费用、职工的工资、社会保险费用、法定补偿金以及所欠税款。接下来进行清偿的是公司其他债权人已被确认的债权。后位清偿的是债权人在申请期限届满之后进行"补充申报"的债权（《最高法司法解释》第 14 条第 1 款）。但是，该

---

① 《最高法司法解释》第 15 条第 2 款中有待于进一步适应的表述以及本司法解释中规定的其他损害赔偿请求权，参见下文第四部分。

② 参见《企业破产法》第 82 条。

③ 参见《企业破产法》。

债权人只有在非因重大过失而未能在规定期限内申报债权的情形下，方可以要求其债权（后位）清偿。① 公司的剩余财产将在股东之间按照股份比例分配。在对享有优先受偿权的债权清偿之前，公司财产不得分配给股东（《公司法》第187条第3款）。

（五）清算结束和注销登记

公司清算结束后，清算组应当根据《公司法》第189条的规定制作清算报告，报股东会、股东大会或者人民法院确认。对清算报告的确认意味着清算程序的结束。② 接下来清算组应当将清算报告报送公司登记机关，申请注销公司登记，公告公司终止。③

四、责任构成要件

《最高法司法解释》第18条至第24条规定了一系列复杂的责任构成要件，并因此带来了一系列的问题，而其中只有部分问题能够得到圆满解决。这是因为文献中至今没有对最高人民法院颁布的这一司法解释进行详细的论述，在法院判决中——就可查阅的范围内——也没有适用该司法解释的案件。

（一）程序法上的表述

该司法解释对损害赔偿请求权的表述与惯常的实体性请求权的表述并不相符，其更多地采用程序法的措辞（"债权人主张"，"人民法院应依法予以支持"）。

采用这种表述方式的原因可能是中文文献中对司法解释的

---

① 破产财产不足以清偿该债权并非破产程序的启动原因，参见《最高法司法解释》第14条第2款。

② 《最高法司法解释》第13条第2款。

③ 《公司法》第189条，同样参见《最高法司法解释》第20条第1款第1项。

"制定规则功能"的一再批判①，最高人民法院因此选择了一种使人觉得其仅仅是对实体法上确定的构成要件进行程序性说明的表达方式。

另外一个问题是，该"解释"是否在事实上创设了"新法"，因为很多结论并不能仅仅从之前的体系中推出。

（二）责任构成要件

《公司法》已经规定了一系列的一般性损害赔偿请求权，而此次司法解释对这些请求权作出了进一步的补充和具体化。

1. 一般性的《公司法》上的责任构成要件

为了更好地理解相互之间的关系，首先对《公司法》所规定的一般性责任构成要件进行概况性介绍。

（1）股东责任

在以下前提下，股东承担损害赔偿责任：

因滥用股东权利而给公司或者其他股东造成损失，应向公司或者其他股东承担损害赔偿责任（《公司法》第20条第1款和第2款）；

因滥用公司法人独立地位和股东有限责任，逃避债务，严重损害公司债权人利益的（《公司法》第20条第3款），或者在一人有限责任公司中财产混合的情况下（《公司法》第64条），应向公司债权人承担损害赔偿责任。

（2）董事责任

董事会成员在以下情形下承担责任：

股份有限公司中，董事会的决议违反法律、行政法规或者公司章程、股东大会决议，致使公司遭受严重损失的（《公司法》第113条第3款）；

---

① 详见 Björn Ahl，"Die Justizauslegung durch das Oberste Volksgericht der VR China-Eine Analyse der neuen Bestimmungen des Jahres 2007"，S. 255，257 m. w. N。

有限责任公司和股份有限公司中，执行公司职务时违反法律、行政法规或者公司章程的规定，给公司造成损失的（《公司法》第150条第1款）。

（3）具有影响力的人员责任

此外，公司的控股股东和实际控制人、董事、监事和高级管理人员如果利用其关联关系损害公司利益，也要承担相应的责任（《公司法》第21条）。

（4）清算组成员责任

清算组成员因故意或者重大过失给公司或者债权人造成损失的，依据《公司法》第190条第3款应当承担赔偿责任。

2. 新的有利于债权人的针对"责任人"的责任构成要件

（1）被请求人："责任人"

该司法解释的核心之一是一系列与清算程序相关的、由公司债权人向可称之为"责任人"的特定人员[1]主张的、在相关规定中按目录类型重复的责任构成要件。

责任人包括以下人员：

有限责任公司中的股东；

股份有限公司中的董事会成员，控股股东；

有限责任公司和股份有限公司中的实际控制人。

（2）请求权人：公司债权人

请求权人为公司的债权人。

尚不清晰的是，债权人是否能够要求"责任人"直接将损害赔偿支付给自己，还是只能够要求"责任人"向公司进行相应的损害赔偿，即一种所谓的"代位之诉"。

相关的责任构成要件的表述也并不清晰：义务人应当

---

[1] 这些特定人员也被称为"清算义务人"，参见《中国证券报》2008年5月25日；Zhu, Zhu/Mendel, Fraser, "China's New Judical Interpretation on the Company Law—A Step Towards Systemized Corporate Exit Mechanismus", S. 25。

"对公司债务承担相应赔偿责任"① 或者 "对公司债务承担清偿责任"②。关键的问题是此处所指的是谁的债务：是公司对债权人的债务（则债权人享有直接请求权）还是股东对公司的债务（代位之诉）？从表述上来看这两种情况均能够成立。但是在后者所指的情况下，以（公司的）"债权"来代替（公司的）"债务"的表述似乎更妥。

支持债权人对"责任人"直接请求权的另一个重要证据是具有相同表述的《公司法》第 20 条第 2 款规定的债权人基于直索责任而向股东请求损害赔偿的权利〔（股东）对公司债务承担连带责任〕。中国法院将这一表述理解为债权人请求相关股东向其进行支付的直接请求权。③ 由此，至少在与"对公司债务承担相应赔偿责任"④ 同样表述的情形下，债权人应享有直接请求权。是否在不同表述的情形下，即"对公司债务承担清偿责任"⑤ 时便得出不同的结论，令人怀疑，因为并不存在具有说服力的理由能够来阐明为什么请求权在此范围内应当有所不同。

与此相反，能够支持"代位之诉"的理由仅仅是：债权人在以按份额分配为目标的清算程序之外不再进行任何"竞

---

① 《最高法司法解释》第 18 条第 1 款、第 19 条、第 20 条第 2 款。

② 《最高法司法解释》第 18 条第 2 款、第 20 条第 1 款。

③ 参见对湖南省高级人民法院对"株洲市祥瑞置业发展有限公司诉谭升明等四被告股东侵权纠纷案"作出的判决的匿名分析，一审：湖南省株洲市中级人民法院（2006）株中法民二初字第 22 号民事判决书，二审：湖南省高级人民法院（2006）湘高法民一终字第 141 号民事判决书。法院对此案按照对此问题未进行明确表述的旧法作出了判决。根据对此案件的分析，法院从一般原则出发，并且明确参引《公司法》第 20 条第 2 款支持直接请求权，该判决的"精神"已经在旧的法律情形中得到了适用。对于新的《公司法》，参见"中国工商银行股份有限公司内江分行诉四川内江九平羽绒制品有限公司等借款合同纠纷案"〔四川省内江市中级人民法院（2007）内民初字第 00015 号民事判决书〕，判决可在数据库中查询：www. chinalawinfo. com。

④ 《最高法司法解释》第 18 条第 1 款、第 19 条、第 20 条第 2 款。

⑤ 《最高法司法解释》第 18 条第 2 款、第 20 条第 1 款。

赛"是完全恰当的。

因此，可以得出结论，即体系解释反对采纳"代位之诉"，而支持债权人享有对"责任人"的直接请求权。

（3）未成立清算组的责任

根据《最高法司法解释》第18条第1款和第3款的规定，如果未在法定15天期限内成立清算组开始清算，导致公司财产贬值、流失、毁损或者灭失，债权人享有向上述"责任人"请求损害赔偿的权利。

如果考虑到《公司法》第184条所规定的不同的组成程序，即有限责任公司清算组由股东组成，而股份有限公司清算组则由股东大会或者董事组成，那么便能够理解为何将被请求权人限定为"责任人"。该请求权针对的对象是在法律上或者事实上负责清算组按时成立并且开始履行任务的人。

（4）阻碍调查程序的责任

《最高法司法解释》第18条第2款和第3款将债权人针对"负责人"的损害赔偿请求权扩大到"因怠于履行义务，导致公司主要财产、账册、重要文件等灭失，无法进行清算"的情形，并且规定了此种情况下责任人的连带责任。

（5）侵吞公司财产的责任

根据《最高法司法解释》第19条的规定，债权人可以要求"责任人"对因以下原因所造成的损失进行赔偿：

责任人在公司解散后恶意处置公司财产，或者责任人未经依法清算，以虚假的清算报告骗取公司登记机关办理法人注销登记。

（6）违法注销的责任

《最高法司法解释》第20条第1款的规定赋予债权人在公司未经清算即办理注销登记，并因此导致公司无法进行清算的情况下享有针对"责任人"的损害赔偿请求权。

3. 《最高法司法解释》中其他的责任构成要件

（1）因保证性承诺而承担的责任

根据《最高法司法解释》第 20 条第 2 款的规定，股东或者第三人在公司登记机关办理注销登记时承诺对因公司违法被撤销而产生的债务承担责任的，则债权人可以向该股东或者第三人主张权利。此处所涉及的便是"保证性承诺"的一种。

（2）清算组成员的责任

根据《最高法司法解释》第 23 条第 1 款的规定，清算组成员对于因其从事清算事务时违反法律、行政法规或者公司章程而造成的损失向公司或者公司债权人承担责任。

《最高法司法解释》第 23 条第 2 款规定了"辅助性的代位诉讼"，即有限责任公司的（小）股东①或股份有限公司连续 180 日以上单独或者合计持有公司 1/100 以上股份的（小）股东，可以要求公司进行起诉，在公司没有进行起诉的情况下可以以自己的名义进行起诉。② 如果公司已经注销，导致这样一种"代位诉讼"不再具有可行性，则上述小股东可以例外地提起诉讼，要求直接向自己进行给付（《最高法司法解释》第 23 条第 3 款）。

（三）待决问题

1. 直接请求权还是代位请求权？

上文已经指出，仅从表述中并不能清晰地得出公司债权人是否能够要求"责任人"向自己进行支付或是向公司进行支付的结论，尽管很多观点均是支持第一种情形（直接请求

---

① "代位诉讼"在实践中对于小股东来说通常是必需的，因为大股东可以在股东会或者股东大会上作出由公司来主张请求权的决议。

② 《最高法司法解释》第 23 条参照《公司法》第 152 条第 3 款，而后者参照《公司法》第 152 条第 1 款和第 2 款。

权）。

2. 连带债务和追索

《最高法司法解释》并没有就所有情形下对被请求人何时承担连带责任以及何时行使可能存在的相互之间的追索权作出明确的规定。该司法解释仅针对一种情形，即第 18 条第 2 款中因阻碍调查程序而承担损害赔偿责任的情形明确规定了"责任人"的连带责任。而由此得出的结论是在其他所有情形中均不适用连带责任，特别是如第 18 条第 1 款规定，被请求人"在造成损失范围内"承担责任，对此可以理解为"仅在造成损失范围内"。

与此同时，《最高法司法解释》第 21 条的规定却说明连带责任在其他大部分情形下同样适用。《最高法司法解释》第 21 条中对根据第 18 条和第 20 条第 1 款提出的损害赔偿请求作出追索规定：其中一名"责任人"在承担责任后可以向其他"责任人"根据（他们的）"过错程度"要求补偿。该条追索规定说明立法者的出发点是在所规定的情形中适用"责任人"的连带责任，否则也就没有补偿的必要。

《最高法司法解释》第 21 条规定中没有提及的是第 19 条规定的因侵占公司财产而向"责任人"主张的损害赔偿请求权，尽管这种情况完全有可能由多名"责任人"所造成。因而引发了这样的疑问：这里仅仅是文字编辑上的失误，也就是说对于这种情形同样适用追索权以及与其相关联的连带责任，还是说从第 21 条的规定中只能得出相反的结论，即这种情况下每一名被请求权人仅应承担相应的份额责任？

《最高法司法解释》第 23 条中针对清算组成员的请求权同样存在这个问题，该请求权同样没有在第 21 条中被提及。

3. 清算组成员责任的竞合

就清算组成员的责任来讲，《公司法》第 190 条第 2 款和

《最高法司法解释》第 23 条第 1 款之间存在着竞合。两者的差异存在于责任标准上，即《公司法》第 190 条第 2 款以故意或者重大过失为前提，而《最高法司法解释》第 23 条第 1 款对此并未作出明确规定。因此便产生了一个问题：《最高法司法解释》第 23 条第 1 款是适用严格责任标准（包括全部的过失类型），还是适用《公司法》第 190 条第 2 款中的责任标准？

支持后面一种观点的论据便是，《最高法司法解释》第 23 条第 1 款基于其作为司法解释的性质，仅应当是对《公司法》第 190 条第 2 款的解释，因此不能够有悖法律的明文规定创设新的法律。另一方面却不能排除最高人民法院将 2007 年 3 月 23 日修订的《关于司法解释工作的规定》① ——据此应根据"立法精神"对法律进行解释——视为对法律进行不同于条文表述的解释的授权。②

虽然最高人民法院这种显然将责任标准的法律条文置之不理的做法似乎并不存在有利的支持论据，但是目前就这个问题还不能作出明确的阐述。最高人民法院的这种做法似乎也很难以"立法精神"作为理由。

五、结论

（一）对抗滥用作为主旨

《最高法司法解释》的主旨是对抗公司解散和清算程序中的滥用行为。只有在因为责任人不能达成一致或者缺乏自愿性而导致"自主"解散和"自主"清算程序落空的情况下，法院解散和法院清算程序才能进行。经媒体所证实的法院解散和

---

① 最高人民法院发布的《关于司法解释工作的规定》，德文译本参见 *ZChinR* 2007，S. 322ff。

② Björn Ahl，"Die Justizauslegung durch das Oberste Volksgericht der VR China-Eine Analyse der neuen Bestimmungen des Jahres 2007"，S. 255.

法院清算程序的增加，也是滥用风险不断增加的一个信号。

迄今为止，《公司法》仅对法院解散和清算程序作了初步规定，就责任来讲仅限制在针对清算组的请求权上面。实践中表明这一规定一方面太过模糊（由此造成法律的不安全），另一方面不能保证针对"责任人"的请求权能够获得圆满的实现。该司法解释试图通过对程序规则的进一步设计和对债权人直接请求权的认可来弥补之前法律适用中显现出的缺点。

（二）法院解散程序的具体化

关于法院解散程序，显然最高人民法院认为有必要对何时能够认定成立"严重困难"这一法院解散程序的必要构成要件进行详细阐明。

这一阐明同时也说明法院解散程序在中国的意义已经不容忽视，并且存在对此问题进行阐明的必要性。

（三）清算程序的具体化

法院清算程序通过本司法解释在很多方面得到进一步的具体化。有关清算组的组成、清算组成员的更换、债权的补充申报以及提出债务清偿方案的可能性，有一部分已经在功能类似的程序中得到（破产法①）或者曾经得到过（已被废除的针对外资企业的特殊规定②）法律的详尽规定，所以至少可以部分地适用相应的程序性规则。

---

① 债权人对债权的"补充申报"程序显然是最高人民法院"抄袭"了《企业破产法》第56条的规定。外商投资企业清算中已经适用了与此稍有区别的债权"补充申报"程序，参见《外商投资企业清算办法》第19条。司法解释中所引入的债权清偿方案也是与中国破产法相平行的规定，参见《企业破产法》第82条。

② 债权人要求对清算组确定的债权进行核定，并且接下来可以向人民法院提起诉讼或者（存在仲裁协议的情况下）向仲裁庭提起仲裁的规定，在外商投资企业清算中已经存在，参见《外商投资企业清算办法》第21条。破产法却没有规定清算组的核定程序。《企业破产法》第58条的意义在于准许基于对债权表登记的债权而向人民法院提起诉讼。

最高人民法院同样对通知和公告义务进行了细化。但是更重要的也许是通过规定不履行义务时的损害赔偿请求权来建立一种义务履行机制。

（四）对股东针对"责任人"直接请求权的认可

责任构成要件在很多方面都十分值得注意。首先是新的责任构成要件的多样性，此外以下两个新的发展也是不容忽视的：

一方面是建立起一种适用于可称之为"责任人"群体的特殊责任体制，并且规定了一系列新的针对"责任人"的请求权。

另一方面，由于债权人现在享有向"责任人"的直接请求权，债权人的地位得到了显著增强，即如果将该司法解释中"新"的责任构成要件与《公司法》中责任构成要件的理念进行比较，就会发现《公司法》中迄今为止只是规定了债权人针对清算组成员的直接请求权（《公司法》第190条第3款）。除此之外，债权人的请求权通常只是针对公司，而不是针对公司机构或者股东。这个规则的例外情形极为少见，比如《公司法》第20条第2款、第3款以及第64条中规定的"直索责任"的例外情形。在此背景下，赋予债权人在一系列新的情形下可直接向股东和其他"责任人"主张请求权的可能性，是一个显著的进步，并且已经超出了单纯地对现行法律进行"解释"的范畴，具有了"制定规则"的性质。

显然，最高人民法院作出此次司法解释是因为之前立法中所赋予的债权人向清算组成员主张损害赔偿请求的权利并不足够。其中一个原因可能是那些被法律规定为典型的清算组成员的人员（如有限责任公司股东、股份有限公司的董事），如果在法院清算程序中，法院指定其他人作为清算人，那么便能够逃避该义务以及相关的直接责任。

为了更好地防止滥用故意或者以不负责任的方式进行清算

程序，最高人民法院将"责任人"置于专门的责任体系中，并通过确认债权人向"责任人"的直接请求权来加强债权人的地位。

（五）不明确之处

在以下四点中，还存在一些不明确之处：

1. 调查程序中债权人是只能够要求对自己所申报的债权进行核定，还是可以要求同样对其他债权人所申报的债权进行核定；

2. 债权人对"责任人"是享有本文所认为的直接请求权，还是仅享有代位请求支付给公司的权利。即便债权人仅仅享有代位请求权，相较于《公司法》中规定的责任构成要件来讲，这已经是一个很显著的进步；

3. 在哪些情况下"责任人"承担连带责任，对此有些论据支持原则上均适用连带责任；

4. 《最高法司法解释》第 23 条第 1 款规定的清算组责任适用何种归责标准。考虑到《公司法》第 190 条第 2 款，似乎应当将标准限制为故意和重大过失。

公司治理

中国法上有限责任公司的组织机构
——一个比较法上的分析[*]

弗洛里安·凯斯勒　马克斯·蒂姆勒[**]　文

唐晓琳[***]　译

简目

本文致力于对中国有限责任公司的内部结构进行研究。在此过程中将对公司的各个组织机构及其各自的职能进行介绍，并以德国公司法上的法律现状为视角进行比较分析。作者得出

---

* Dr. Florian Kessler, LL. M. /Dr. Max Thümmel, "Die Organe der Gesellschaft mit beschränkter Haftung im chinesischen Recht—Eine rechtsvergleichende Analyse", in *Die GmbH-Rundschau*, 2012（7）, S. 384-387. 本文的翻译与出版已获得作者授权。

** 弗洛里安·凯斯勒，德国人，法学博士，德国商会北京代表处总经理，中国政法大学客座教授；马克斯·蒂姆勒，德国人，德国科隆大学法学博士。

*** 唐晓琳，德国慕尼黑大学法学硕士，德国汉堡大学博士研究生，研究方向为公司法。

的结论是这两种公司法律制度在本质上规定了相同的结构，但是在个别方面却大相径庭。特别是中国公司法上对经营权在经理和董事会之间的二分法、对股东人数的限制以及强制设置监事机构的规定。本文将会对这些差异进行阐述并对其原因进行分析。

一、引言

与在德国的情形相似，有限责任公司对中国的经济生活而言有着举足轻重的意义。[①] 这一点不仅适用于国内的公司，对于外国公司同样适用。外国投资者进行经济活动可以采用的法律形式除了刚刚引入的外国投资合伙企业和狭义意义上的代表处之外，主要有中外合作经营企业、中外合资经营企业和外商独资企业，而后两者则必须以有限责任公司的组织形式存在。[②] 中外合作经营企业虽然可以不具备法人性质，而是为了某一特定的项目而成立[③]，但是实践中通常还是采用中国有限责任公司的法律形式。[④] 只要特别法中没有进行专门规定，则外商投资企业和当地的企业一样，适用中国对有限责任公司的一般性规定，其主要规定于《中华人民共和国公司法》（以下简称《公司法》）中。[⑤] 虽然中国《公司法》自1994 年才发生效力，但是有限责任公司早在 20 世纪初便已经为人所熟悉了。

[①] Ge Jiang, *Das GmbH-Recht in China*, 2011, S. 1.

[②] Dickinson/Vietz, *GmbHR* 2006, 245（248 f.）.

[③] 《中华人民共和国中外合作经营企业法》第 2 条。

[④] 外商在中国投资的有限责任公司详见 Peters, *GmbHR* 2007, 361 ff。

[⑤] 1993 年 12 月 29 日和 2005 年 10 月 27 日通过的中国《公司法》，德文译本参见 *ZChinR* 2006, 290 ff。

二、公司组织结构

（一）股东会

1. 中国法律现状

《公司法》第 37 条第 1 款对有限责任公司股东会的地位作了明确规定。根据这一条的规定，股东会是"公司的权力机构"。对此的例外情形是有外国投资者参与的中外合资经营企业和中外合作经营企业。对于这两种法律形式，法律明确规定董事会作为公司的最高机构，并拥有广泛的决定权。[1] 与德国《有限责任公司法》第 46 条规定相比，中国《公司法》第 38 条第 1 款对股东会的"职权"进行了非穷尽性的列举。根据该条规定，股东会决定公司的经营方针，选举非由职工代表担任的董事和监事。章程中可以写入股东会的其他职责，日常经营并不属于股东会的职能。[2] 法律将股东人数上限限制在 50 人（《公司法》第 24 条），并且不允许有例外情形。

2. 法律比较

将《公司法》对该公司机构地位的规定与德国《有限责任公司法》进行比较，首先会注意到两者的共同之处：两者均将股东会视为有限责任公司的中央决策机构。股东会决定公司的重大经济方针以及未来的发展。除此之外，股东会对公司的经营进行监督并且有权作出相应的指示。中国的立法者和德国的立法者均以列举的方式对股东会的一系列职权进行了明确

---

[1] 《中华人民共和国中外合作经营企业法》（2000 年 10 月 31 日）第 12 条、《中华人民共和国中外合资经营企业法实施条例》（2001 年 7 月 22 日）第 30 条、《中华人民共和国中外合资经营企业法》（2001 年 3 月 15 日）第 6 条。

[2] Towfigh/Yang, in Shao/Drewes, 2001, S. 99.

规定，不过股东会还可以通过章程的规定获得更多的职权。①
两种法律制度也都排除了股东会对外代表公司的可能性，而是
将其权限限定在内部决策中。总体来说，中国的有限责任公司
和德国的有限责任公司存在许多的共同之处。在两个法律制度
中，一个明显的不同之处是中国法上对股东人数的限制性规
定。中国将股东人数的上限限定在 50 人，一方面将有限责任
公司和股份有限公司进行清晰的区分以及功能分配；另一方面
这一严格的限制会阻碍企业的经济活动，并且强制企业在发展
到一定规模时转化为股份有限公司这一法律形式，或者通过其
他复杂的公司结构来规避法律的这一要求。②

（二）公司经营

1. 中国的法律现状

（1）董事会

根据《公司法》第45条第1款的规定，董事会是中国有
限责任公司中法律唯一强制性设置的经营机构。董事会领导公
司的经营。董事长不一定是公司的法定代表人。根据《公司
法》第13条的规定，执行董事或者经理均可以依照章程的规
定，代替董事长来担任公司的法定代表人。

董事会成员人数原则上必须是3到13人。根据《公司法》
第51条第1款的规定，股东人数较少或者规模较小的公司，
可以不设董事会，只设一名执行董事。但是迄今为止，尚无对
股东人数或者公司规模"较小"的公认的认定标准。《公司

---

① 德国法律对此的规定详见 Zöllner, in Baumbach/Hueck, *GmbHG*,
19. Aufl. 2010，§ 46 Rz. 89。

② 限制股东人数的意义在于防止公司成为欺诈性聚拢资金的工具。过去曾
经出现过这种情况：成立有限责任公司，以公司股份的形式吸收他人的个人财产，
向他人出售毫无价值的公司股份后立即登记公司破产。

法》中对此也没有作出任何规定，由此造成了法律的不确定性。① 根据《公司法》第51条第1款的规定，执行董事可以兼任公司经理。执行董事的职能则由章程予以确定。根据《公司法》第47条的规定，董事会的职能包括确定公司经营的基本原则，召集股东会会议，执行股东会的决议，聘任和解聘公司经理以及制定公司的年度预算方案、决算方案、利润分配方案和弥补亏损方案。

（2）经理

《公司法》第50条规定，有限责任公司在董事会之外还可以选择性地设置一名或者多名经理。尽管法律将其规定为公司的选择权，但是一直以来，中国的行政机关在实践中均要求公司必须设置经理。针对中国的股份有限公司，《公司法》第114条作出了设置经理的强制性规定。但是董事会根据《公司法》第115条的规定可以决议将一名董事同时任命为经理，实践中往往都是决议由董事长来担任。② 经理应依法实施董事会决议，实施公司年度经营计划和投资方案（参见《公司法》第50条第1款）。实践中，经理的工作却并不仅限于此。原因之一是，通常情况下由经理作出决议比至少由3名成员组成的董事会作出决议要简单得多。

2. 法律比较

就两种公司法体系比较而言，对于公司经营的规定存在很明显的差别。中国对有限责任公司规定的最大特别之处在于，

---

① 通过借鉴澳大利亚法律对小型和大型合伙无限责任公司（proprietary company）的区别标准，建议可以部分地考虑适用下列四种标准来判断"相对较小"的企业：股东人数少于3名；毛营业利润少于1000万元人民币；毛财产少于500万元人民币；员工人数少于50人。如果一家企业至少满足了上述两种标准，则应当认定其为"相对较小"的企业（Ge Jiang，*Das GmbH-Recht in China*，2011，S. 116）。但是能否在中国的法律实践中得到贯彻还有待进一步的观察。

② S. Blaurock，*ZChinR* 2009，1（2）。

两种组织机构（董事会和经理）均享有经营权，这一点在行政实践中也已经得到确认。对于外国法律人士来讲，可能在一开始会对中国的这种双重结构模式感觉比较陌生。但是中国有限责任公司中董事会和经理作为组织机构并存的情况，可以通过其法律发展的历史予以阐释。中国的立法者在引入股份有限公司和有限责任公司时，决定将董事会设为公司的领导机构。基于法条参照技术，董事会和总经理的功能和职权在股份有限公司和有限责任公司中是一致的：《公司法》第 114 条第 2 款规定股份有限公司经理的职权参照适用对有限责任公司经理的规定；《公司法》第 109 条第 4 款规定股份有限公司董事会的职权参照适用对有限责任公司董事会的规定。就法律所确定的公司法上的结构而言，法律对有限责任公司和股份有限公司作出了相同的理解。

同时，经理这一公司机构作为历史的产物，立法者并不想将其取消。经理的职位是中国计划经济时代的遗留物。[①] 以前的国有企业或者集体企业均是由厂长或者经理来领导的，当时并不存在今天意义上的公司机构。由于管理人员在公司形式转型时期继续保持不变，经理这一职位也就得以保留下来，与董事会并存。自此以后，经理在中国《公司法》中生根，并被视为股份有限公司和有限责任公司的典型性机构。

随着 2006 年《公司法》的修订，在中国首次出现了抛弃这种经营权两分法的趋势。1994 年《公司法》中将经理规定为有限责任公司必须设立的机构，并且拥有广泛的职能，而现在至少根据法律的规定，有限责任公司可以有选择地设立经理。只是实践中对这一新的法律规定的态度还需要有进一步的等待。

---

① S. Ge Jiang, *Das GmbH-Recht in China*, 2011, S. 119 f.

从总体上考察，中国双重结构的公司模式有着一系列的优点和缺陷。毫无疑问，优点之一便是每个机构能够专注于自己的任务领域——董事会承担"计划"，总经理负责"实施"。因此，决策和日常经营能够分开，会对公司的长期和可持续性发展产生积极的作用。① 另一方面，却存在着经理在执行董事会的任务时发生摩擦损失的风险。此外，由于《公司法》第13条的灵活规定，使得外部第三人很难清晰地了解谁是公司的法定代表人，而这就法律行为的效力来讲会造成法律的不确定性。然而中国立法者对此采取了容忍的态度。2006年《公司法》改革背后的目的，除了对《公司法》进行一般性修订之外，主要是对公司领导机构的权力滥用加以制止。② 不同的机构之间应当互相监督，避免因个人享有过大的权限而造成滥用。

德国法上有限责任公司和股份有限公司一直以来都是互相独立发展的公司类型，各自有着不同的领导结构。根据德国《有限责任公司法》第35条第1款的规定，有限责任公司中企业经营和法定代理均是单一的，并且只能由经理来承担；而董事会这一机构只存在于股份有限公司中。即便在股份有限公司中，也不存在法律规定的经营二分法，因为并不存在一个单独的经理。虽然在经理之外还可以任命全权代表或者授权代理人，但是其权限都不允许扩大到经理在其职责领域内所拥有的权限。

（三）监事会

1. 中国的法律现状

中国的有限责任公司必须设立监事会，并且与公司的规模

---

① S. Blaurock, *ZChinR* 2009, 1 (3).

② Blaurock, *ZChinR* 2009, 1 (6).

以及员工的数量没有关系。大中型有限责任公司监事会至少要有 3 名成员。根据《公司法》第 52 条第 2 款，监事会中公司职工代表的比例不得低于监事人数的 1/3，其余成员由股东任命。股东人数较少或者规模较小的有限责任公司，可以不设监事会，只设 1 至 2 名监事。①《公司法》在第 54 条及其以下条款中对监事会的职能和义务进行了规定，其中包括检查公司财务、对董事和经理进行监督、对公司经营人员提出罢免的建议。此外，监事会成员有权列席董事会会议，并对董事会决议事项提出建议，并且可以对董事会提起诉讼。监事会的调查权对有限责任公司其他机构的配合义务提出了要求。这些机构必须向监事会成员和高级管理人员提供必要的材料，并不得阻碍其行使职能。

2. 法律比较

无论是在中国的法律还是在德国的法律中，监事会均是对公司经营包括对公司财务进行监督的机构。此外，在这两个国家中，监事会均是由职工代表和股东会选举的成员组成，并且代表公司监督公司的经营。最低 3 名成员的人数要求和职工代表至少 1/3 的比例要求在两个国家中也是一致的。

但是，中国《公司法》对小型企业和大中型企业适用不同的规定，包括对设置董事会的不同规定，对德国法来讲则是完全陌生的。德国法上更多的是适用"全有全无"（alles oder nichts）方案。只有在员工人数超过五百时，根据《三分之一参与法》第 1 条第 1 款第 3 项的规定，公司才有义务设立监事会；相对于此，在中国企业中则至少设有一名监事。另外一点差别还在于，在中国法上监事会成员可以出席董事会会议，而

---

① 确定企业应当设立监事会还是只需要设立一名监事的标准，可以参考适用上文中设置执行董事的判断标准（Ge Jiang, *Das GmbH-Recht in China*, 2011, S. 123）。

在德国实践中则与此不同。不过德国公司的董事会负有向监事会报告的义务（《股份法》第90条），从而确保监督机构的知情利益。[①]

两个国家对监事会机构规定的不同，其中一点是与文化背景相关的。在中国，对交易往来的信任度并不如在德国那么强，所以人们希望为债权人和股东在所有情形下均设置一名监事。这也是立法者试图对滥用有限责任公司这种法律形式进行限制的基础。在此背景下，机构数量的增加和强制性设置监事会或者监事也就易于理解。由于该义务的存在与员工人数之间并无关联，所以监事会的任务也并非为了赋予员工一般性参与决定的可能，而是在于加强对公司经营人员和股东会的监督。

另一方面，员工参与企业在中国有着与德国完全不同的意义，这是因为在计划经济时代所有的企业均是全民所有或者集体所有，无论企业规模如何，原则上均是人民所有。此外需要注意的是，工会在今天的中国也有着与在德国不一样的职能。在德国，工会更多的是站在雇主的对立面，与雇主进行工作条件的谈判。但是中国的理解却与此相反，工会主要是企业领导层的合伙伙伴。工会一方面将员工与企业政策捆绑在一起，另一方面工会是员工重要福利的组织者，例如，提供住房帮助和组织业余活动。[②]

三、结论和展望

中国和德国有限责任公司的公司法结构尽管存在着许多的不同，但是在实质上两者具有相似性。差别主要存在于中国法上对经营权的两分法、对股东人数的严格限制以及强制设置监

---

① S. Blaurock, *ZChinR* 2009, 1 (4).
② Blaurock, *ZChinR* 2009, 1 (4).

督机构的规定。但是中国法律对规模相对较小和规模较大的企业进行了区分，从而可以在机构设置，例如，监事会和董事会的人员设置上进行区别对待。

2006 年《公司法》改革之后，中国公司法领域很有可能会继续进行下一步的改革。设立监事会或者较小的企业设置监事的强制性规定，以及对有限责任公司和股份有限公司股东人数的严格限制可能是下一步改革的对象。接下来在中国公司法其他领域内逐步进行改革也是可以想象的。通过这些改革，中国作为投资地的地位将会得到进一步的加强。

中国公司治理制度：
有法律而无秩序[*]

郭丹青^{**}　文

高鹏程^{***}　译

简目

---

　　* Donald C. Clarke, "Law Without Order in Chinese Corporate Governance Institutions". 本文的翻译与出版已获得作者授权。

　　** 郭丹青，美国乔治·华盛顿大学法学院教授，普林斯顿大学文学学士，哈佛大学 J. D.。作者要感谢很多人在本文研究和写作过程中给予的帮助。特别要感谢朴法眼（Knut Benjamin Pissler）、拉里·李博斯特恩（Larry Ribstein）、汤欣和弗兰克·厄珀姆（Frank Upham）提供观点和支持，感谢安妮·刘（Annie Liu）、凯蒂·里斯（Katie Reece）和黄念的研究帮助，以及加州大学伯克利分校法学院的教员研讨会、耶鲁大学管理学院、纽约大学法学院、香港大学法学院、康奈尔大学法学院对形成观点的帮助。

　　*** 高鹏程，香港城市大学法学博士，现任职于上海证券交易所。

一、引言

中国的公司治理呈现出很多难题。控制性股份曾以股票市场价格的极大折扣价出售，而非溢价出售。在广泛使用的股东权利指数上，中国获得了满分[1]；然而掠夺现象似乎又非常普遍。[2] 证券监管者担心打击不法行为会扼杀而非刺激金融市场。政策制定者认为，大公司的所有权和控制权分离不是一个亟待解决的问题，而是一个应该受到欢迎的解决方案。以独立董事预防控股股东不法行为制度的主要支持者，无非是中国的主要控股股东——国家。作为公司治理制度基础的法律体系，被观察员们用如"长期混乱"[3] 和"一团糟"[4] 这样的词汇来描述。

一些有趣的事正在中国发生。中国公司治理所依赖的假设

---

① Rafael La Porta et al. , "Law and Finance", 106 *J. Pol. Econ.* 1113, 1130 (1998).

② 例如，Yi Zhang, "Law, Corporate Governance and Corporate Scandal in an Emerging Economy: Insights from China" (Peking Univ. , Working Paper, Nov. 2006), http: //ssrn. com/abstract = 957549; Ming Jian & T. J. Wong, "Earnings Management and Tunneling Through Related Party Transactions: Evidence from Chinese Corporate Groups" (H. K. Univ. of Sci. & Tech. , Working Paper, June 2003), http://ssrn. com/abstract = 424888。

③ Perry Keller, "Sources of Order in Chinese Law", 42 *Am. J. Comp. L.* 711, 711 (1994).

④ Randall Peerenboom, *China's Long March Toward Rule of Law* 239 (2002) [第六章标题为："立法体系：与混乱抗争"（The Legislative System: Battling Chaos)]。

和制度一定与西方经济中的假设和制度大相径庭。但是，中国公司治理的讨论以及大部分公司治理的比较研究文献往往关注实体性规则，并似乎认定这些规则的运行所处的制度环境在每个地方都大体相同。制度环境的差异很少被认识到，更不要说被彻底地分析。

当然，法律的研究不能脱离制定法律和实施法律的（社会）制度，人们对此观点几乎没有争议。例如，在美国，没有人会因指出证券法的规范及其实施方式同证券交易委员会的监管能力密不可分而获得终身教职。美国证券法如果没有其实施所依赖的私法律师队伍和其他中介机构，就会展现完全不同的面目。[①]

在美国，业内人士对法律规则的制度背景至少有一种直觉的了解，然而，即使在美国这样的国家，学术研究仍可以对理解制度如何塑造法律规则及其实施作出重要贡献。[②] 相反，人们对中国制度背景的理解和研究远远不够，甚至业内人士也是如此。因此，对中国制度背景的分析与研究将会获得更大的收益。并且，仅仅抽象地认同制度很重要是不够的；实际地弄清楚哪一种制度重要、有多重要以及为什么（或为什么不）重要更加有意义。

[①] 当然，这并不意味着这一体系总是产生所期待的结果。例如，John C. Coffee, Jr., "Understanding Enron: 'It's About the Gatekeepers, Stupid'", 57 *Bus. Law.* 1403 (2002)。该文仅是要强调，一个规则的重要性与其制度背景密不可分。

[②] 此问题的不同观点可以在以下以及许多其他文章中找到: Neil K. Komesar, *Imperfect Alternatives: Choosing Institutions in Law, Economics and Public Policy* (1994); Katharina Pistor & Chenggang Xu, "Incomplete Law", 35 *N. Y. U. J. Int'l L. & Pol.* 931 (2003); Louis Kaplow, "Rules Versus Standards: An Economic Analysis", 42 *Duke L. J.* 557 (1992); Reinier H. Kraakman, "Gatekeepers: The Anatomy of a Third-Party Enforcement Strategy", 2 *J. L. Econ. & Org.* 53 (1986); Bernard S. Black, "The Legal and Institutional Preconditions for Strong Securities Markets", 48 *UCLA L. Rev.* 781 (2001); Howell E. Jackson & Mark J. Roe, "Public and Private Enforcement of Securities Laws: Resource-Based Evidence", Harvard Law Sch. Pub. Law & Legal Theory Research Paper Series, Paper No. 0-28, 2009, http://ssrn.com/abstract = 1000086。

尽管中国公司治理在中国国内外已成为一个日益热门的研究主题，强调制度如何使规则变得有意义的研究还很少。① 本文旨在填补这一空白——不仅仅抽象地强调制度很重要，还揭示制度在中国具体如何重要以及必须作出什么改变使制度以不同的方式发挥重要性。此复杂性当然不为中国所独有，但可能至少在中国更为显著。

本文还有一个目的，即通过案例研究的方法，证实公司治理比较研究的一个著名分支所带来的危险；该著名分支即为"LLSV"著述②及其衍生著述（以下简称 LLSV 著述），它们旨在量化公司治理的法律规范，并且将其所得出的数据与金融市场和经济发展的指数关联起来。此类著述在以下几个方面遭到批评：它过于关注文本上的实体法而忽视法律实施的问题；③ 当其研究法律实施问题时，其又仅仅关注文本上的法律的实施；④ 其对法律的理解，即使仅仅文本上的法律——往往要么是错误的，要么是不一致的；⑤ 甚至它

---

① 一个极好的例外是：Benjamin L. Liebman & Curtis J. Milhaupt，"Reputational Sanctions in China's Securities Market"（Columbia Law Sch. Ctr. for Law & Econ. Studies，Working Paper No. 318，2007），http：// ssrn. com/abstract =999698。

② 为此论点奠定基础的重要文章为 Rafael La Porta et al. ，"Legal Determinants of External Finance"，52 *J. Fin.* 1131（1997），可能更重要的文章是，La Porta et al. ，"Law and Finance"。[LLSV 代表四位作者，即波特（Rafael La Porta）、佩洛斯·德赛兰斯（Florencio Lopez-De-Silanes）、什莱弗（Andrei Shleifer）、维什尼（Robert W. Vishny）。]

③ John C. Coffee，Jr. ，"Law and the Market：The Impact of Enforcement"，156 *U. Pa. L. Rev.* 229，250-51（2007）.

④ Id. at 244，250-51.

⑤ Udo C. Braendle，"Shareholder Protection in the USA and Germany—On the Fallacy of LLSV"（Univ. of Manchester Sch. of Law，Working Paper，2005），http：//ssrn. com/abstract =728403；Robert Schmidbauer，"On the Fallacy of LLSV Revisited—Further Evidence About Shareholder Protection in Austria and the United Kingdom"（Univ. of Manchester Sch. of Law，Working Paper，2006），http：//ssrn. com/abstract = 913968；Holger Spamann，"On the Insignificance and/or Endogeneity of La Porta et al. 's 'Anti-Director Rights Index' Under Consistent Coding 68"，Harvard Law Sch. John M. Olin Ctr. for Law，Econ. & Bus. ，Fellows' Discussion Paper Series，Discussion Paper No. 7，2006，http：// www. law. harvard. edu/programs/olin_ center/fellows_ papers/pdf/Spamann_ 7. pdf.

所发现的关联性也是假的。① 尽管一个案例研究不能绝对地证明量化和比较研究不同区域的法律规则的尝试注定失败，但是，它可以显示，要彻底地了解某个地域的法律体系，要付出的努力远远大于 LLSV 著述已经作出的值得钦佩的努力。

第二部分阐述公司治理概念以及构建监管制度模型的不同方式。本部分主张，任何监管制度模型必须有能力涵盖一些未被选择的制度，以便更好地理解已被选择的制度。接着，本部分还讨论了有助于理解中国制度的理想类型。

第三部分介绍中国上市公司及其投资者的一些背景，这些背景对于理解中国公司治理的特征是必要的。

第四部分是本文的核心，它详细调查和讨论实施公司治理规则所需的几个重要制度。这部分的分析关注具体的制度被要求或可能被要求发挥的功能，以及它们达到预期功效的能力。除讨论股票市场、律师和会计师以及金融媒体等制度外，该部分详细地研究了中国证券监督管理委员会（以下简称证监会）和法院所发挥的功能。

第五部分总结本文的主题，并提出结论。

通过分析国家和市民社会制度，本文得出的结论是，中国公司治理体制严重依赖于政府机关对规则的公布，而相对较少地依赖使得这些规则有意义的制度。法律制定者期待被监管的主体会知悉法律条文并自愿遵守；如果他们不这样做，就归咎

---

① Mark D. West, "Legal Determinants of World Cup Success", Univ. of Mich. Law Sch. John M. Olin Ctr. for Law & Econ., Paper No. 02-009, 2002, http://ssrn.com/abstract=318940.

于他们的无知或道德缺陷，而非实施制度的缺失。[①]

二、公司治理的模型[②]

本文研究的是中国上市公司的公司治理。本文中，我采用一个相对狭义的公司治理概念。它关注融资和代理成本的问题，并包含一个政策性要素，即防止控制金钱的人剥削提供金钱的人。[③] 这个概念以股东、董事会与高级管理层之间的关系为中心，它实际上是提出了这样一个问题："资金提供者如何确保，在他们（向一家公司）投入资金后，他们从管理者那里获得的不仅仅只是一张毫无价值的纸"。[④]

此限制性的公司治理概念包括两个主要的代理问题：纵向代理成本问题（管理层对所有股东整体的剥削）和横向代理成本问题（控股股东对小股东的剥削）。在任一情况下，控制者均攫取私人的利益，[⑤] 但采用的是不同的方式，并且减缓这些剥削的手段也不相同。而且，减少一种代理成本可能意味着

---

① 尽管不是成文法，特拉华州的公司法法理也包含了对被监管的主体进行教育的元素。Edward B. Rock, "Saints and Sinners: How Does Delaware Corporate Law Work?", 44 *UCLA L. Rev.* 1009 (1997); William T. Allen, "Modern Corporate Governance and the Erosion of the Business Judgment Rule in Delaware Corporate Law" 14, Comparative Research in Law & Political Economy, Research Paper No. 06/2008, 2008, http://ssrn.com/abstractid = 1105591. 一个重要的区别是，特拉华州期待通过公司门槛（corporate bar）这一媒介来对公司管理者进行教育，而中国的公司门槛没有被期待，也不扮演该角色。

② 本部分根据我之前的著作：Donald C. Clarke, "The Role of Non-legal Institutions in Chinese Corporate Governance", in *Transforming Corporate Governance in East Asia* 168 (Hideki Kanda et al. eds., 2008).

③ Michael C. Jensen & William H. Meckling, "Theory of the Firm: Managerial Behavior, Agency Costs, and Ownership Structure", 3 *J. Fin. Econ.* 305 (1976).

④ Andrei Shleifer & Robert W. Vishny, "A Survey of Corporate Governance", 52 *J. Fin.* 737, 740-41 (1997).

⑤ Mark J. Roe, "The Institutions of Corporate Governance" 2, Harvard Law Sch. John M. Olin Ctr. for Law, Econ. & Bus., Discussion Paper No. 488, 2004, http://ssrn.com/abstract = 612362.

增加另一种代理成本。例如，分散的持股会导致较高的纵向代理成本，因为共同行为问题使得股东很难监控管理层。但缓解纵向代理成本的一个解决方案——集中持股——则可能导致更高的横向代理成本。①

在美国，主要的问题是纵向代理成本问题；然而，世界上的其他国家，特别是在过渡经济体，则以横向代理成本问题为主。② 中国似乎也不例外。

公司治理比较研究领域的评论家们对一般监管以及公司治理和证券监管提出了不同模式。帕雷德斯（Paredes）提出一个本质上属于二元的模型，一为授权性（可能是毫无意义的③）法律体制——特拉华州模式，一为强制性法律体制。在强制性制度中，法律将"一套固定的、通常更严格的规则强加于公司，这就反映着一种'一刀切'的公司治理监管方式"。④

在一系列的文章中，皮斯特（Pistor）和许（Xu）也已提出一个二元模型，但其基于不同的视角，即他们提出在行政机

① Mark J. Roe, "The Institutions of Corporate Governance" 2, Harvard Law Sch. John M. Olin Ctr. for Law, Econ. & Bus., Discussion Paper No. 488, 2004, http://ssrn.com/abstract=612362., p. 4.

② Rafael La Porta et al., "Corporate Ownership Around the World", Harvard Inst. of Economics, Research Paper No. 1840, 1998, http://ssrn.com/abstract = 103130 ("世界各地大公司中的核心代理问题是，限制小股东被大股东的掠夺……"); Jackson & Roe, "Public and Private Enforcement of Securities Laws: Resource-Based Evidence", pp. 2-3; 总体见 Diane K. Denis & John J. McConnell, "International Corporate Governance", 38 *J. Fin. & Quantitative Analysis* 1 (2003)。一个对俄罗斯控股股东诡计的生动描述，参见 Bernard Black et al., "Russian Privatization and Corporate Governance: What Went Wrong?", 52 *Stan. L. Rev.* 1731 (2000)。

③ Bernard S. Black, "Is Corporate Law Trivial?: A Political and Economic Analysis", 84 *Nw. U. L. Rev.* 542 (1990).

④ Troy A. Paredes, "A Systems Approach to Corporate Governance Reform: Why Importing U. S. Corporate Law Isn't the Answer", 45 *Wm. & Mary L. Rev.* 1055, 1077 (2004).

构的事前监管和法院的事后监管两者之间进行选择。① 如他们所言，法律规则必然需要在很多具体案件中得以充实，而这种充实权应该被分配给监管机构还是法院绝不是不证自明的。同样的情况适用于执行权。不同机构的监控和执行能力随问题的不同而不同，正如尼尔·考默萨（Neil Komesar）所示，关键问题就是相对机构的能力。②

此外，杰克逊（Jackson）和盖迪尼斯（Gadinis）对现实世界证券监管模型的近期调研，得到一个令人惊讶的发现，即国家广泛介入规则的制定并不必然意味着国家会广泛介入规则的执行。③ 约翰·考菲（John Coffee）对该结论进行了总结："执行强度似乎与市场中政府的事前干预反相关。中央政府事前监管得越紧，其对事后制裁和处罚的依赖就越少。"④

所有这些监管体制模型的建立方式均基于对现实世界的观察。这种观察有明显的好处，但它的一个缺点是，很难发现已经被排除的潜在模型，并且很难理解这些潜在模型为何会被排除。因此，要理解中国的制度选择及其改革，我们在留意那些

---

① Pistor & Xu, "Incomplete Law"; Katharina Pistor & Chenggang Xu, "Fiduci-ary Duties in Transitional Civil Law Jurisdictions: Lessons from the Incompleteness of Law Theory", in *Global Markets*, *Domestic Institutions: Corporate Law and Governance in a New Era of Cross-Border Deals* 77 (Curtis J. Milhaupt ed., 2003); Katharina Pistor & Chenggang Xu, "Law Enforcement Under Incomplete Law: Theory and Evidence from Fi-nancial Market Regulation" (Columbia Law Sch. Ctr. for Law & Econ. Studies, Working Paper No. 222, 2003), http://ssrn.com/abstract = 396141; Katharina Pistor & Chenggang Xu, "Governing Stock Markets in Transition Economies: Lessons from Chi-na", 7 *Am. L. & Econ. Rev.* 184 (2005).

② 总体见 Komesar, *Imperfect Alternatives: Choosing Institutions in Law*。

③ Stavros Gadinis & Howell E. Jackson, "Markets as Regulators: A Survey", 80 *S. Cal. L. Rev.* 1239 (2007). 其中一个作者单独发展了执行强度的概念，参见 How-ell E. Jackson, "Variation in the Intensity of Financial Regulation: Preliminary Evidence and Potential Implications", Harvard Law Sch. John M. Olin Ctr. for Law, Econ. & Bus., Discussion Paper No. 521, 2005, http://www.law.harvard.edu/programs/olin_center/papers/pdf/Jackson_521.pdf。

④ Coffee, "Law and the Market: The Impact of Enforcement", p. 257.

已选选项的同时，也要留意那些没有被选择的选项。

第一，规则可以由国家制定，或由市场参与者（通过合同）制定，或两者都制定。例如，皮斯特—许模型没有区分法院对国家制定的强制性规则的事后执行和法院对私人合同安排的事后执行。

第二，国家可以选择执行自己制定的规则，或（通过强制执行合同）执行市场参与者制定的规则，或两种规则都执行。我们同样必须考虑到，国家可能不执行任何一种的规则，或因选择，或因机构的无能。然而，帕雷德斯模型假定，不论选择强制规则还是默认规则，国家都有能力执行它们。国家的执行也涉及对执行制度的选择，还涉及规则的执行在多大程度上是事前的（例如，通过国家审核独立董事候选人）或是事后的（例如，通过惩罚批准损害公司的利益冲突交易的董事）。

如果国家垄断了规则制定权，那么其必须保证制定的规则是正确的。对那种交由市场制定规则的制度需求较低的企业的参与者可能会通过合同约定他们认为最合适的组织规则。但是，这些合同可能非常复杂，并且不是每个国家都会有能够执行它们的法院体系。① 因此，我们不可能先验地知道，公司治理体制是应该依赖私人合同、私人诉讼中法院所执行的法律，还是政府行政机构执行的规章。这是一个实证性问题。②

第三，当公司治理交由市场参与者而没有被国家所垄断时，可以构想出三种理想模型——所有权方法、股东权利方法和市场监控方法——来减少代理成本，但要知道任何实际存在的地方通常会呈现出一种混合形态。当然，这些方法可能仍然要求国家作为制度安排的执行者；正如布莱克（Black）和克

---

① Rafael La Porta et al. , "Investor Protection and Corporate Governance", 58 *J. Fin. Econ.* 3，7（2000）.

② Id.

拉克曼（Kraakman）所承认，如果执行机制是如此薄弱，以至于公司内部人士可以无视公司治理规则却免于受罚，那么即使是"自我执行"的公司治理规则①仍将无效。②

当存在集中所有权时，控股股东有时候会觉得监管管理层的资源花费是值得的，因为他会收获所有或大部分的利益。在这种情况下，人们可以依靠所有权本身的动力来降低代理成本。此种监控既不依赖少数股东权利，也不依赖市场信号来监督管理层；所有者已经占有控制地位，且不需要法院的帮助，并且它可以通过自己的分析获得本由市场传递的信号。

然而，所有权方法不是免费的。它不能享有广泛分散的所有权所带来的好处，因此，当公司大到任何单一所有者都无法控制时，公司就不能采用这种治理方式。而且，就所有者自行分析而非依赖市场信息而言，所有者就必须花费资源，而不能搭其他人的便车。

最后，当集中所有权降低一种代理成本——经理和所有股东整体之间的纵向代理成本时，它会加重另一种代理成本——控股股东和小股东间的横向代理成本。当前者减少时，后者可能会增加。人们无法先验地知道哪种代理成本会主导另一种代理成本。

股东权利方法试图解决不能利用其所有权的少数股东的问题；他们既没有所有权人（就所有权人拥有控制权而言）的权利，也没有所有权人的动力。但是，如果少数股东能以可接受的成本（包括他们获得信息的成本）从法律体系中获得帮助，那么，他们可以保护自身的利益，并且纠正和威慑管理者的不当行为。

---

① Bernard Black & Reinier H. Kraakman, "A Self-enforcing Model of Corporate Law", 109 *Harv. L. Rev.* 1911 (1996).

② Black et al., "Russian Privatization and Corporate Governance: What Went Wrong?".

然而，与所有权方法一样，此方法有其特定的成本。当股东保护其合法权益的力量增加时，他们寻求非法主张的力量也在增加。如果一个公司的股东享有丰富的全套武装的权利，那么这个公司将是一个瘫痪的公司。因此，投资者理性地放弃某些他们可能希望享有的权利，因为他们知道其他投资者也受到类似的限制。关键在于要取得正确的平衡。应在何处取得平衡因法域而异，因为所放弃的权利的替代品是否可获得是不同的。如果少数股东权利存在一个好的替代品，那么就没有什么理由支付广泛权利所要求的代价，因为这样可以取得的边际效益会很小。

这种考虑引出公司治理的第三种方法：市场监控方法。一个公司在对其管理层施加很多约束的市场中经营。比如，最明显的是，股票市场对公司股票的合理价值拥有最终发言权，而非管理层。[①] 当市场运作良好时，监控会更简单。例如，如果股东希望评判首席执行官的薪酬是否过高，他们可以参照与它类似的公司中的首席执行官薪酬。

当然，知道首席执行官薪酬过高不等于有能力解决这个问题，所以管理层劳动力市场的存在并不是完全的公司治理解决方案。但是如果股票市场获取了该信息，那么，股价会相应折损，那些在信息融入股价后才购买的人不会受到损害。因此，小投资者可以搭市场专业人士估值的便车；只要股票市场有效处罚管理者（以及控股股东，若管理者对控股股东唯命是从的话），小投资者就不需要特殊的保护。

三、中国的上市公司和其投资者

（一）它们是什么

本文主要关注中国公司治理的机制，因为其影响到在中国

---

① 必须承认，在涉及公司价值的诉讼中存在例外，这种情况下，法官有最终发言权且通常不愿简单接受市场估值。

沪、深两地交易所上市的 1700 家以上的公司。① 我们必须对这些公司本身有些了解，因为它们在很多方面不同于在西方或者其他发展中国家的交易所上市的公司。

为了上市，一家公司必须具备《公司法》规定的股份有限公司的法律形式。一家股份有限公司必须有 5 位初始发起人股东，经传统的国有企业转型成立的除外。2005 年《公司法》修订之前，股东公司要求有至少 1000 万元（修订后为 500 万元）的注册资本（不可撤回的初始股权投资）。② 股份公司必须设有董事会和监事会。股东大会被设定为公司内部的最高权力机构。与美国相比，相对于董事会而言，股东大会有更高的地位。尽管如此，《公司法》还是为董事会设定了一个相对积极的角色，而对监事会的监督职能则没有清晰界定。

（二）它们从何而来

由于大多数上市公司原本是具有不同组织形式的国有企业，③ 因此，有必要介绍传统国有企业的一些背景。

---

① 截至 2009 年 12 月 1 日，有 1718 家公司。参见中国证监会主页，2009 年 12 月统计数据，载 http：//www. csrc. gov. cn/pub/zjhpublic/G00306204/zqscyb/201001/t20100115_ 175451. htm，最后访问时间：2010 年 1 月 20 日。

② 根据该条文生效的 12 年中（1993—2005）的主要汇率，1000 万元人民币合计达约 128 万美元。在这个时期，世界经合组织国家对该类型的公司最低资本总额的要求要少得多：德国约 42，000 美元，在特拉华州当然什么也不需要。

③ 截至 2000 年年底，几乎 90% 的上市公司原本是传统国有企业。On Kit Tam，"Ethical Issues in the Evolution of Corporate Governance in China"，37 *J. Bus. Ethics* 303，305（2002）. 一份 2003 年的研究得出结论，只从股权权属来看并且不考虑非正式机制的影响，大约 84% 的上市公司曾直接或间接地被国家控制。Guy S. Liu & Pei Sun，"Identifying Ultimate Controlling Shareholders in Chinese Public Corporations：An Empirical Survey" 2（Royal Inst. of Int'l Affairs，Asia Programme，Working Paper No. 2，2003）. 此数据大致与其他分析者的结论一致。Carl E. Walter & Fraser J. T. Howie，*Privatizing China：The Stock Markets and Their Role in Corporate Reform* 137［John Wiley & Sons（Asia）Pte. Ltd. 2003］（引用 2002 年的中国研究）。

1. 传统国有企业简介

作为中国历史上最重要的经济组织形式，传统国有企业不仅仅是碰巧被国家完全所有的公司的另外一个名称，如法国航空。相反，传统国有企业可以被视为"中国公司"（China, Inc）这一组织松散的企业的一个部门。在此意义上，传统国有企业有可以沿着等级制度逐渐晋升到更加具有政治性权力的职位的管理者——这是中国现在很多领导人的职业轨迹，但它没有可以被定性为股票或可转让的股权利益。

不管是过去，还是现在，并不是所有的传统国有企业都必须由代表中央政府的行政机构完全所有。相反，这一术语可以用于由县级或县级以上的一个或多个政府部门控制的企业。因此，管理层的权力、对产出的控制以及物资投入的责任，可能会保留在任何一个或几个具有不同利益和目标的机构上。因此，如果我们坚持说"国家"所有权或者"国家"控制企业，我们必须将国家定义为一个会实施相冲突、相矛盾政策的实体。

2. 传统国有企业改革的早期努力和公司化政策

尽管诊断方式不同，毫无疑问，在经济改革的初期，政策制定者认为传统国有企业充斥着慵懒、低效和浪费。传统国有企业并非为利润所激励，然而不追求利润是明智的，因为在计划经济中，利润简单地反映投入和产出之间的毫无经济意义的价差。但是，经理很少受到压力去减少开支，并且他们的收入与公司绩效无关。

政府尝试了一系列旨在增进传统国有企业效益的改革，[①] 包括将更多生产决策权下放到企业层面，减少国家计划内的产出

---

① 关于这些改革的概述，总体见 Barry Naughton, *Growing Out of the Plan: Chinese Economic Reform*, 1978-1993（1995）。

份额。因此允许一定比例的产品依经理自由裁量按市场价格出售，并且引进国企承包制，国家为传统国有企业设定一些固定的目标，目标完成后的超额利益将归于经理（可能包括工人）。

这些改革已取得不同程度的成功，但改革仍需继续。最终，中国采纳公司化政策，作为进一步改革的基石；并且颁布《公司法》①，为国企改革铺路。其结果是，《公司法》承载着那些改革的痕迹；非国家主体对从事商业活动的灵活组织形式的需求，在国家政策制定者心中并不重要，并且中国公司治理传统上更强调监管和抑制灵活的商业组织形式，而非促进和培育它们。

国有企业公司化转型的一个重要遗留问题是，传统国有企业中存在的行政控制渠道没有消失，反而常常在暗处继续发挥作用，取代《公司法》所设立的正式渠道。就主要行政管理人员的任命或其他重要决策等事项而言，董事会可能完全被绕过。然而，企业重组前已控制企业的政府机构在重组后可能会以几乎相同的方式发布指令。②

传统国有企业的现行政策主要是，通过将传统国有企业转化成《公司法》规定的某种公司形式而废除原来的组织形式：股份有限公司，大致等同于西方国家的大型股份公司；有限责任公司，为较小规模的、更紧密结合的投资者群体所设；一个完全由国家全资所有的有限责任公司（"国有独资公司"），由国家机构完全所有的一种有限责任公司的特殊形式。这个已经顺利进行的转化过程并不一定涉及私有化——是否私有化完全

---

① 中国首先于 1993 年通过了一部《公司法》（全国人民代表大会常务委员会 1993 年 12 月 29 日通过，1994 年 7 月 1 日起生效）（以下简称 1993 年《公司法》）。1993 年《公司法》于 2005 年被实质修订（全国人民代表大会常务委员会 2005 年 10 月 27 日修订，2006 年 1 月 1 日生效）（以下简称 2005 年《公司法》）。

② 这种情况会发生，是因为董事清楚那正是这种公司做事的方式。如果过后需要他们签字来批准一些文件，拒绝签字并不切合实际。

取决于谁拥有转化后的公司股份。

推动公司化政策的理念是，采用一种不同的组织形式可以更好地管理国有资产。然而，采用公司制形式的另一个重要因素是，它能够让企业在股票市场融资，并且实际上正是因为允许公众在国企持股，才使得公司治理不仅仅是国有资产内部管理程序的一种概念。

需要注意的一点是，国有企业公司化政策不等于私有化或国家从经济中撤退。国家仍牢固地掌握一些领域的企业控制权——与国家安全相关的产业、自然垄断行业、向公众提供重要商品和服务的行业以及支柱产业和高科技产业的重要企业等。

实际上，企业改革还包括通过杠杆效果扩大国家直接控制企业的范围。① 在传统经济体系中，国家（通过一个或多个国家机构）是传统国有企业唯一的所有权人，而完全控制企业。通过可分割股权机制，公司化允许非国家投资者向企业出资，而（当非国家投资者为少数股东时）不参与企业控制。相较于公司化转型前，国家现在维持着相同程度的控制，但是国家所控制的资产值却更大。②

（三）资本结构

根据中国原《公司法》和修订后的《公司法》，股份有限

---

① 《中共中央关于国有企业改革和发展若干重大问题的决定》，1999 年 9 月 22 日通过；蒋黔贵：《公司治理与国有企业改革》，载《中国证券报》2001 年 6 月 12 日（国家经贸委副主席讲话）；Ngok Ma et al.，"Advance and Retreat：The New Two-Pronged Strategy of Enterprise Reform in China"，48 *Problems of Post-Communism* 52（2001）。

② 一个前资深政策制定人士最近夸耀，仅通过 6% 的国有股，国家控制着广州轻工集团 94% 的 "社会资本"，并且企业被归类为 "国有控股"。参见张静、许圣如：《196 家中央企业大整合：演出开始了》，载《21 世纪经济报道》2003 年 7 月 14 日。

公司只能有一种股票：普通股。① 然而，至关重要的是，中国股份有限公司的股份却因所有权及交易规则的不同而存在着几种不同类型的普通股。②

一种重要的区分是流通股与非流通股的区分。流通股是能够在各种股市中自由公开交易的股票；与流通股一样，非流通股是普通股，但是它们却有着严格的交易限制，特别是，非流通股不能在市场上交易。当国家将传统国有企业重组为股份有限公司并将它们的股票公开发行时，国家创造了非流通股这个股票种类。当时认为，为避免产生逐渐私有化的嫌疑，必须要有机制保障国家对这些重组公司的持续控制。因此，首次公开发行中国家所持有的股份以及在股份公司中国家所拥有的没有进行首次公开发行的股份，通常被认定为"国家股"，并只能由国家机构拥有。

通常，重组传统国有企业需要有 1/3 的股份是国家股，另外 1/3 股份向公众发行，剩下 1/3 的股份是第二种非流通股，被称为"法人股"。这类股份只能由有正式法人人格的组织（如公司）所有。它们通常由首次公开发行前向转型公司出资的国有企业③——控股公司、非银行金融机构以及有非国家股东的国有企业等持有。这些股份也可以由政府机构所持有，从而混淆了国家股和法人股之间的区分。尽管法人股不能够在市场上交易，经公司所挂牌的交易所同意，它们可以在法人之间交易。④

近年来，大规模非流通股的存在因其扭曲效应在中国国内外遭到越来越多的批评。经过几次失败的尝试，在 2005 年，

---

① 1993 年《公司法》第 135 条（规定其他种类的股票可以由国务院另行作出规定），2005 年《公司法》第 132 条（相同）。

② 对股票种类更全面的描述，参见 Walter & Howie, *Privatizing China: The Stock Markets and Their Role in Corporate Reform*, pp. 71-87。

③ 我使用"国有企业"一词来表示国家所有的企业，而不论其组织形式如何。

④ Stephen Green, *China's Stockmarket: A Guide to Its Progress, Players and Prospects* 15 (2003).

中国终于制定了让非流通股在市场上流通的计划。[1] 截至 2006
年年底，绝大多数上市公司已经完成将非流通股正式重新归类
为流通股的程序，[2] 但是大量被重新归类的股份仍处于禁售期
而仍不能自由出售。[3] 甚至在许多情况下，能够自由出售的重
新归类股份也不会被出售；持有人是打算长期投资的国家实
体。接下来的讨论仍将使用"流通股"和"非流通股"的表
述；尽管在法律上两者已不存在区分，并且严格来讲所有股份
现在都是"流通的"。但是，了解过去的非流通股有助于了解
现在的事实上不流通的大宗股份的特征。

（四）谁拥有它们

由于转型公司最初的股份分配规则，直到最近，上市公司
的典型持股模式仍是国家、法人和国内公众股东（流通股的
持有人）各持股约 30%，剩下 10% 的股份由外国人和职工持
有。[4] 尽管数个研究都证实了这一大致的平均比例，但是有一

---

① 关于计划的说明，参见 Suet Lin Joyce Lee，"From Non-Tradable to Tradable Shares： Split Share Structure Reform of China's Listed Companies"， 8 *J. Corp. L. Stud.* 57（2008）；Wallace Wen-Yeu Wang & Jian-Lin Chen， "Bargaining for Compensation in the Shadow of Regulatory Giving：The Case of Stock Trading Rights Reform in China"， 20 *Colum. J. Asian L.* 298（2006）；Andrea Beltratti & Bernardo Bortolotti，"The Nontradable Share Reform in the Chinese Stock Market"（Fondazione Eni Enrico Mattei Working Paper No. 131.06，2006），http：//ssrn. com/abstract = 944412；甘培忠、孟刚：《论股权分置改革方案中的投票表决制度——兼谈保护流通股小股东权益的制度构建》，载《证券市场导报》2005 年第 12 期。

② Cheng Guo，Yu Liangyuan and Ke Changwen，"Understanding the Chinese Stock Market"，*J. Corp. Acct. & Fin.*，Sept. -Oct. 2007，p. 13，19（共 1301 家企业，仅 40 家企业维持原状）。

③ 到 2007 年 9 月，证监会网站显示流通股的市值仅占到全部市场市值的 1/3（将所有股票作为流通股进行估值），表明其将上市公司已发行的股本的 2/3 定义为非流通股。

④ 此程式化的事实第一次确立于 Xiaonian Xu and Yan Wang，"Ownership Structure and Corporate Governance in Chinese Stock Companies"，10 *China Econ. Rev.* 75，76（1999）。另见任海崎：《如何优化我国上市公司资本结构》，载《上海金融学院学报》2004 年第 2 期，第 60 页（提及国有股份的高比例）。

份研究发现标准差很大，这表明不同企业的正式所有权组合相差很大。

理解流通股的所有权构成——特别是个人和机构股东之间的平衡——非常困难。但是，这对理解资本市场会如何影响中国的公司治理至关重要。

中国股市的固有形象——中国的股市由小投资者主导，我在下文将指出该形象的错误之处。直至近期的股市繁荣，经常可以读到，在中国有 7000 万个人投资者①，约占 15 岁至 64 岁的城市居民人口的 1/5。这个因混淆股票账户数和投资者人数的虚假数据，已于数年前在中文②和英文著述中被揭穿。例如，瓦尔特（Walter）和霍伊（Howie）基于多种数据得出，实际持有股份的人数为 500 万到 1000 万，而交易活跃的投资者人数约为 50 万到 200 万。③ 2007 年股市繁荣吸引更多的投资者进入市场，④ 这导致有人声称中国股市有多达 1.5 亿投资者。⑤ 这些主张是没有根据的。事实上，很多投资者都有两个账户——一个在上海，一个在深圳，并且有些人还控制两个以

---

① 例如，《7000 万股民去年每户平均亏损 2045 元》，载《北京现代商报》2005 年 1 月 5 日。

② 《我国真股民不过一千万》，载《天津日报》2001 年 12 月 31 日。

③ Walter & Howie, *Privatizing China*: *The Stock Markets and Their Role in Corporate Reform*, p. 148.

④ 例如，在自 2004 年中期到 2006 年年底的 18 个月内，股票账户数量从 7150 万增长到 7850 万。在接下来的 6 个月内，数字激增至 1.07 亿。参见证监会主页，http://www.csrc.gov.cn，最后访问时间：2010 年 1 月 5 日。仅 2007 年 5 月 28 日一天，投资者新开 385，000 个新账户。Geoff Dyer, "Share Trading Accounts in China Hit 100M", FT. com, May 29, 2007, http://www.ft.com/cms/s/0/dd04ddfa-0e3b-11dc-8219-000b5df10621.html? nclick_ check = 1.

⑤ David Barboza, "In Shanghai, Countless New Investors Learn a Hard Lesson: Bubbles Burst", *N. Y. Times*, Apr. 2, 2008, at C5（引用摩根大通的消息来源）；Shu-Ching Jean Chen, "Poor, Greedy and Powering China's Stock Market Boom", *Forbes*, Jan. 16, 2008, http://www.forbes.com/2008/0116china-investors-survey-marleets-econ_ cx_ jc_ 0116markets1.html（该文声称有 1.36 亿投资者）。

上的账户。令人惊讶的是，整整 2/3 的现有股票账户完全不持有股票——可能是储备账户供操控市场用。①

个人投资者看上去主导股市，是因为个人股票账户占所有股票账户的 90% 以上，并且持有约 90% 的流通股价值。② 但是，这些数字具有误导性。研究表明，大约 40% 至 50% 的流通股价值由正式或非正式的投资基金控制，而投资基金往往（合法或非法地）使用个人账户；③ 再将由其他机构所控制的流通股加进去，结果是，个人所控制的股份实际比例反而变得更小。总体而言，很有可能只有不超过 5% 的中国家庭是市场中活跃的个人投资者，并且他们大概持有不超过 30% 的上市公司市值。相较而言，大约 20% 的美国家庭直接持有股份，而且不包括那些通过共同基金、养老金或类似机制持有股份的家庭。④

无论是总体来讲，还是单就非流通股而言，中国上市公司的所有权相当集中。对于像中国这样投资者保护机制较弱的国家，人们对此是可以预料到的；⑤ 但是鉴于历年来在防止所有权分散方面政府政策所发挥的巨大作用，即便投资者保护没有改善，中国的上市公司也可能有机会拥有更分散的所有权。

需要特别指出的是，中国上市公司由单一的国家股东控制是很常见的。证监会以及国家经济和贸易委员会（以下简称国家经贸委）2002 年的公司治理研究发现，被调查的 1175 家上市公司中有 1051 家公司有控股股东，其中，77% 的控股股东具有

---

① Arthur Kroeber, "China Stock Frenzy", FT. com, July 2, 2007.

② Green, *China's Stockmarket: A Guide to Its Progress, Players and Prospects*, pp. 70-75.

③ Id. Barry Naughton, "The Politics of the Chinese Stock Market", *China Leadership Monitor*, No. 3, 2002, p. 4, 5, http://media. hoover. org/documents/clm3_ BN. pdf.

④ Green, *China's Stockmarket: A Guide to Its Progress, Players and Prospects*, pp. 72-73.

⑤ La Porta et al., "Investor Protection and Corporate Governance", p. 14.

国家性质；而在 390 家公司中，单一国家股东持有过半数的股份。①

上市公司所有权结构的这一特征——控股股权集中于政府机构和控股公司，使中国有别于很多国家；② 当然，它也引起人们质疑其他国家公司治理模型移植到中国的可行性。

四、中国公司治理制度③

那么，什么是公司治理制度，以及它们如何与各种规范相互作用？在本部分中，我会对通常情况下，中国背景下的许多公司治理制度进行探讨。

要理解中国任何公司治理体制所面临的挑战，就需要了解与政策有利害关系或有权影响政策的参与者，包括人和机构。谁是预定的政策制定者或规范执行者，以及该人或该机构是否比其他任何人或机构更适合承担该任务？

例如，中国学术界和律师界普遍批评《公司法》的规则过于笼统且难于操作。当然，有时候的确如此。例如，如何理解 1993 年《公司法》第 52 条所规定的"规模较大"？④ 但是，有时批评家的期望不切实际。没有任何一部法律可以面面俱到；关键是要有另外一种制度能够补充立法的空白。实际上，批评家赞成的详细标准往往并不是来自其他国家的立法，而是来自其判例法，或是通过判例法发展而产生。

另一个控诉是，即使《公司法》的用语看上去非常明确，

---

① 该研究可参见齐平：《国家经贸委副主任蒋黔贵：做上市公司诚信负责的控股股东》，载《经济日报》2003 年 1 月 19 日。

② 例如，参见表格于 Stoyan Tenev & Chunlin Zhang, *Corporate Governance and Enterprise Reform in China：Building the Institutions of Modern Markets* 82（2002）。

③ 此部分对非政府机制的讨论（不包括守门人）基于我之前的工作，参见 Clarke, "The Role of Non-legal Institutions in Chinese Corporate Governance"。

④ 或者如何理解新《公司法》对应的第 52 条中的用语"规模较小"，参见 2005 年《公司法》第 52 条。

被监管的主体依然不遵守法律，或法律规定的形式（如监事会）仍然是装饰性的摆设而没有发挥法律起草者所预定的功能。评论者倾向于批评行为人没有遵循法律的理想化结构。但是真正的缺陷在于法律没有提供一个执行机制，特别是一种可以由因违法而受到损害的人启动的执行机制。如果缺乏执行体系，那么从政策制定的角度来看，仅仅指责违规人员是没有意义的，因为它不能指导我们如何修改政策；我们只能期望违规者弃邪归正。

通过探究可能使规则和标准具有意义的各种制度，本部分试图充实我们对中国公司治理制度背景的理解。① 本部分最后详细地考察了中国证监会与法院系统，并评估他们发挥重要作用的潜力。

（一）公司融资与公司治理中股市和外债的功能

有些机制能够联结经理和股东的利益。② 如果一个公司治理体系不是依靠法律惩罚或各方当事人的良心，那么它可以利用各种市场——产品市场、资本市场和劳动力市场——向各方当事人施压从而规范其行为。这些市场对管理层施行一定程度的规制，但是该规制通常是松散的而非严格的。物竞天择的压

---

① 因为篇幅原因，本文不讨论几个潜在的重要制度；这是因为目前相较于其他机制，这些制度鲜有可谈的内容。例如，恶意收购的威胁可以在规制管理层和降低代理成本中起到一定作用，但是恶意收购的尝试在中国特别罕见。活跃的金融媒体也可以通过向投资大众提供信息，以及对不诚实或无能力的经理造成公众性的羞耻相威胁，而在公司治理中起到重要的作用。并且，独立董事或（在中国）监事会的公司内部监控至少可以在理论上起到一定的作用，就此我已经在另一篇文章中进行了广泛的讨论。Donald C. Clarke, "The Independent Director in Chinese Corporate Governance", 31 *Del. J. Corp. L.* 125 (2006).

② Roe, "The Institutions of Corporate Governance", 此处检验的几个制度是该文列出来的。

中国公司法

力作用于运营次优的公司，这需要一定的时间。[①]

当中国在 1979 年开始经济改革时，由于市场中鲜有重大经济行为发生，市场并不规制经理。随着时间的推移，竞争——尤其在产品市场中——越来越激烈。然而，很多公司仍留在被保护的市场中，这导致管理层一定程度上的懈怠。

两个重要的市场是外债融资和股权融资的市场。要理解中国公司治理的环境，我们必须先理解这两个市场。

1. 历史背景

在改革前，谈论股权融资和债权融资几乎没有意义，更不用谈股市或债市。改革前期的传统国有企业的所有资金都源于各种政府部门。就企业提供竞争性条件寻求融资或资金提供方通过竞争性条件提供融资的意义上而言，当时中国不存在金融市场。当然，当时中国有吸收个人储户资金、发挥融资中介功能的银行，但是银行是根据政府指示向企业分配资金，本质上

---

① 法律经济学著述中的一个普遍性观点是竞争压力，当其存在时，通过一个物竞天择的过程驱除低效率的机构，这可能在长期平衡中是正确的，但是，这并不意味着在某一个特定时期就找不到低效率的机构，优胜劣汰的过程需要时间。例如，三轮芳朗（Yoshiro Miwa）和拉姆塞耶（Ramseyer）认为，尽管有时候承认竞争压力"驱使公司得出"一个公司特有的最适宜的外部董事人数，但是在其他地方他们走得更远，声称所有的公司在任何时候就已经到了这个状态。Yoshiro Miwa & J. Mark Ramseyer, "Who Appoints Them, What Do They Do?: Evidence on Outside Directors from Japan" 6, Harvard Law Sch. John M. Olin Ctr. for Law, Econ. & Bus. , Discussion Paper No. 374, 2002, http: //paperssrn. com/abstract_ id = 326460（该文将一个外部董事的次优人数与人行道上的 20 美元钞票相比，从而得出这样一个结论：其所调查的所有的公司一定已经有了一个最优的人数）。这极大地高估了人类机制的灵活性。另见 Rational Choice 26（Jon Elster ed. , 1986）（该文质疑生物类比对经济行为的可适用性，因为经济环境的变化速度比相对不高效的公司被排除出竞争的速度要快得多，所以在任何时候我们都可能观察到高效和非高效的公司并存）；Mark Granovetter, "Economic Action and Social Structure: The Problem of Embeddedness", 91 Am. J. Soc. 481, 503（1985）（"所声称的选择压力的运行是……既非研究的对象亦非可弄虚作假的观点，而是坚定的信念"）。

132

如同出纳。①

在当时，如果企业直接从它的上级政府行政机构获得资金，那么该资金会被定性为拨款；如果资金直接来自银行，它则被称为贷款。但是，即使资金被贴上"贷款"的标签，企业只是在软预算约束下运营，② 它没有什么偿还贷款的压力。虽然企业还是为资金而竞争，但是它们的竞争是基于官僚体制而非市场。

这个体系的改革始于 20 世纪 80 年代，当时，中国成立四大国有银行③以处理传统银行业务。在 20 世纪 90 年代，中国创建所谓的"政策银行"④，以进行非市场性贷款；而其他银行——包括新批准的、由地方政府与其他机构投资者或私人投资者共同所有的"股份"银行⑤——则应基于商业标准发放贷款。尽管其他银行可能比四大国有银行更以利润为导向，但是它们的运营仍很大程度上受制于政治影响（地方政府通常部分地拥有这些银行），并且不能逃避"政策贷款"的责任。⑥ 部分是因为这一原因，在 20 世纪 90 年代，不良贷款成为银行业的重负；到 20 世纪 90 年代末，整个系统已经资不抵债。⑦

尽管中国股市产生于 1990 年，但是直到 1996 年，政府才因寻找银行贷款的替代品转向股市，将其作为向陷入困境的国

---

① 关于改革前时期的银行体系，总体见 Nicholas R. Lardy, *China's Unfinished Economic Revolution* 59-127（1998）。

② 软预算约束的实质含义是，生产收入和生产费用的差额不关公司的存续和死亡，并且该差额因此不成为对公司行为的一种有效约束。Janos Kornai, *Economics of Shortage* 302-14（1980）；Janos Kornai, "The Soft Budget Constraint", 39 *Kyklos* 3（1986）.

③ 中国银行、中国工商银行、中国建设银行和中国农业银行。

④ 中国农业发展银行、中国开发银行和中国进出口银行。

⑤ 这样的银行包括交通银行、深圳发展银行、中国光大银行和中国招商银行。

⑥ Green, *China's Stockmarket: A Guide to Its Progress, Players and Prospects*, p. 22. 例如，在亚洲金融危机期间，政府命令银行大量贷款来刺激经济。

⑦ Id.

有经济提供融资的新渠道。这标志着国家开始明确地支持股市。它也强化了中国股市的几个关键特征：一是中国股市的主要职能不是向最高效的企业分配资本，而是为重组国有企业筹集资金；二是国家既是监管者又是"啦啦队"，有着维持股价上涨从而支持国有企业融资的特定任务。[1]

2. 近年的股市

(1) 它有多重要？

考虑到中国股市所得到的国家支持，毫不奇怪，很多关于中国股市的文章都假定股市对中国经济至关重要。至少迄今为止，这个假设仍值得商榷。

20 世纪 90 年代后期，中国内地的两个股票交易所开始营运。[2] 截至 2005 年年末，它们已经拥有 1381 家上市公司，流通股总市值达 1.06 万亿元人民币（约 1320 亿美元）[3]，占当年国内生产总值的 6%。就股市总市值而言，中国内地在世界可排第 20 名左右。就总市值占 GDP 的比例而言，在 2006 年，美国为 148%，而中国香港是 904%。其他过渡性经济体，如捷克、波兰和俄罗斯分别为 34%、44% 和 107%。[4] 简而言之，依据大多数的衡量指标，中国内地的股市都不算大，尽管近期股市波动使人很难有信心地衡量股市的大小。

---

[1]　Chao Gupiao, "Panic Attack", *China Econ. Q.*, June 2008, p. 16; Le-Yin Zhang, "The Roles of Corporatization and Stock Market Listing in Reforming China's State Industry", 32 *World Dev.* 2031, 2044 (2004); Sebastian Heilmann, "The Chinese Stock Market: Pitfalls of a Policy-Driven Market", *China Analysis*, Sept. 2002, http://www.chinapolitik.de/studien/china_analysis/no_15.pdf.

[2]　尽管深圳证券市场直到 1991 年才正式成立，一些交易已于之前一年开始。

[3]　总体见证监会主页，http://www.csrc.gov.cn，最后访问时间：2010 年 1 月 5 日。

[4]　World Bank, *World Development Indicators*, http://go.worldbank.org/XML5QSOCR0（不同年份）。市场市值的绝对数额，来源于《世界发展指标》（*World Development Indicators*），载 Nationmaster.com, Market Capitalization of Listed Companies，最后访问时间：2010 年 1 月 5 日。

那么，为什么与此同时存在一个广泛流传的说法，宣称中国内地的股市总市值约 5000 亿美元,[①] 中国内地总市值在亚洲排在中国香港之前而仅排在日本之后？原因是，这个说法在计算市值时盲目地把非流通股当作流通股股值。所有可得的实证数据表明，非流通股——历史上占股市资本多达 2/3——是以流通股股价的很大折扣率被售出，有时可达 90% 的折扣。[②] 因此，根据经济上更现实的估值，中国内地的市场资本总额会低很多。

2006 年的春季，中国上市公司的市值（无论采用何种衡量指标）开始急剧上升。从 2006 年 3 月底到 2007 年 5 月底，如果将所有股票均以流通股的价值估值，则总市值从 3.54 万亿元人民币（4680 亿美元）增长到了 17.8 万亿元人民币（2.36 万亿美元）。光是流通股的市值同期就从 1.23 万亿元人民币（1649 亿美元）增长到了 6.94 万亿元人民币（7860 亿

---

① 例如，Chong-En Bai et al. , "Corporate Governance and Market Valuation in China" (William Davidson Inst. , Working Paper No. 564, 2003), http://ssrn. com/abstract = 393440; "China to Complete State-Share Reforms This Year", China Daily. com, Apr. 24, 2006 (Agence France-Presse report), http://www. chinadaily. net/china/2006-04/24/content_ 575484. htm; "United States-China Economic Relations and China's Role in the Global Economy: Hearings Before the H. Comm. on Ways and Means", 108th Cong. 22 (2003) ［证券产业协会（Securities Industry Association）的书面声明］。

② Zhiwu Chen & Xiong Peng, "Discounts on Illiquid Stocks: Evidence from China" (Yale Int'l Ctr. for Finance, Working Paper No. 00-56, 2001), http://papers. ssrn. com/sol3/papers. cfm? abstract_ id =286169 （发现非流通股在非正式市场中销售时平均有一个 70%—80% 的非流动性折扣）; Walter & Howie, *Privatizing China: The Stock Markets and Their Role in Corporate Reform*, p. 186。如何对上市公司进行估值的一个更广泛的讨论，参见 Green, *China's Stockmarket: A Guide to Its Progress, Players and Prospects*, p. 6; Walter & Howie, *Privatizing China: The Stock Markets and Their Role in Corporate Reform*, pp. 188-189。

美元)。① 这当然使得中国股市较以前更加重要。然而，2007
年中期股市的狂飙是一个泡沫。② 根据一些衡量指标，中国股
市总市值在 2007 年 8 月末超过了日本，这就足以说明支持这
个结论的数字不一定可靠。③ 2008 年 6 月底，中国流通股市值
为 8680 亿美元（约占 GDP 的 9.7%），而以流通股价值估值
非流通股则总市值是 2.6 万亿美元（约占 GDP 的 29%）。接
着，流通股的市值于 2008 年 11 月下降至 5290 亿美元，但是
到 2009 年 12 月初反弹至 2.2 万亿美元。④

　　就募集的投资资金而言，股票市场并不重要。2002 年，
股市仅提供 89 亿美元的公司融资，而银行贷款则高达 2177 亿
美元。⑤ 虽然外部融资中银行贷款占据很大的份额，但是，外
部融资整体上并没有人们所想的那么重要，意识到这一点很重
要。2005 年，约 40% 的固定资产投资来自企业的"自有"资
金（大概是为分派利润并可能包括资产折旧及摊销金额），然

---

　　① 证监会主页，http：//www. csrc. gov. cn，最后访问时间：2010 年 1 月 5
日。另一个关于中国股票市场数据有用的网站地址是 http：// www. hkex. com. hk/
csm/highlight. asp？LangCode = en。

　　② 截至 2008 年 7 月 24 日，上海证券交易所指数为 2910 点；在 2007 年 10
月中期，其超过 6000 点的峰值。参见雅虎财经频道，http：//
finance. cn. yahoo. com/；Barboza，"In Shanghai，Countless New Investors Learn a Hard
Lesson：Bubbles Burst"。

　　③ Geoff Dyer，"Chinese Stock Market Bigger Than Japan's"，FT. com，Aug. 29，
2007，http：//www. ft. com/s/0/96036374 _ 557e-11dc _ b971-0000779fd2ac. html？
nclick_ check = 1. 用弗雷泽·豪伊（Fraser Howie）——故事中引用的一位中国市
场的长期观察者的话说，"所有现实在中国都被暂停了"。

　　④ Jiawei Zhang，"Negotiable Market Value of A-Shares Back to 10 Trillion
Yuan"，China Daily. com，July 10，2009，http：//www. chinadaily. com. cn/biz
china/2009-07/10/content_ 8413535. htm.

　　⑤ Stephen Green，"Better Than a Casino：Some Good News from the Frontline of
China's Capital Market Reforms" 19（Royal Inst. of Int'l Affairs，Asia Programme
Working Paper No. 6，2003）；Green，*China's Stockmarket：A Guide to Its Progress，
Players and Prospects*，p. 29（表格显示了 1993 年到 2002 年的比较数据）；Franklin
Allen et al.，"Law，Finance，and Economic Growth in China"，77 *J. Fin. Econ.* 57，
79-82（2005）。

而，仅 0.05% 的资金来自证券发行。① 总之，"中国外部资本
市场的规模及其相对重要性（与其他融资渠道相比）都不
大"。②

（2）投资者的特点

了解投资者的身份以及他们的行为对公司治理有关键
影响。一是它帮助我们理解股市事实上是否能发挥它的规
范作用。投资者会回应公司治理的失败吗？二是它有助于
我们评估针对被大股东粗暴对待的小股东的保护措施的必
要性和紧急性。如果小投资者撒手而去，对股市有重大影
响吗？

当前研究呈现出的答案并不清楚。将一般投资者视为是用
自己的退休储蓄进行投资的无经验的退休人员是错误的。③ 仅
17% 的投资者超过 55 岁，并且他们倾向于将投资股市视为一
种消遣，如同宾果游戏。④ 在市场运行中发挥主导作用的是机
构投资者，而不是变化无常的个人。⑤ 个人投资者采用的交易
策略大多是投机性的——在中国，股票平均持有期是 1 到 2 个

---

① CEIC Data, Premium China Database, http: // www. ceicdata. com/china.
htm（最后访问时间：2010 年 9 月 5 日）。实质数额的投资也来自不明确的重要性
被标注为"其他"的种类，但是股权额的不重要性是明确的。

② Allen et al. , "Law, Finance, and Economic Growth in China", p. 73.

③ 例如，司丹苏（Si Dansu）的例子，她是一名退休人员，在近期的新闻文
章中谈到，她将其十年前的所有积蓄都进行了投资，但在近期股票市场衰退中全
部输掉。Barboza, "In Shanghai, Countless New Investors Learn a Hard Lesson: Bub-
bles Burst". 这个故事可能是真实的，但是表面上看当然是不合情理的，因为十
年前上海证券交易所指数大约是 1500 点到 2000 点，而撰写这篇文章时，指数大
约是 3400 点。

④ 对大众投资者的完整分析，参见 Green, *China's Stockmarket: A Guide to Its
Progress, Players and Prospect*, ch. 4 以及 Walter & Howie, *Privatizing China: The
Stock Markets and Their Role in Corporate Reform*, ch. 7。

⑤ 关于机构投资者，参见 Hong Kong Stock Exchange, "Institutional Investors
in Mainland China"（2004）, http: //www. hkex. com. hk/research/rpapers/IIMC. pdf。

月，而美国的平均持有期是 18 个月。[1] 此外，中国的股票市场有高度的同步性——一份研究发现，两个交易所挂牌的80%的股票在某一个星期朝同一方向发展。[2] 该同步性程度在40 个国家的股市中高居第二；它表明，股价是根据市场整体的信息而不是特定公司的信息而移动的。[3] 换言之，相较于公司绩效而言，中国投资者（理性地）更加关注政府政策的近期变化，或其他市场层面的传闻。但与此同时，很多研究发现，中国投资者也会理性地回应公司层面的事件。[4]

虽然实证研究的发现并不一致，但是仍可以从现有研究中得到一些初步性的结论。

第一，将中国股票市场视为完全投机性这种观点，可能过于夸张。投资者比观察者所认为的更加关心公司的基本绩效和治理。因此，良好的公司治理最终会得到奖励。

第二，尽管市场中有大量的投机行为，但这是由机构投资者而非个人投资者造成的。因此，现行的政府政策——指责个

---

① Xu & Wang，"Ownership Structure and Corporate Governance in Chinese Stock Companies"，p. 85. 一个更近期的研究发现成交速度在 2000 年为 509%。Eric C. Chang & Sonia M. L. Wong，"Political Control and Performance in China's Listed Firms"，25 *J. Comp. Econ.* 617（2004）；Bei Hu，"Exposure to Stocks Unhealthy；Trading Mostly Speculative"，*S. China Morning Post*，Apr. 16，2002，at B4.

② Randall Morck et al.，"The Information Content of Stock Market：Why Do Emerging Markets Have Synchronous Stock Price Movement？"，58 *J. Fin. Econ.* 215（2000）. 关于其他证实中国股市高同步性的研究，参见 Art Durnev et al.，"Capital Markets and Capital Allocation：Implications for Economies in Transition"，12 *Econ. of Transition* 593（2004）；Merritt Fox et al.，"Law，Share Price Accuracy and Economic Performance：The New Evidence"，102 *Mich. L. Rev.* 331（2003）.

③ Chang & Wong，"Political Control and Performance in China's Listed Firms"，p. 25.

④ 例如，Bai et al.，"Corporate Governance and Market Valuation in China"，p. 22（在中国，愿意为较高公司治理标准支付溢价的投资者高度关注公司治理较好的公司）；Charles J. P. Chen et al.，"Is Accounting Information Value-Relevant in the Emerging Chinese Stock Market？"，10 *J. Int'l Acct.*，*Auditing & Tax'n* 1（2001）（投资者对会计数字反应理性）。

人投机行为，并尝试鼓励机构投资者以抑制投机行为（人们认为机构投资者能够抑制投机），不太可能成功。

第三，公司治理领域的政策制定者不应该如此多地担忧小投资者。[1] 小投资者不是资金的主要来源，并且毕竟只能接受而不能影响股价。与政府的担忧相反，即使股市大跌也不会导致 7000 万或 1.5 亿愤怒的公民上街，就他们的终生积蓄遭受的损失游行抗议。当然，股市大跌的确会在少数富裕而有权的精英中制造大量不满，可能这是政府惧怕市场大跌的另一个同样有说服力的解释。但是，这不是同一回事。

3. 银行

资本结构会影响监管：当一个公司的所有权分散且杠杆率较低时，管理者会有很大的懈怠空间。相反，高债务则导致债权人密切监控公司。如果债权人利益和股东利益一致——通常他们也确实如此，股东可以搭债权人监控公司的便车。

在很多国家，银行在公司治理中发挥重要的作用。[2] 与小股东不同，银行既有能力也有动力监控它们债务人的财务状

---

① Erik Berglöf & Ernst-Ludwig von Thadden，"The Changing Corporate Governance Paradigm：Implications for Transition and Developing Countries" 24-25，Conference Paper，Annual World Bank Conference on Development Economics，Washington D. C.，1999，对于发展和过渡经济体的总体意见。

② Cheryl Gray，"Creditors' Crucial Role in Corporate Governance"，*Fin. & Dev.*，June 1997，p. 29. 公司治理著述通常区分两种模型：一个依赖股权融资和股票市场，一个依赖向作为股东和债权人的银行进行债权融资。例如，Mark J. Roe，"Some Differences in Corporate Structure in Germany，Japan and the United States"，102 *Yale L. J.* 1927（1993）；Masahiko Aoki，"Controlling Insider Control：Issues of Corporate Governance in Transition Economies"，in *Corporate Governance in Transitional Economies* 3（Masahiko Aoki & Hyung-Ki Kim eds.，1995）；Erik Berglöf，*Corporate Governance in Transition Economies：The Theory and Its Policy Implications*，in *Corporate Governance in Transitional Economies* 59（Masahiko Aoki & Hyung-Ki Kim eds.，1995）。

况，并可以通过贷款协议要求公司于实施某些行为时必须经过债权人的同意。的确，学术研究表明，采用银行债务融资的投资比利用保留盈余的投资更加有效，更有可能是因为前者必须要向第三方证明其合理性，而管理层使用保留盈余并不受此监控。①

银行也可能因怀疑一个希望借款的人的财务状况而完全拒绝任何贷款，因此加快了经营不善或无效的公司退出经济的速度。银行自己可能是大股东，如德国或日本（尽管美国不是这样）。②

然而，中国银行历来没有发挥这种监控作用的能力和动力。如上所述，银行的传统角色是政府的出纳人。即使在20世纪80年代改革之后，贷款决定通常基于政治标准以及国企借款人的需要，而不是基于预测的偿还能力。③

因此，银行家没有途径知晓贷款是否被好好利用；他们自己不关注这个问题，并且当时的会计制度也不会提供答案。④他们仅仅是在收到命令时提供资金。他们也不担心倒账，利润

---

① Michael C. Jensen, "Agency Costs of Free Cash Flow, Corporate Finance, and Takeovers", 76 *Am. Econ. Rev.* 323 (1986); Lihui Tian & Saul Estrin, "Debt Financing, Soft Budget Constraints, and Government Ownership: Evidence from China", 15 *Econ. Transition* 461, 462-63 (2007) （回顾了相关的著述）。

② Mark J. Roe, *Strong Managers, Weak Owners: The Political Roots of American Corporate Finance* (1994).

③ Dongwei Su, "Corporate Finance and State Enterprise Reform in China" 6, (Jinan Univ. Working Paper, 2000) （如果一个政治上的优待被认为是适当的，对国企的补贴贷款，过期贷款重新排期，或者甚至资金直接转让都可以安排）；另见本文第四部分。

④ 改革前的中国会计制度就是计划经济的典型制度。它将来源与花费相互匹配，以监控按投资者的意图花费资金。它不注重将收入和花费进行匹配，来确保投资是可收益的。总体见 Allen Huang & Ronald Ma, *Accounting in China in Transition: 1949-2000*, pp. 25-28 (2001). 并且当前会计规则的设计通常与满足匹配收入和花费的需要同等地注重确保税收收入。Charles J. P. Chen, Ferdinand A. Gui & Xijia Su, "A Comparison of Reported Earnings Under Chinese GAAP vs. IAS: Evidence from the Shanghai Stock Exchange", 13 *Acct. Horizons* 91, 102 (1999) [*cited in* Chi-Wan Yang & Jiliang Yang, *Handbook of Chinese Accounting* (1999)].

并不是目的。因而，利润对于银行管理者的评估没有任何重要意义。

此外，当利润确实变得重要时，银行家们及其监控者所重视的也只是报告给行政上级的账面利润；因此，国家禁止银行核销——承认损失——超过它们的不良贷款一定比例的坏账。让倒账债务人宣布破产就会迫使银行核销不良贷款。只要债务人不宣布破产，贷款人就可再贷给借款人足以付利息的资金，从而将原贷款额仍留在资产负债表的右边。

结果，银行一直缺乏一种监控文化。[1] 这反过来塑造着公司法，因为政府试图通过公司法完成银行自身无能力完成之事——保护作为债权人的银行的利益。[2] 换言之，中国的公司法远非招募银行帮助监控公司，而是将银行视为需要保护的被动的受害者。

近期学术著述表明，在 20 世纪 80 年代德国和日本公司治理模型广受好评时，德国和日本银行的监控附加值比人们所认为的要小得多。[3] 既然德国和日本银行发现很难有效监控公

---

[1] Clement Kong Wing Chow & Michael Ka Yiu Fung, "Ownership Structure, Lending Bias and Liquidity Constraints: Evidence from Shanghai's Manufacturing Sector", 26 *J. Comp. Econ.* 301, 303 (1998); Jenny J. Tian & Chung-Ming Lau, "Board Composition, Leadership Structure and Performance in Chinese Shareholding Companies", 18 *Asia Pac. J. Mgmt.* 245, 249 (2001).

[2] 当然，每个成熟的法律体系都提供一系列对公司债权人的保护。在美国，对债权人的保护大多是通过州法对公司收益分配的限制以及州和联邦关于欺诈转让的规则。然而，在中国，公司法被视为使债权人免受其自己的错误贷款决定的后果的必要工具，并且，事实上，这样的决定有时的确很错误。例如，有这样一个案例，即一个人为其没有财产的空壳公司从银行得到 340 万元贷款。如果银行进行了任何尽职调查——比如，访问公司总部这么简单的事，它就会发现在公司的地址上杂草丛生且只有几个小型建筑。参见吴健中：《一起虚报注册资本、贷款诈骗案的侦破与辨析》，载《浙江公安高等专科学校学报》2001 年第 4 期。

[3] 关于德国和日本银行监控的软度，参见 Shleifer & Vishny, "A Survey of Corporate Governance", p. 773, 以及引用 La Porta et al., "Investor Protection and Corporate Governance", pp. 17-18.

司，那么期待中国银行很好地监控公司显然不切实际。并且，因为中国银行仍经常被要求政策性贷款，所以，公司管理层不仅在寻求贷款时不受信贷市场的规制，而且在获得贷款后也不受贷款人的监控。

尽管银行似乎不能很好地监控公司，但债务融资因减少管理层任意控制的自由现金流还是有可能会改善公司治理。① 关于此主题的近期研究有两种启发：一是如同许多其他的公司治理研究一样，所有权的归属对公司治理是重要的。二是当杠杆率增加时，政府股东控制的上市公司的管理层代理成本（以管理层财务补贴、过度投资、公司费用等形式）实际上也增加，而商业股东控制的上市公司则显示代理成本要么降低，要么维持不变。② 因此，很有可能的是，随着中国公司股权逐渐转由非政府机构持有，在公司治理方面，债务融资将发挥比目前更重要的作用。

（二）所有权结构

大股东往往能比较有效地监控公司管理层；如果他们不滥用自己的控制权利，他们的努力也会增进小股东的利益。然而，很多中国评论者哀叹，中国的集中所有权结构几乎是反常的和非自然的，他们将广泛分散持股的美国模式视为理想的所有权结构模式。③ 但是，美国模式在世界上是一个例外；④ 无论如何，分散的股权结构在中国的环境中是否是一件好事情，

---

① 来源于 Tian & Estrin，" Debt Financing，Soft Budget Constraints，and Government Ownership：Evidence from China"，pp. 462-463。

② Id.

③ 例如，马更新：《完善我国上市公司独立董事制度建设的思考》，载《政法论坛》2002 年第 6 期。

④ Berglöf & von Thadden， "The Changing Corporate Governance Paradigm：Implications for Transition and Developing Countries"，p. 4.（观察发现，持股广泛的公司在大多数国家很少见，包括过渡经济体。）

还远远不清楚。当一个股东剥削小股东的能力增加时，他为所有股东的利益而监控管理层的能力也同时增加。这两种影响中哪一种将占主导地位，是无法先验可知的。

关于中国上市公司的几项研究发现，总体而言，至少在一定程度上，公司的绩效与集中所有权成正相关，[①] 与分散所有权成负相关。[②] 一般的解释是，大股东减少了分散的小股东搭便车的问题，从而能够更有效地监控管理层。此外，如果社会中没有能赋予小股东一定的权力和影响力的制度（如运行良好的法律体系和活跃的金融信息产业），那么分散所有权的代价尤为巨大。

尽管发现集中所有权对中国的上市公司大体而言是一件好事，但是，相同的研究也发现，公司绩效与国家股占总股本的比例成负相关，并与法人股占总股本的比例成正相关。[③] 因此，并不是任何大股东都与公司绩效正相关。相反，与公司绩

---

① 此处"集中所有权"必须被理解为所有权集中于政府机构或法人，因为个人集中所有权几乎不存在。

② 例如，吕晖、伍新明：《上市公司股权结构与公司治理》，载《经济体制改革》2004 年第 4 期（评论了各种研究）；佘晓明：《中国上市公司的股权结构与公司绩效》，载《世界经济》2003 年第 9 期（发现最好的绩效是当第一大股东持有 20%—50% 之间的股权时，以及最差的绩效是当持有超过 50% 时）；Jian Chen, "Ownership Structure as Corporate Governance Mechanism: Evidence from Chinese Listed Companies", 34 *Econ. Plan.* 53, 69 (2001); Daqing Qi et al., "Shareholding Structure and Corporate Performance of Partially Privatized Firms: Evidence from Listed Chinese Companies", 8 *Pac. -Basin Fin. J.* 587, 594 (2000); 孙永祥、黄祖辉：《上市公司的股权结构与绩效》，载《经济研究》1999 年第 12 期；Xu & Wang, "Ownership Structure and Corporate Governance in Chinese Stock Companies", pp. 86-87。

③ 例如，Chen, "Ownership Structure as Corporate Governance Mechanism: Evidence from Chinese Listed Companies", p. 68; Qi et al., "Shareholding Structure and Corporate Performance of Partially Privatized Firms: Evidence from Listed Chinese Companies", pp. 604-605; Xu & Wang, "Ownership Structure and Corporate Governance in Chinese Stock Companies", p. 88; 林凌、董红：《法人治理结构与经营绩效：来自高科技上市公司的实证分析》，载郭峰、王坚主编：《公司法修改纵横谈》，法律出版社 2000 年版，第 204 页。

中国公司法

效正相关的大股东必须是，与国家足够独立而不会被认定为是
国有股持有人的机构股东。

对美国公司的研究表明，公司绩效和所有权集中度的关
系是一个倒 V 形：当集中度上升，绩效首先会有所上升；但
随集中度的进一步上升，绩效会下降。① 根据施莱佛(Shleifer)
和维希尼（Vishny）的观点，这是因为"当所有权超过一定程
度，大股东几乎完全控制公司，并且自己的财富则足以使他们
偏向于利用公司产生不与小股东分享的控制权私人利益"。②

但是，人们在中国公司中也观察到相反的模型——一个
研究发现，随着法人股东的所有权集中度的增加，由市场价
值同账面价值的比率所衡量的绩效，呈现为一条 U 形曲线。③
事实上，人们发现该模型对国家股也适用。④ 另一项研究发
现，当第一大股东持有 30% 到 50% 的股份时，公司绩效达
到峰值，而当没有任何股东持股超过 30% 时，公司绩效
最差。⑤

一般的解释是，个人投资者（小股东）一开始害怕大股
东的剥削——害怕大股东会利用他的影响力剥削个人投资者，
但是个人投资者相信随着大股东权益的上升，法人股东利益会

① 例如，John J. McConnell & Henri Servaes， "Additional Evidence on Equity
Ownership and Corporate Value"，27 *J. Fin. Econ.* 595（1990）；Karen Hopper Wruck，
"Equity Ownership Concentration and Firm Value: Evidence from Private Equity
Financings"，23 *J. Fin. Econ.* 3（1989）。但见 Harold Demsetz & Kenneth Lehn，"The
Structure of Corporate Ownership: Causes and Consequences"，93 *J. Pol. Econ.* 1155
(1985)（发现对 511 家大型公司而言，所有权集中度和利润率之间没有联系）。

② Shleifer & Vishny，"A Survey of Corporate Governance"，p. 759.

③ Xu & Wang，"Ownership Structure and Corporate Governance in Chinese Stock
Companies"，p. 91.

④ Lihui Tian，"Government Shareholding and the Value of China's Modern Firms"
(William Davidson Inst.，Working Paper No. 395，2001)，http://papers.ssrn.com/
sol3/papers.cfm? abstract_ id=299936.

⑤ 林凌、董红：《法人治理结构与经营绩效：来自高科技上市公司的实证分
析》，第 205 页。

和个人投资者的利益更趋于一致。换言之，不论其拥有 51%
还是 91% 的股份，控股股东剥削小股东的能力保持不变，但
随着控股股东对公司的所有权比例的增加，控股股东的剥削动
机随之下降。

该解释的表面合理性不比施莱佛和维希尼就其提出的 V 形模
式所作出解释的表面合理性低。这并不一定表明两种解释都过于
肤浅，而是表明中美的制度有着深刻差异，因此一个国家的经验
无法轻易地适用于另一个国家。在作出更进一步研究前，目前最
多只能断定非国家股东的集中所有权大体上很有可能是一件好事，
它不应被法律抑制①——也有证据表明它是有价值的②，并且社
会公众股东很可能有能力考虑控股股东剥削的可能性。

（三）守门人：律师和会计师

信息传播和守门工作中所涉及的个人和机构——律师、会
计师、证券分析师、承销商和金融媒体——在很多国家的公司
治理中都发挥了重要的作用。其原理在于，他们是市场的经常
参与者，他们的收入依赖于声誉，而维持声誉可获得的收益将
远远超过变节、参与欺诈和不当管理可获得的收益。而另一方
面，公司内部人士则被认为有着一套与此相反的激励机制。③

---

① Lixin Colin Xu, Tian Zhu and Yi-Min Lin, "Politician Control, Agency Problems and Ownership Reform: Evidence from China", 13 *Econ. Transition* 1 (2005).（该文发现私人所有权本身不足以减少代理成本，而需要集中的私人所有权，分散的私人所有权导致中国企业的绩效更差。）

② Qi et al., "Shareholding Structure and Corporate Performance of Partially Privatized Firms: Evidence from Listed Chinese Companies", p. 609; Xu and Wang, "Ownership Structure and Corporate Governance in Chinese Stock Companies", p. 95. 这些研究都存在的一个问题是，其似乎假定特定比例的法人股要比相同比例的个人持股更集中。这个假定可能属实，但不是法人所有权的必然特征。

③ Ronald J. Gilson & Reinier H. Kraakman, "The Mechanisms of Market Efficiency", 70 *Va. L. Rev.* 549, 595-607 (1984). 但见 Coffee, "Understanding Enron: 'It's About the Gatekeepers, Stupid'"（质疑通常的观点，认为声誉不是一个很有效的监督机制）。

当然，为使参与者发挥他们的功能，就必须适当激励所有参与者。如果律师和会计师对他们的意见不承担任何责任，那么，就不能指望他们会向他们的公司客户施压而使其纠正损害股东利益的行为。同样，如果金融媒体提供准确信息所获奖励要少于不这么做的奖励，那么不可能过多地指望金融媒体。

就发挥守门人有效职能而言，中国的律师队伍和会计师队伍都尚未具备相应能力。美国证券交易委员会已能够将其很多监管负担委任给美国的法律和会计师机构，因为他们能胜任。与此相反，中国的律师数量很少，并且，像中国的会计师一样，他们没有接受过处理复杂金融事务的培训。[1] 中国的法学院并不讲授这样的主题，而现代法律行业还未积累足够的经验能使初级律师在工作中向高级律师学习。

会计师行业的情况更加糟糕。2001 年的一项研究发现，在 32 份随机抽取的审计报告中，有 23 份报告具有"严重不准确的错误"。[2] 情况变得如此糟糕，以至于当时的总理朱镕基邀请外国审计师事务所对中国所有上市公司进行补充审计。[3] 证券行业几乎是不可救药——一份证监会的调查揭示，在臭名

① 关于中国律师行业的能力，总体见 Stanley B. Lubman, *Bird in a Cage: Legal Reform* in *China after Mao* 157（1999）; Peerenboom, *China's Long March TowardRule of Law*, pp. 343-393。关于会计行业，但见 Tenev & Zhang, *Corporate Governance and Enterprise Reform in China: Building the Institutions of Modern Markets*, pp. 120-123。

② Bei Hu, "Chinese Cookery Books: Mainland Companies Are Reeling from a Year of Financial Scandals During Which the Audacity of Corporate Wrongdoers Has Put Their Western Counterparts to Shame", *S. China Morning Post*, Mar. 26, 2002, p. 1.

③ Bei Hu, "Tough Audit Rules Eased after Outcry from Interest Groups", *S. China Morning Post*, Mar. 2, 2002, at B3; Richard McGregor, "Creative Chinese Accounting Creates Work for Andersen: Scandals Involving Local Firms are Boosting the Big Five", *Fin. Times*, Jan. 28, 2002, p. 20.

昭著的吕梁操纵市场案中，有 125 个证券公司曾积极协助他。①

如果律师和会计师不履行职责仅需承担很少惩罚或不承担惩罚，那么就不能指望他们发挥守门人的作用。中国的体系很少施加这样的惩罚。尽管律师事务所和会计师事务所可能偶尔会受到证监会处罚，但据我所知，还没有被误导的投资者起诉律师事务所或会计师事务所的案件。并且，寻求上市的公司继续聘用同一批律师事务所和会计师事务所，好像不受市场任何惩罚。

1. 作为守门人的会计师事务所

并非仅仅是会计师事务所的低水平会计技能妨碍他们发挥守门人的作用。更重要的原因是，他们根本没有强烈的动力去这样做。

三种方式能使会计师受制于法律制裁：刑事诉讼、行政诉讼以及民事诉讼。

在后毛泽东时代，会计师事务所提供虚假财务信息查账报告的一般侵权行为的民事责任，仅得到断断续续发展。1986年以后，早期的国务院法规规定，就财务报表和公司出资等事项提供虚假或不当报告的会计师事务所，应受警告、罚款、停业整顿、责令解散等行政处罚。②

1994 年《注册会计师法》第 42 条规定："会计师事务所违反本法规定，给委托人、其他利害关系人造成损失的，应当依法承担赔偿责任。"③ 会计师的责任至少在理论上被扩大了。

---

① Walter & Howie, *Privatizing China: The Stock Markets and Their Role in Corporate Reform*, pp. 156-157.

② 《注册会计师条例》（国务院 1986 年 7 月 3 日通过）第 11、27 条。

③ 《注册会计师法》（全国人民代表大会常务委员会 1993 年 10 月 31 日通过，1994 年 1 月 1 日生效）第 42 条。

然而，在中国现代法律体系中，如此泛泛的表述有时使法院不愿（而不是迫切）将法律条文赋予原告的权利予以宽容的解读。最高人民法院后来向下级法院发布了一系列指示来完成这一任务。①

大概是基于下级法院应用早期发布的司法解释的经验，最高人民法院在 2007 年又发布了一个司法解释，此次司法解释较之前的篇幅更长且更加详细。② 该司法解释扩充并阐明了会计师承担民事赔偿责任的条件：③ 一是其将责任范围扩大到包括所有的不实报告，而不仅仅是虚假出资报告；④ 二是该司法解释重申赔偿责任以不实审计金额为限的原则；⑤ 三是其将《注册会计师法》第 42 条规定的"利害关系人"定义为，因合理信赖或者使用会计师事务所出具的不实报告（广泛地界定），并与被审计单位进行交易，或者从事与被审计单位的股票、债券等有关的交易活动而遭受损失的自然人、法人或者其他组织；⑥ 四是它规定，如果会计师事务所能够证明其没有过错，则可以避免承担民事赔偿责任；⑦ 五是它非常惊人地规

---

① 《最高人民法院关于会计师事务所为企业出具虚假验资证明应如何处理的复函》（1996 年 4 月 4 日公布，1996 年 4 月 4 日生效）；《最高人民法院关于验资单位对多个案件债权人损失应如何承担责任的批复》（1997 年 12 月 5 日公布，1998 年 1 月 13 日生效）；《最高人民法院关于会计师事务所为企业出具虚假验资证明应如何承担责任问题的批复》（1998 年 6 月 26 日公布，1998 年 7 月 1 日生效）；《最高人民法院关于金融机构为企业出具不实或者虚假验资报告资金证明如何承担民事责任问题的通知》（2002 年 2 月 9 日公布，2002 年 2 月 9 日生效）。

② 《最高人民法院关于审理涉及会计师事务所在审计业务活动中民事侵权赔偿案件的若干规定》（2007 年 6 月 11 日公布，2007 年 6 月 15 日生效）（以下简称《2007 年最高院解释》）。

③ 《2007 年最高院解释》。

④ 《2007 年最高院解释》第 5 条。

⑤ 《2007 年最高院解释》第 10 条。

⑥ 《2007 年最高院解释》第 2 条。

⑦ 《2007 年最高院解释》第 7 条。

定，利害关系人明知会计师事务所出具的报告不实而仍然使用的，会计师事务所仍应当承担责任,① 尽管赔偿责任的金额可"酌情"减轻。②

证券领域的规章也将会计师和其他人的虚假报告作为规制对象。国务院 1993 年发布的《股票发行与交易管理暂行条例》③ ——作为《证券法》的一个雏形——规定，出具虚假或误导性文件者，其中包括会计师和律师，处以罚款和其他行政处罚（第 73 条），并明确要求对因违反条例给第三方造成损失的，要承担民事赔偿责任（第 77 条）。1998 年《证券法》及 2004 年修订的《证券法》都有条款规定，在证券发行和交易过程中出具虚假或误导性陈述或报告的会计师和其他中介机构（包括律师），除应对损失承担民事责任外，还应受到行政处罚。④ 1993 年《公司法》（1994 年生效）及 2005 年修订的《公司法》也有在某些特定情况下审计师应承担责任的条款。⑤

总之，针对会计师事务所的民事救济似乎至少从 1994 年起便可以使用。然而，它似乎很少被使用。近十年中，会计师

---

① 《2007 年最高院解释》第 8 条。不清楚如何可以说报告被明知其错误的人"使用"。

② 同前。

③ 《股票发行与交易管理暂行条例》（国务院 1993 年 4 月 22 日通过并生效）。

④ 《证券法》（全国人民代表大会常务委员会 1998 年 12 月 29 日颁布，1999 年 7 月 1 日生效）第 161、189、202 条（以下简称 1999 年《证券法》）;《证券法》（全国人民代表大会常务委员会 2005 年 10 月 27 日修订，2006 年 1 月 1 日生效）第 173、223 条（以下简称 2005 年《证券法》）。民事责任的条文比较含糊，且如本文其他地方提到的，其被最高人民法院的解释性立法极大地削弱了。然而，在 2002 年，最高人民法院规定了会计师和律师可以成为《证券法》下虚假陈述民事诉讼的被告。参见《最高人民法院关于审理证券市场因虚假陈述引发的民事赔偿案件的若干规定》（最高人民法院审判委员会于 2002 年 12 月 26 日通过，2003 年 2 月 1 日施行）（以下简称《虚假陈述规定》）。

⑤ 1993 年《公司法》第 219 条、2005 年《公司法》第 208 条。

事务所被判决应对不实报告承担民事责任的案件我只发现了七个。① 而所有的案件都是由信赖不实报告而与债务人公司进行交易的债权人提起的诉讼。在另外七个案件中，债权人基于同样的理由提起诉讼，但却败诉。在一个案件中，债权人在一审和二审法院错误地否定它所主张的法律依据后，在再审中胜诉。我没有发现任何案件是公司证券的购买者或出售者起诉会计师事务所要求赔偿其不实审计总额的，如同 2007 年最高人民法院司法解释所考虑到的那样。因此，不论其在理论上的可行性如何，投资者私人民事诉讼的威胁，似乎不是会计师事务所审计上市公司业务的现实性约束。

　　行政处罚同样很少见，至少是在证券市场背景下。从 2004 年到 2007 年的四年间，证监会总共作出 160 项行政处罚。其中，因提供误导性财务信息报告，会计师在 2004 年被罚四次，2005 年被罚三次，2006 年被罚一次，还有 2007 年被罚三次。② 其原因可能在于，证监会需要利用其有限的资源处理更迫切的事项；但是，处罚会计师事务所显然不属于高优先级。

　　最后，刑事诉讼是几乎不存在的。《刑法》第 229 条处罚因故意或重大过失提供虚假证明文件者，其中包括律师和会计师。③ 然而，公诉却很少见。对两个主要法律数据库④进行检

---

① 当然，这不是意味着只有七个案件。中国的案件没有系统地被官方或非官方收集和报道。Donald C. Clarke, "Empirical Research into the Chinese Judicial System", in *Beyond Common Knowledge: Empirical Approaches to the Rule of Law* 166-67 (Erik Jensen & Thomas Heller eds. , 2003). 此处讨论的案件样本来自新闻报道和对一个案例数据库（Chinalawinfo. com）系统的搜索。

② 这些结论基于作者对一些数据的分析，这些数据载于证监会主页，http：//www. csrc. gov. cn，最后访问时间：2008 年 2 月 23 日。网站进一步展示了更早的比警告严厉的处罚的数据：1993 年—1998 年 1 次；1999 年 2 次；2000 年 1 次；2001 年 2 次；2002 年 3 次；2003 年 3 次。

③ 《刑法》（全国人民代表大会常务委员会 1979 年 7 月 1 日通过，1997 年 3 月 14 日修订）第 229 条。

④ 数据库为 http：//www. chinalawinfo. com 和 http：//www. lawyee. com。

索的结果是，只发现六个案子。检索新闻来源后还发现一个近期案件。在这七个案件样本中，三个案件涉及公司内部人士，而在其中一个案件中，被告会计师被判无罪；只有三个案件是未履行守门人职责的会计师责任的经典案例，① 其中一个案件②源于银广夏案，这是一个如同世界通信公司或安然公司一样臭名昭著的公司丑闻；③ 另一个案件被报道为四川省有史以来第一案。④

2. 作为守门人的律师事务所

与会计师相似，律师在证券发行中提供符合证监会要求并给投资者信赖的法律意见书。也是与会计师类似，律师因提供不负责任的法律意见书而致使信赖它的投资者受损时，律师被处罚的可能性很低。

已经讨论过的、规制会计师误导性陈述和报告的一些法规也以同样的方式规制律师。例如，《证券法》所规制的律师包括提供法律意见书的律师，可能还有作为证券市场中介的律师；⑤《证券法》的先前规定及其补充规定所规制的律师亦是

---

① 三个案子分别是：鲁礼和与丁勇案，参见《两注册会计师出具证明文件重大失实被判刑》（四川省宜宾市翠屏区基层人民法院，2006 年 2 月 26 日），载 http：//www. chinacourt. org/public/detail. php? id = 196439 （以下简称鲁礼和案）；李军义案，参见《翟俭峰等虚假注册资本案》（甘肃省康县基层人民法院，2000 年 1 月 27 日），载 http：// vip. chinalawinfo. com/case/displaycontent. asp? gid = 117446692；银广夏丑闻中的会计师案，参见《董波等提供虚假财会报告、出具证明文件重大失实案》（宁夏回族自治区银川市中级人民法院，2003 年 9 月 3 日），载 http：//vip. chinalawinfo. com/Case/displaycontent. asp? gid = 117508210 （以下简称董波案）。

② 参见董波案。

③ 例如，Hu Shuli，"Enrons of China"，*Newsweek Int'l*，Dec. 1，2004，2004 WLNR 18089331 （Westlaw）。

④ 参见鲁礼和案。四川省省级法院的一位官员称，对该罪行的公诉在全国是很少见的。

⑤ 1999 年和 2005 年《证券法》的条文。

如此，如 1993 年《股票发行与交易管理暂行条例》、[①] 1993 年《禁止证券欺诈行为暂行办法》、[②] 2002 年最高人民法院关于证券法的司法解释。[③] 此外，一份 1999 年证监会关于信息披露义务的文件指出，如果律师没有充分核查法律意见书所依据的材料，那么他应该承担"相应的法律责任"。[④]

私人诉讼在规制律师方面似乎不起任何作用。我没有找到律师因违反信息披露，而被判定承担责任的任何案件，甚至将律师事务所列为被告的案件也找不到。我也没有找到任何涉及信息披露违法或其他公司治理违法的刑事案件。

证监会偶尔会就律师事务所的信息披露违法行为实施行政处罚。下表 1 对此进行了概括。

表 1　证监会对律师的行政处罚

年份	违法行为的性质	处罚
1993	首次公开发行中的披露违法行为	警告
1996	首次公开发行中的披露违法行为	警告；罚款；暂停从事证券业务
1998	股票发行中的披露违法行为	通报批评
1998	股票发行中的披露违法行为	通报批评
1998	首次公开发行中的披露违法行为	没收非法所得；暂停从事证券业务

①　1993 年《股票发行与交易管理暂行条例》。

②　《禁止证券欺诈行为暂行办法》（国务院证券委员会 1993 年 9 月 2 日发布，因多余而于 2008 年 1 月 15 日被废止）。

③　《虚假陈述规定》。

④　《公开发行股票公司信息披露的内容与格式准则第六号〈法律意见书的内容与格式〉（修订）》（证监会发布，1999 年 7 月 1 日起施行）第 4 条。特别是鉴于中国法院不愿审理股东诉讼案件，不能毫无疑问地将起诉律师的私人诉权赋予股东。不清楚的是，法律地位低于部委的证监会能否在事实上创设民事责任。

年份	违法行为的性质	处罚
1999	首次公开发行中的披露违法行为	警告；没收违法所得
1999	首次公开发行中的披露违法行为	暂停从事证券业务；没收违法所得并罚款；撤销律师证券从业资格
1999	首次公开发行中的披露违法行为	警告；没收非法所得并罚款；对签字律师分别处以警告和罚款
2000	首次公开发行中的披露违法行为	警告；没收非法所得并罚款；对签字律师分别处以警告和罚款
2000	首次公开发行中的披露违法行为	没收非法所得并罚款25万元；撤销签字律师的证券业务资格
2000	首次公开发行中的披露违法行为	对事务所及其律师分别处以警告
2000	首次公开发行中的披露违法行为	对事务所及其律师通报批评
2000	错误地告诉客户公司其海外首次公开发行无须获得证监会批准	警告；证监会六个月不受理律所出具的法律意见

资料来源：彭冰：《证券律师行政责任的实证研究》，载《法商研究》2004年第6期。

对这些处罚决定，需要注意以下几点：一是数据可能是不完全的，一些处罚决定很有可能未出现在这里。然而，正是因为处罚不具有公开性，其威慑力和羞耻效果不那么有效。二是上述违规披露行为，似乎在股票向公众发售前都已被发现并纠正。其中有一个案件，证监会仅仅因违规律师事务所的法律意见书太模糊，除了将其退回并要求律师事务所进一步完善之外，证监会还对其予以处罚。三是在2000年，证监会变得非常严格，出具更多且更严格的处罚决定书。最后，因不明原因，处罚律师事务所的记录止于 2000 年。2004 年发表的一个研究指出，截至 2004 年，证监会尚未处罚过任何发生在 1999 年 7 月 1 日《证券法》生效之后的律师违法行为。[①] 理由可能是，自 2002 年起，监管律师的权限已在很大程度上归属于各地方政府，而非证监会。因此，处罚决定书就这样离开了公众视野。显然，进一步的研究是必需的。

（四）国家层面的公司治理制度（Ⅰ）：证监会的角色

本文接下来的几个部分将研究国家机构和准国家机构，以及它们制定公司治理规则、发现和处罚违规行为的能力。这些部分也会研究已遭受处罚的一些具体类型的违法行为。但是，需要注意的是，受到处罚的违法行为只是实际违法行为的一个子类。一是不是所有被发现的违法行为都会受到处罚，处罚机构有自己优先考虑的领域，并会向它认为重要的某些领域投入资源而相对忽视其他领域。二是甚至不是所有的违法行为都会被发现。基于一份关于上市公司和证券公司的调研，一位学者得出这样一个结论：每处罚一个违法违规行为，就意味着有一个至四个违法行为没有被发现。[②]

鉴于中国偏好通过政府途径解决问题，而非私人的方式；证监会是在监控和执行公司治理规范方面发挥重要作用的显而易见的候选人。因此，它的权力值得深入研究。

1. 监管权限

（1）监管权限概述

证监会设有中央和地方办公室执行许多监管任务，尽管证

---

① 彭冰：《证券律师行政责任的实证研究》，载《法商研究》2004 年第 6 期。

② 吴小亮：《证券犯罪惩戒研究》，载《财经》2005 年 6 月 22 日（该文报道了北京大学法学院白建军教授的研究成果）。

监会监管权限的精确范围是有争议的。证券监管领域的第一个一般性规章——国务院 1993 年《股票发行与交易管理暂行条例》①，人们认为其至今仍然有效，尽管之后颁布了《证券法》——赋予国务院证券委及其下属机构证监会监管"证券市场"的权限，并规定公司上市需要征得证监会（以及许多其他机构）的批准。1999 年《证券法》是中国第一部全面的证券法律规范，它赋予证监会监管发行人、证券市场和市场中介机构的权力，并且允许证监会将某些监管职能授权给交易所，当然这些监管职能仍处于证监会的严格控制之下②。例如，证监会仍会委任交易所的领导。《证券法》确认证监会对股票公开发行拥有核准权。③

证监会的核心权限是监管准备上市或已经上市的公司的信息披露。并且，除审查信息披露的充分性外，证监会传统上还会审查股票发行的实质质量。④ 直至 2005 年年底，股票公开发行的条件之一是发行人最近三年连续盈利。

其实，信息披露本身都是为满足国家机构实质性审查的需要，而不是为投资公众提供信息。公众无权查阅披露给证监会的信息；相反，法律通常——但不总是——规定向证监会所作的披露必须也在某些指定的公共平台进行。⑤

（2）公司治理探索性尝试

除信息披露监管外，证监会还扩大解释其监管权限，试图将其权限延伸至审查金融媒体。因为本文关注的是公司治理问

---

① 1993 年《股票发行与交易管理暂行条例》。

② 1999 年《证券法》第 10 条、2005 年《证券法》第 10 条。

③ 1999 年《证券法》第 10 条、2005 年《证券法》第 10 条。

④ 盛学军：《我国证券监管法律制度模式》，载《现代法学》2001 年第 2 期；Sanzhu Zhu, *Securities Regulation in China* 181（2000）。

⑤ 根据《证券法》要求而发出要约收购的人，必须向证监会提交包括收购目的等各种细节的收购报告书，但仅需向公众公告收购要约这一事实。参见 1999 年《证券法》第 82 条、2005 年《证券法》第 10 条。

题，因此，本文将从狭义的角度关注证监会在公司治理领域所颁布的大量探索性尝试——它们远远超出信息披露监管领域。多年以来，证监会已发布许多约束力程度各异且往往不确定的文件。尽管列出一份完整的清单是不必要的，但是，按年代顺序列出部分清单有助于理解证监会监管的宽度。

1994 年，国务院证券委员会联同国家经济体制改革委员会发布一份文件，该文件规定了寻求境外（包括中国香港）上市许可的公司，其公司章程所必须具备的条款。①

1997 年，证监会发布本质上是 1994 年《必备条款》的国内对应规定《上市公司章程指引》（以下简称 1997 年《章程指引》)② ——实际上，它是一部小型《公司法》。1997 年《章程指引》在 2006 年被修订并重新发布。③

1999 年，证监会联同国家经济贸易委员会（以下简称经贸委），发布《关于进一步促进境外上市公司规范运作和深化改革的意见》（以下简称《关于进一步改革的意见》），进一步规定境外上市公司的公司治理指引。④ 与 1997 年《章程指引》相似，《关于进一步改革的意见》深入到传统公司治理的核心领域，旨在规定董事要承担忠实义务和勤勉义务。⑤

2001 年 8 月，证监会发布《关于在上市公司建立独立董

---

① 《关于执行〈到境外上市公司章程必备条款〉的通知》（证券委、体改委 1994 年 8 月 27 日发布）（证委发［1994］21 号）（以下简称 1994 年《必备条款》）。

② 《关于发布〈上市公司章程指引〉的通知》（证监会 1997 年 12 月 16 日发布）（证监［1997］16 号）。

③ 《关于印发〈上市公司章程指引〉（2006 年修订）的通知》（证监会 2006 年 3 月 16 日发布）（证监公司字［2006］38 号）（以下简称 2006 年《章程指引》）。

④ 《关于进一步促进境外上市公司规范运作和深化改革的意见》（证监会和经贸委 1999 年 3 月 29 日发布）（国经贸企改［1999］230 号）。

⑤ 同上，第 3 章。

事制度的指导意见》（以下简称《独立董事制度意见》）。① 该
意见的范围包括所有在中国交易所上市的公司（但不包括在
境外上市的中国公司）；它要求在 2003 年 6 月 30 日之后所有
上市公司董事会成员中应当至少包括1/3 独立董事，并规定独
立董事拥有多种职权。②

2002 年 1 月，证监会在致上市公司的通知中，发布《上
市公司治理准则》。③ 当时的评论称，《上市公司治理准则》依
据《经合组织公司治理原则》，参照了其他国家的公司治理原
则，同时充分考虑到中国上市公司治理结构的特殊情况。④

2004 年 12 月，证监会发布《关于加强社会公众股股东权
益保护的若干规定》（以下简称《公众股股东规定》）。⑤《公
众股股东规定》包含许多公司治理规则，目标直指政策社群
察觉（很可能是正确地察觉）的猖獗的控股股东不当行为。⑥
最显著的是，《公众股股东规定》中关于特定事项的投票规则
与《公司法》的具体规则直接冲突。⑦

在所谓的纯公司治理领域，证监会监管权限的程度似乎并
不十分清晰。其所主张的广泛权限有一定根据。1993 年《股
票发行与交易管理暂行条例》所规定的上市条件包括"证券
委规定的其他条件"，它对证券委规定条件的能力没有施加任

---

① 《关于在上市公司建立独立董事制度的指导意见》（证监会2001 年8 月16
日发布）（证监发［2001］102 号）。

② 同上。

③ 《上市公司治理准则》（证监会和经贸委2002 年1 月7 日发布）（证监发
［2002］1 号）第21 条。

④ 单羽清：《有关专家指出上市公司治理结构的缺陷是中国资本市场面临的
巨大挑战》，载《中国经济时报》2001 年7 月9 日；汤欣：《中国上市公司公司治
理环境的新发展》，清华大学21 世纪商业法律论坛。

⑤ 《关于发布〈关于加强社会公众股股东权益保护的若干规定〉的通知》
（证监会2004 年12 月7 日施行）（证监发［2004］118 号）。

⑥ 同前。

⑦ 同前，第1 条。

何限制，因此似乎是全权授权证券委。① 1999 年《证券法》也允许证监会可以要求上市公司提交其认为有关的任何文件，亦似乎没有任何限制。② 然而，2005 年《证券法》要求证监会规定的其他条件经国务院批准；③ 可能是因为有一种感觉，认为证监会远远超出其传统授权。

因此，就制定法文本而言，很难找到证监会事项管辖权的任何具体限制。授予证监会监管权限的成文法的确包含能够——如果有人希望的话——被解读为是对证监会管辖权至少施加一些宽泛限制的规定：1993 年《股票发行与交易管理暂行条例》、1999 年《证券法》和 2005 年《证券法》都规定证监会（或证券委）有权监管"证券市场"。④

一些学术评论家已经质疑证监会是否有权限制定任何规则。他们认为证监会是"事业单位"，而不是根据宪法授权有权制定规章的完全的国务院下属行政部门。⑤ 证监会根据证券委的授权，只能适用而不能制定规则。⑥ 他们认为，证监会更不能制定规则，施加如市场禁入等行政处罚。⑦

对证监会的权力进行法律分析是没有多大意义的，因为这种分析的前提是，该分析在中国的法律体系中是有价值的。但

---

① 1993 年《股票发行与交易管理暂行条例》第 8 条第 7 款。据我所知，在中国，还没有人真正地主张证监会没有继受国务院证券委的授权。

② 1999 年《证券法》第 11 条。

③ 2005 年《证券法》第 12、13 条。

④ 1993 年《股票发行与交易管理暂行条例》第 5 条、1999 年《证券法》第 7 条、2005 年《证券法》第 7 条。

⑤ 关于该问题的全面分析，参见 Zhu, *Securities Regulation in China*, pp. 53-54。

⑥ 周卫昕：《中国证监会〈证券市场禁入制度暂行规定〉的缺陷评析》，载《法学》1998 年第 4 期。

⑦ 同前，第 62 页。

中国的行政机构不是按照法律界定的事项权限模式行事。① 证监会能够成功地施行什么权力，它就拥有什么权力。将证监会权限的主要限制视为政治限制比视为法律限制更好理解。

2. 执行工具

证监会试图采用各种效果不同的工具来引导上市公司遵守它的规定。证监会的两个重要武器分别是：公开发行股票申请的审核权和核准或不核准申请的权力，② 以及调查和处罚证券违法违规行为的权力。③ 有时候，证监会会威胁要使用这些权力；有趣的是，另有些时候，它不会这么做，还有些时候，证监会只声明在某些条件下某些行为是无效的，但如果中国其他政府机构（特别是法院）认为该声明超越了证监会的权限，它们不一定会认同声明的有效性。

（1）不予核准股票公开发行申请

证监会可以以一种简单的方式实施上市标准：对不符合上市标准的申请，证监会可以不予核准。其实，那些上市标准中不用规定可能不予核准的威胁。例如，1994 年《必备条款》④ 没有明确规定，申请境外上市的公司如提交的公司章程不符合要求则会被不予核准上市。这是显而易见的事实，而无须条文明确规定。

（2）不予受理股票公开发行申请或其他申请

不予受理股票公开发行申请与不予核准申请是有区别的。在中国的法律和行政实践中，政府机构"受理"申请（或请求或诉讼）是一个正式的行为，该术语可翻译成英文的

---

① 此观点和以下观点不是不证自明的；遗憾的是，本文没有足够的篇幅提出论据以论证它们。

② 1999 年《证券法》第 10 条、2005 年《证券法》第 10 条。

③ 1999 年《证券法》第 167 条、2005 年《证券法》第 179 条。

④ 1994 年《必备条款》。

"docketing"。因此，申请不仅仅是必要文件的提交，它还包括审批机构对该申请的正式受理。许多证监会的规范性文件都规定：对违规公司，证监会会在一定时期内不受理公司关于证监会有权核准的各种事项（特别但不必然是股票公开发行）的申请。

（3）罚款

《证券法》第十一章详细规定了证监会实施罚款的权力；基于《证券法》其他章节的规定，第十一章列举了一系列证监会可以实施罚款的具体违法行为。但是，由于《证券法》没有规定公司内部治理标准，因此，对违反这些标准的行为也没有规定要罚款。《证券法》也没有全权授权证监会对违反证监会规则的行为实施罚款。尽管如此，证监会曾威胁过对违反公司治理标准的行为要处以罚款。例如，1996 年《上市公司规范》规定，①对违反其规定的上市公司，证监会将按照 1993年《股票发行与交易管理暂行条例》的"有关规定"予以处罚。但是，很难在 1993 年条例中找到任何"有关规定"以提供对 1996 年《上市公司规范》所禁止的行为处以罚款的法律根据。②

（4）市场禁入

1997 年，证监会在《证券市场禁入暂行规定》（以下简称1997 年《暂行规定》）中，首次引入市场禁入处罚。③ 1997 年《暂行规定》于 2006 年 6 月被修订，其名称变更为《证券市

---

① 《关于规范上市公司行为若干问题的通知》（证监会 1996 年 7 月 24 日发布）（证监上字〔1996〕7 号）（以下简称 1996 年《上市公司规范》）。
② 1993 年《股票发行与交易管理暂行条例》第 70 条。
③ 参见《关于印发〈证券市场禁入暂行规定〉的通知》（证监会 1997 年 3月 3 日发布）（证监〔1997〕7 号）（2006 年废止）。

场禁入规定》（以下简称2006年《市场禁入》）。① 除了其他规定外，1997年《暂行规定》与2006年《市场禁入》规定，证监会能禁止个人在一段有限的时间内担任或者终身担任上市公司的高级管理人员、董事或监事。尽管该规章对无视禁令的个人未规定任何处罚，但是，无视禁令而雇佣这些个人的上市公司将受到证监会施加的、未明文规定的行政处罚。② 证监会也可以拒绝受理这些公司关于任何需要证监会核准事项的申请，并且可以指示交易所暂停上市公司的股票交易。③ 奇怪的是，这些执行机制在2006年《市场禁入》中全部被删除。2006年《市场禁入》规定的唯一执行机制是证监会将公告市场禁入的处罚决定书，并记录在证监会管的个人"诚信档案"中。

1997年《暂行规定》列出了违法行为清单。④ 然而，该清单没有明确规定包括与公司内部治理有关的任何违法行为，尽管它包括一条兜底条款，即"其他严重违反证券法律、法规、规章和中国证监会有关规定的行为"。⑤ 因此，如果证监会制定了有关公司内部治理的规则，那么它可以根据1997年《暂行规定》对违反该规则的行为处以市场禁入。证监会在颁布《公众股股东规定》时，似乎已经考虑到了这一点。⑥ 《公众股股东规定》指出，高级管理人员负有诚信和忠实的义务，并且，违反这些义务的人将被罚以市场禁入。

---

① 《证券市场禁入规定》（证监会2006年6月7日通过，2006年7月10日施行）（中国证券监督管理委员会令第33号）。

② 2006年《市场禁入》第6条。因为法规本身没有明确规定，所以并不清楚证监会实施这些处罚的依据是什么。

③ 2006年《市场禁入》第5条。

④ 1997年《暂行规定》第4条。可能由于条文起草的疏忽，证监会在1997年《暂行规定》中没有赋予自己禁止尚未成为管理人员、董事长和监事的违规者担任这些职位的权力。这在2006年《市场禁入》中被修正。

⑤ 1997年《暂行规定》第4条第7款。

⑥ 《公众股股东规定》。

2005 年《证券法》第 223 条为市场禁入处罚提供了更坚实的基础，但是，如何对无视禁令的人执行该处罚，目前尚不清楚。

（5）谴责和其他软处罚

最后，需要对谴责、警告及类似的处罚谈几点看法。表面看来，这些处罚的有效性似乎令人怀疑，并且，公司和个人违法者似乎也不惧怕这些处罚。但是，如果公司管理人员实际上也是国家官员（在与国家紧密关联的公司是这样的），谴责或者警告可能会影响他在公务员队伍中进一步的晋升。① 由于公司的管理人员变得更像私营商人，这些处罚的效果将会减弱。

在 2002 年，证监会宣布建立"诚信档案"体系。② 据当时的副主席史美伦（Laura Cha）称，对违反"诚信"的董事、监事和高级管理人员，交易所将按照上市规则对其任职资格作出"限制"。并且，对违反诚信的上市公司，证监会在受理其报送的材料时，将"考虑"其诚信记录，以增加违反诚信的成本。③

在证监会的带领下，深圳证券交易所于 2004 年宣布为其中小企业板块上市公司建立"诚信档案"管理系统。根据相关管理法规，上市公司及其管理人员、董事和监事违反诚信的行为会被记录并向社会公开。④

这些"诚信体系"都非常模糊，并且，证监会判定和处罚

---

① 关于惩戒惩罚效果的解释，是一位证监会官员告知我的。
② 《证监会将建立证券市场参与主体的诚信档案》，载新华网，http://news. xinhuanet. com/zhengfu/2002-04/23/content_ 368574. htm，最后访问时间：2002 年 4 月 23 日；另见《糟糕的诚信记录》，载《IT 经理世界》2004 年 11 月 20 日。
③ 参见《糟糕的诚信记录》。
④ 《深圳证券交易所中小企业板上市公司诚信建设指引》，载 http://www. szse. cn/main/en/smeboard/smeboardrules/20041112 6445. shtml，最后访问时间：2004 年 6 月 24 日。

违反该模糊义务的行为的管辖权是令人质疑的。然而，事实上，起码根据证监会网站公布的处罚记录，截至 2007 年年底，证监会对能称之为违反诚信义务的行为一次都没有处罚过。截至 2007 年年底，深圳证券交易所的记录也没有什么区别。我所考察的每一份处罚决定书都是因为违反了信息披露义务，即违反的是《证券法》，而涉及违反软法律义务的处罚决定书数目为零。

因此，"诚信档案"体系似乎更多的是为各种违反法定职责的处罚记录赋予一个通用名称，而不是为判定和处罚一种新的义务。

（6）"或遵守或解释"

证监会对其公司治理标准偶尔会采取一种更灵活的"或遵守或解释"（comply or explain）的方法。例如，2002 年《上市公司治理准则》① 至少在形式上采用了这种方法。尽管证监会很可能并不希望采取这些准则，但是《上市公司治理准则》第 91 条似乎仍考虑到公司治理实践可能会与《上市公司治理准则》的要求有所差异，从而要求对此种差异的存在和原因进行披露。然而，逻辑上，如果《上市公司治理准则》的其他内容不是强制性的，很难推出披露要求本身具有强制性。②

在一些国家中，使用"或遵守或解释"方法的原因是监

---

① 参见《上市公司治理准则》。

② 其他国家的"或遵守或解释"机制可进行对比。例如，在德国，一个政府委员会制定《德国公司治理规则》。然而，"或遵守或解释"规则没有被规定在《德国公司治理规则》中，而是被规定在具有强制性的法典，即《股份公司法》中。Aktiengessellschaften [Law on Stock Corporations] § 161 (F. R. G), translated in *Commercial Laws of the World*; *Germany* (rev. ed. 1995); Klaus J. Hopt & Patrick C. Leyens, "Board Models in Europe: Recent Developments of Internal Corporate Governance Structures in Germany, the United Kingdom, France and Italy" § 2.1 (European Corporate Governance Inst., Working Paper No. 18/2004, 2004), http://ssrn. com. /abstract =487944.

管机构意识到：第一，大多数情况下的好方法不一定是放之四海而皆准的方法，第二，知情市场的个案判断优于严格的规则。然而，"或遵守或解释"方法的有效性已经受到质疑。[①]

3. 小结：证监会在公司治理中发挥什么作用？

就公司治理而言，证监会的任务和权力可总结如下：

（1）审核股票发行文件是否遵守信息披露要求以及实质质量要求；

（2）制定有关信息披露和公司内部治理的规则和建议；

（3）试图监控上述规则和建议的实施并抑制违法行为。

证监会还有众多其他任务。例如，监管证券交易所和市场中介机构，以及在其认为必要时干预市场。[②] 换言之，证监会

---

① Eric Nowak, Roland Rott & Till G. Mahr, "The (Ir) relevance of Disclosure of Compliance with Corporate Governance Codes—Evidence from the German Stock Market", Swiss Fin. Inst. Research Paper No. 06-11, 2006 （发现公司价值不受有关公司的合规行为公告的影响）; Iain MacNeil & Xiao Li, " 'Comply or Explain': Market Discipline and Non-Compliance with the Combined Code", 14 *Corp. Gov.* 486, 494 (2006) （发现"投资者并不重视对不合规行为的合理论据，而更倾向于用财务绩效来判断不合规行为是否可以接受"）。

② 毫无疑问的是，证监会将支持市场视为其任务之一："不仅仅是散户投资者，还有很多政府官员，也持有这样一种观点，即证券市场的正当功能就是上扬。证监会因过分热衷执行其规则所导致的市场暴跌而备受批评。基于同一个原因，连证监会自己也提防过度监管——不是在制定过多规则的意义上讲，而是从实施现行规则的意义出发。很多金融服务行业从业者认为，监管者某种程度的视而不见，就维持公众对市场的信心而言是必要的，至少在现阶段，因为公众的信心更多地由持续上扬的市场驱动，而不是由知悉公司治理的良好状态所驱。" Donald C. Clarke, Peter Murrell & Susan Whiting, "The Role of Law in China's Economic Development", in *China's Great Economic Transformation* 375, 420 (Thomas Rawski & Loren Brandt eds., 2008). Green, "Better Than a Casino: Some Good News from the Frontline of China's Capital Market Reforms". 例如，作为证监会支持市场的任务的一部分，其在 1994 年 8 月冻结了新股发行，以通过限制供给提高股价。Zhu, *Securities Regulation in China* (2000), p. 183. 2008 年 5 月，证监会威胁要处罚在市场低迷时与其他投资者一起抛售股份的共同基金经理。Daniel Ren, "Beijing Resorts to Threats to Stop Stocks Slide", *S. China Morning Post*, May 31, 2008, p. 1.

有很多任务，使其非常忙碌；关键的是，证监会能否有效地执行它的各项使命。

正如以上对证监会颁布的规范文件的考察所示，证监会相当乐意告诉上市公司应该如何管理它们的内部事务。但是，对证监会实际采取的执行行为（至少是在公共记录中出现的执行行为）的考察表明，证监会为确保这些公司内部治理规范在实践中得以应用所投入的资源非常少。

证监会经常使用的一种策略是，要求（或至少试图要求）上市公司的公司章程载明某些规范，而不是直接将那些规范制定为法规。在 1994 年《必备条款》中，证监会便已采用这种策略，无疑证监会有这样做的权限；但是，它也对合法性尚不确定的其他规范，采用相同的策略。①

以 1997 年《章程指引》为例，② 该指引包含在发布给省级地方政府证券监管办公室的通知中。③ 由于证监会不愿自己强制执行这些指引，它要求当地政府确保其管辖区内的公司将《章程指引》的要求修订到其公司章程中。与此相似，在《独立董事意见》中，证监会要求独立董事拥有各种权力，却试图通过要求公司将这些权力写入公司章程或其他内部规则的方式实现这一目标。④

很多评论者将这样的规范视为中国公司治理的强制性规范。事实上，它们与具有约束力的规范有两种不同之处：第一，公司事实上是否根据证监会的要求修改其章程，这是一个未知数，且据我所知还未被研究过；第二，即使公司修改其章程，与其他规则一样，当没有执行机制时，修订到章程中的条

---

① 1994 年《必备条款》。
② 1997 年《章程指引》。
③ 证监会也将该通知发给计划单列市。
④ 《独立董事制度意见》。

款是毫无意义的。

证监会不直接强制执行公司章程。如果公司章程有任何执行机制的话，该执行机制也是发生在法院的私人诉讼——很有可能在实质上是基于合同法理论，它由公司不遵守章程所损害的原告提起。迄今为止，我自己的研究还没有找到原告仅因章程权利受侵害而胜诉的任何案例。① 如果上市公司的公司章程确实包含证监会青睐的所有规则，那么，要么它们被忠实地遵守，要么它们实际上缺乏可诉性。由于第一个选项似乎不太可能，因此证监会强制执行公司治理规范的间接途径——私人诉讼执行机制——的有效性是值得质疑的。

那么，直接途径（证监会自己执行规范）如何呢？证监会会使用其处罚权来支持它的公司治理规范吗？答案显然是否定的。自 2002 年至 2007 年，证监会一共发布了 211 个处罚决定。② 其中，99 个处罚决定是关于上市公司或其管理人员、董事或监事对信息披露的违反。没有一个处罚决定是因为违反公司治理实体规则而作出的，不论该规则是源自《公司法》还是源自证监会自己发布的规则。

强制执行行为较少，可能是因为需求较低。但更可能的是，因为证监会意识到它执行规范的法律基础不明确，因而偏向于施加非正式的影响；或仅因为证监会无法顾及所有的事情，从而政策性地决定将其精力集中在其他事务上，如证券公司挪用客户资金。

还有不能被忽视的第三种可能性：证监会对公司治理领域不愿强有力地执行规则，是证监会不情愿执行其核心权限内的证券监管标准的有机部分。这种不情愿源于证监会同时肩负市

---

① 因此，我并没有计入那些违反同时由章程和法律规定的规则的案例。例如，在股息分配中所适用的所有股东平等对待规则。

② 参见表 3，在那里我从另外一个角度讨论证监会的处罚决定。

场监管者和市场促进者的双重国家使命——如果证券市场没有
为国有企业发行的股票支付优价，就代表证监会没有尽其职
责；而如果强行压制不当行为会伤害市场，例如，禁止非法的
资金进入市场，那么证监会可能没有压制不当行为的政治意
志。这并不是因为监管框架的不足。①

　　不管监管不力的总体原因是什么，结论似乎非常清晰：依
赖证监会执行的公司治理规范，可能在中国的公司领域不会发
挥重大作用。

　　（五）国家层面的公司治理制度（Ⅱ）：证券交易所

　　中国有两个证券交易所：一个在深圳，一个在上海。我在
"国家层面的公司治理"标题下讨论它们，因为它们是由政府
设立，并且政府对它们的控制比政府对事业单位的控制还要严
格。尽管证券交易所表面上具有自治性，但是，它们领导层的
人事都是由证监会直接指派，②且公民个人不能设立任何新的
交易所。③ 因此，证券交易所不能被当作对某些社会需求作出
回应的公民社会制度来研究。

　　证券交易所有四种处罚方式，如按严重性递增排序，它们
依次为：口头警示、书面警示、通报批评和公开谴责。④ 证券

----

　　① 关于该观点的详述，参见 Green, "Better Than a Casino: Some Good News from the Frontline of China's Capital Market Reforms"。我自己的经验证实了此观点。2005 年，在我所参与的 2005 年《证券法》起草人员的系列会谈中，我常听到抱怨称证监会没有能力打击非法行为，因为根据当时的《证券法》，证监会不拥有各种打击非法行为的权力。然而，在很多情况下，审阅法律后发现，证监会事实上已经拥有这些权力；问题在于，证监会不愿意使用它们，或者不能使用这些权力。

　　② Liebman & Milhaupt, "Reputational Sanctions in China's Securities Market", n. 17.

　　③ Id. p. 5 （"中国的两个证券交易所都不独立于政府，并且严重缺乏监管自治权"）。

　　④ Id.

交易所还可以指定个人不适合担任上市公司的管理人员或董事。①

　　根据对证券交易所处罚所进行的目前最全面的研究，两个证券交易所每年通常都会发出几十份警示和通报批评（两种处罚都不公开）。2006 年，上海证券交易所发出 716 份书面警示（也未公开），尽管在前些年，它发出的书面警示不超过 153 份。② 2001 年到 2006 年间，上海证券交易所共对 89 个不同的上市公司发出 109 次公开谴责，而深圳证券交易所则对 116 个不同的上市公司发出 149 次公开谴责。③

　　要评估证券交易所的处罚会对公司治理产生怎样的影响是非常困难的。李本（Liebman）和米尔霍普（Milhaupt）将公开谴责定性为羞辱性惩罚，并发现它们是有效的。④ 但是，不清楚这些处罚所执行的规则或标准是什么。证券交易所既颁布上市规则，也颁布各种其他规则与标准——大部分与信息披露有关，但也有的与公司内部治理有关。⑤ 但是，招致处罚的具体行为是什么却没有被公之于众（尽管证监会内部掌握），"交易所管理人员表示，他们之所以决定不公布处罚标准，是因为中国的市场'不够发达'；管理人员担心，如果公司知道具体的标准，它们可能会操纵它们的信息披露从而规避处罚"。⑥

---

① Liebman & Milhaupt, "Reputational Sanctions in China's Securities Market".

② Id. p. 15, n. 20.

③ Id. p. 15.

④ Id.

⑤ 例如，上海证券交易所已发布关于独立董事培训的规则，参见《上海证券交易所上市公司独立董事培训管理办法》（2006 年 3 月 23 日实施）以及公司董事会议事规则，参见《上海证券交易所上市公司董事会议议事示范规则》（2006 年 5 月 12 日发布）。

⑥ Liebman & Milhaupt, "Reputational Sanctions in China's Securities Market", p. 16.

证券交易所公开的规则中几乎没有规则处理公司内部治理事项以及处罚标准的不透明性，意味着证券交易所不能被认定为制定或执行公司治理规范的有效机制。

（六）国家层面的公司治理制度（III）：法院系统

1. 简介

中国法院在公司治理体系中能发挥何种作用？基于其他国家的经验，法院似乎能够承担几种任务。

公司治理体系通常会既有界限明确的规则（例如，对特定交易要求股东投票，并规定投票比例），也有宽泛的标准（如诚信或合理性）。当然，除非存在一个机构能够熟练并比较一致地适用这些规范，否则它们都没有意义。

法院通常被认为最适合执行如信义义务这样的宽泛标准，因为法院能详细地了解争议的事实背景，也可以正式或非正式地发展一种基于事实经验的法理。

但是，中国的法院能否这样做值得怀疑。在传统上，中国法学理论一直坚决反对法院发展任何类型的判例法——就坚持此教条而言，作为学生的中国已经胜过作为老师的欧洲大陆法体系。[1] 法官也不习惯撰写能够促进判例法法理学发展的理由充分的判决书。[2]

另外，中国的法院受制于政治体系中的横向问责原则，

---

① 近期可见一些发展判例法制度的进展。例如，Donald C. Clarke, "Zhengzhou Court Experiments with System of Precedent", *Chinese Law Prof Blog*, Oct. 21, 2005, http://lawprofessors.typepad.com/china_law_prof_blog/2005/10/zhengzhou_court.html；另见傅蔚蔚、张旭良：《试论我国案例指导制度之构建》，载《法律适用》2006年第1期。

② 但见 Colin Hawes, "Seeds of Dissent: The Evolution of Published Commercial Law Court Judgments in Contemporary China", 5 *Austl. J. Asian L.* 1 (2003) （指出在某些领域中，合理论证的判决有所发展）。

即法官对地方政权而非中央负责。① 当该事实与原告通常必须在被告住所地法院起诉的原则相结合时，就可能出现地方司法保护主义。如果被告是一个上市公司，那么法院所在地的地方政府很有可能所有并控制该上市公司。如果被告是公司的高管，他们很可能也是本地有影响力的人。当外地的原告与诉讼地地方政权相对抗时，因为法院对地方政权负责，原告很难胜诉。

但是，主要障碍很可能仅仅是政策性问题，即在中国法官队伍教育水平较低以及易受腐败和政治压力影响的情况下，赋予法院在中国公司治理规范发展中发挥重要的作用是否明智。诚然，放弃使用宽泛标准需要付出代价：界限明确的规则要么包含过多，要么包含不全，且排除了我们期待的法院的高质量的判断。但是，依赖没有能力完全胜任的机构发展宽泛的标准，也要付出代价。

事实上，即使对于相对清晰的标准而言，中国法院作为执行者并不可靠。正如文中其他地方所讨论到的，法院不愿意将他们自己牵涉进与大公司有关的诉讼中。即使最高人民法院已经稍微开了曾经被关了的针对证券法违规行为的股东诉讼之门，判被告败诉的案件一直很稀少，甚至可能不存在。②

2. 法院和证监会

详尽了解证监会程序与法院系统在与公司治理有关的诉讼中是如何共同运作的，这非常重要。

---

① Donald C. Clarke, "Power and Politics in the Chinese Court System: The Enforcement of Civil Judgments", 10 *Colum. J. Asian L.* 1, 41-49 (1996).
② 例如，Pistor & Xu, "Governing Stock Markets in Transition Economies: Lessons from China", p. 193。

根据《证券法》的规定，证监会有权就违反其规则的行为施加处罚，处罚程度从警告到罚款。了解证监会对该权限的运用，对理解政府在公司治理中的作用，甚至对理解私人诉讼的作用都至关重要。这是因为，大量基于违反《证券法》的行为的私人诉讼在证监会或者其他政府机构对该行为作出官方处罚后才能发生。[①] 这一条件规定于最高人民法院于 2003 年发布的《虚假陈述规定》。[②] 这一规定是最高人民法院一系列司法解释中的第三个司法解释，这一系列司法解释产生的集合效应是：禁止法院受理任何依据《证券法》提起的关于欺诈（包括虚假披露或误导性披露）、内幕交易或市场操纵的股东诉讼案件，除非符合特定的条件，即具体而言，提起诉讼是基于误导性披露，并且该误导性披露已经以刑事有罪判决或者证监会或其他政府机构作出行政处罚的形式得以确认。

简而言之，要进入法院，原告通常必须首先以误导性披露的官方处罚这一形式，从证监会那里获得一把钥匙。原告获得这把钥匙的可能性有多大？证据显示可能性不大。

一份涵盖从 1993 年 10 月到 1998 年 12 月这段时间的中国研究表明，对误导性信息披露的处罚非常少见。[③] 在那段时间里，证监会在证券发行和交易（不包括期货）领域总共作出 60 个处罚决定。在这些处罚决定中，大多数是针对价格操纵，而对此，根据《虚假陈述规定》就没有私人救济了。此外，其中仅 26.7% 的处罚决定是针对发行人，43.3% 是针对证券公司，8.3% 是针对其他中介结构。因误导性信息披露作出的处罚所占比例不到 15%。

---

① 正如我下文所要揭示的，这样说有点过于简单。
② 《虚假陈述规定》第 5 条。
③ 白建军：《证监会 60 个处罚决定的实证评析》，载《法学》1999 年第 11 期。

皮斯特和许总结了之后几年的数据，它展示了证监会、上海和深圳证券交易所以及其他行政机构所实施处罚的情况，情形大体一致（见表2）。①

表2　监管者的强制执行措施（1998—2003）

年份	监管机构采取的执行措施的数量*	处罚决定的数量	在上海和深圳证券交易所上市的企业数量
1998	3	3	853
1999	12	9	950
2000	16	7	1088
2001	71	9	1160
2002	62	8	1235
2003	51	11	1287

资料来源：Katharina Pistor & Chenggang Xu, Governing Stock Markets in Transition Economies：Lessons from China, p. 195。

* "监管机构"包括证监会、上海和深圳证券交易所，以及其他有执行权的政府机构。

根据《虚假陈述规定》，交易所对除误导性披露之外的行为实施的处罚，不能提供开启法院大门的钥匙；因此，这些数字在某种未知程度上会夸大私人诉讼的可能性，并代表了可以在法院被诉求赔偿的违法行为的最大数量。

数据看起来并不乐观。例如，在2003年，在皮斯特和许的报告中，处罚决定的数量（11个）不到上市公司数量的

---

① Katharina Pistor & Chenggang Xu, "Governing Stock Markets in Transition Economies：Lessons from China", p. 195. 皮斯特和许的数据或他们的理解似乎存在问题。他们称所有相关监管机构在2003年实施51次强制措施，其中仅11次是处罚。但是，证监会的网站显示，其在2003年实施了40次处罚。参见证监会主页，http：//www.csrc.gov.cn，最后访问时间：2010年1月5日。类似地，皮斯特和许指出，所有机构在2002年作出了8个处罚决定，然而，根据证监会网站的报道，仅证监会就作出了17个处罚决定。

1%。根据皮斯特和许的报告，处罚通常是温和的，往往是警告。① 而且，这些措施似乎大多针对证券公司，而不是针对上市公司或其管理人员。

即使在《虚假陈述规定》公布之后，针对满足《规定》条件的信息披露的违法行为作出处罚决定的数量仍然很少。表3 中的第二列展示了从 2002 年（因为当年的决定能作为《虚假陈述规定》的私人诉讼的基础）到 2007 年年底（报告截止日期为 2008 年 2 月 23 日）正式的处罚决定。第三列展示了根据最宽容的理解，在这些决定中哪些可能满足《虚假陈述规定》的条件，支持股东提起诉讼。②

表3　满足最高人民法院条件可支持私人诉讼的
证监会处罚决定（2002—2007）

年份	处罚决定的数量	满足最高院条件的数量
2002	17	6
2003	34	14
2004	49	24
2005	43	13
2006	39	18
2007（截至 2008 年 2 月 23 日）	29	15

资料来源：证监会主页，http：//www.csrc.gov.cn（最后访问时间：2010 年 1 月 5 日），以及作者的分析。

当被告被另一个行政机关处罚或被判承担刑事责任时，《虚假陈述规定》也对此提供了一把进入法院的钥匙。尽管无

---

① Pistor & Xu, "Governing Stock Markets in Transition Economies: Lessons from China", pp. 195-196.
② 本列的数字基于我自己对处罚决定的分析，因此并不可能完全客观。

法获得这类案件的准确数据，有见识的原告律师认为这类额外的潜在被告约有 20 个。①

很难知道应该按何种标准衡量这些数字，以便了解它们的意义。无论如何，证监会（以及其他政府机构）提供的进入法院的钥匙数量确实很少，这一结论似乎可信。根据最近的一项研究，尽管存在大约 110 个符合最高人民法院规定条件的处罚，但是，在该规定生效后仅有约 20 个公司被起诉。② 因为公司可能被处罚多次，所以 110 个符合条件的处罚并不必然意味着存在 110 家可以当被告的公司，但是，具有被告资格的公司远远超过 20 家。当我们考虑到，具备被告资格就意味着一个权威的国家机构已经权威性地判定确实存在误导性披露，那么，真正被起诉的公司数量就显得很少。

在已提起诉讼的案件中，一小部分案件已到达判决或和解阶段；只有在几个案件中，法院作出了支持原告的判决。③ 更有甚者，原告在得到法院支持自己的判决后，经常发现判决的执行完全是另外一回事。④

3. 股东派生诉讼

作为理解法院作用的最后途径，这一部分将研究股东派生诉讼，以此作为一个详尽探讨各种机制和公司治理规范之间关系的案例研究。

罗伯特·克拉克（Robert Clark）将股东派生诉讼形容为

---

① Liebman & Milhaupt, "Reputational Sanctions in China's Securities Market".

② Id.

③ Id.

④ 但见 Xin He, "Enforcing Commercial Judgment in the Pearl River Delta of China", 57 *Am. J. Comp. L.* 419, 419（2009）（该文发现，至少在珠江三角洲地区，"执行结果是合理的，执行过程相对高效，地方保护主义的问题不严重，并且原告对法院的印象也非常积极"）。

适用于大公司的"一个最有趣和最聪明的责任机制"。① 然而，在中国，规则上和政治上的障碍严重限制了派生诉讼作为监督管理层渎职工具的实用性。与此同时，尽管缺少中国法院通常要求的明确的法律基础，本质上是派生性的诉讼偶尔也会被受理。并不清楚的是，管理层责任制带来的收益是否会超过公司法的不可预测性所导致的损失。但是，派生诉讼的不确定性已经通过近期《公司法》的修订被极大减弱；特别是修订后的《公司法》明确规定，允许在某些情形下提起派生诉讼。以成文法明确规定的方式允许派生诉讼，可能会产生排除适用其他尚未明确规定的方式的效果，因而可预测性得以增强。

（1）规则基础

派生诉讼需要特定的规则基础，原因在于，作为本质上公司人格化，即"法人代表"的公司董事会的主席（或者没有董事会的公司的执行董事）在中国《公司法》中占据一个特殊的地位。② 就其本身而言，他不仅仅是公司的代理人，而且不能被董事会决议或其他类似决议等剥夺他以公司名义行事的能力。他的签名对公司作为原告参与诉讼是必要且充分的。③ 所以，如果诉讼将损害他的利益——最显而易见地，如果他是被告，那么他就不会同意，从而诉讼无法继续，除非对这——

---

① Robert C. Clark, Corporate Law § 15.1 (1986). 一个质疑的观点参见 Roberta Romano, "The Shareholder Suit: Litigation without Foundation?", 7 *J. L. Econ. & Org.* 55, 84 (1991)。（该文得出结论，股东诉讼包括股东派生诉讼"是一个无力甚至无效的公司治理工具"。）

② 一个关于法定代表人特殊地位的精彩讨论，参见方流芳：《国企法定代表人的法律地位、权力和利益冲突》，载《比较法研究》1999 年第 4 期。

③《民事诉讼法》（全国人民代表大会 1991 年 4 月 9 日通过并生效）第 49 条；《最高人民法院关于人民法院受理经济纠纷案件中几个问题的复函》（1990 年 11 月 4 日公布），第一段（指示法院发回没有法定代表人签字的起诉状）。方流芳教授写道："如果法定代表人消极抵制，法人无从启动或者参加诉讼；如果法定代表人主动参与，没有任何理由可以阻止他代表公司行使诉权。"参见方流芳：《国企法定代表人的法律地位、权力和利益冲突》。

般性规则作出例外规定。

A. 1993 年《公司法》

中国第一部《公司法》于 1993 年通过，其通常被认为没有规定派生诉讼。[1] 最有可能的条文是第 111 条，规定如下："股东大会、董事会的决议违反法律、行政法规，侵犯股东合法权益的，股东有权向人民法院提起要求停止该违法行为和侵害行为的诉讼。"[2]

一些评论者将本条解读为，它为派生诉讼提供了基础，[3]而另一些对此则并不赞同。[4] 从文本和实际效果的角度来看，持否定观点似乎更有根据；第 111 条规定的诉讼和真正派生诉讼的区别非常明显。首先且最明显的是，根据第 111 条的规定，股东以他们自己的名义，而不是以公司的名义提起诉讼。其次，该条只明确规定了要求停止该违法行为的权利，并未规定请求赔偿的权利。[5] 最后，唯一可被诉的行为是股东会或董事会的违法决议。这不仅排除了那些虽然合法但是仍然以某种方式使股东遭受可诉损失的决议，也排除了广泛存在的未以决议方式实施的行为和过失，包括所有的不作为以及公司管理人员和其他人员在没有董事会或股东会决议的情况下所采取的行为。

1993 年《公司法》的其他条文规定了公司管理人员和董

---

① Jiong Deng, "Building an Investor-Friendly Shareholder Derivative System in China", 46 *Harv. Int'l L. J.* 347, 356-368 (2005).

② 1993 年《公司法》第 111 条。

③ 例如，孔祥俊：《民商法热点难点及前沿问题》，人民法院出版社 1996 年版，第 248 页，引自 Deng, "Building an Investor-Friendly Shareholder Derivative Lawsuit System in China", p. 356（最高人民法院资深法官的看法）。

④ 例如，Deng, "Building an Investor-Friendly Shareholder Derivative System in China", pp. 356-358，以及其中引用的文献。

⑤ 此观点由顾功耘教授提出，参见顾功耘：《公司法修订的若干建议》，载《上市公司》2002 年第 5 期。

事的法定职责，① 并且第 63 条规定董事、监事、经理②执行公
司职务时违反法律、行政法规或者公司章程的规定，给公司造
成损害的，应当承担赔偿责任。但是，该条文未规定，在公司
未能尽到责任的情形下，股东可以替公司执行该责任。更重要
的是，在中国，受理过派生诉讼的法院一般没有以第 63 条为
法律根据。

B. 1999 年《证券法》

中国第一部《证券法》③ 颁布并生效于 1999 年（其后来
被 2006 年 1 月 1 日生效的重大修订版所取代④）。有人认为，
1999 年《证券法》支持派生诉讼；但是，这一观点同样也不
具有说服力，特别是当考虑到其并未得到法院支持的情况时。
该法第 42 条规定，持有一个股份有限公司已发行股份 5% 的
股东，将其所持有的该公司的股票在买入后 6 个月内卖出，或
者在卖出后 6 个月内又买入，由此所得收益归该公司所有，公
司董事会应当收回该股东所得收益。⑤ 该条进一步规定，如果
董事会不按该规定执行的，其他股东有权要求董事会执行；对
董事会不予执行负有责任的董事，应当对公司受到的损失承担
责任。⑥ 然而，又一次，该法没有规定股东可以代拒不履行职
责的董事会履行职责，并以公司的名义起诉。

C.《上市公司治理准则》

2002 年 1 月，中国证监会颁布《上市公司治理准则》。⑦
《上市公司治理准则》第 4 条规定，在某些管理层违法的情况

---

① 例如，1993 年《公司法》第 59 条至第 62 条。
② "经理"一词此处很可能指主要的管理人员。中文不区分单复数。
③ 1999 年《证券法》。
④ 2005 年《证券法》。
⑤ 1999 年《证券法》第 42 条。
⑥ 同上。
⑦ 《上市公司治理准则》。

下，"股东有权要求①公司依法提起要求赔偿的诉讼"。②

尽管一些评论者指出，《上市公司治理准则》为派生诉讼提供了法律基础，③ 但是，他们的论据似乎并不充分。该条文并未规定，如果公司拒绝股东的请求，接下来该怎么办。由于中国的法院为了避开恼人的案件而很可能对它们的管辖权作出狭义解释，因此，此处的留白意义重大。

然而，更重要的是《上市公司治理准则》并不是法律，它只是证监会希望上市公司在其公司章程中贯彻实施的一系列标准。证监会是否有权迫使公司这样做存有争议；然而，证监会希望公司这样做的事实表明，仅在《上市公司治理准则》中规定这些规范不足以使其付诸实施。

D. 2004 年北京市高级人民法院意见④

2004 年 2 月，北京市高级人民法院发布《关于审理公司纠纷案件若干问题的指导意见（试行）》（以下简称《指导意见》），⑤ 与《虚假陈述规定》相似，它处理与派生诉讼有关的问题；但与其不同的是，该《指导意见》宣布自其下发之日起便生效。《指导意见》第 8 条以问答的形式规定，整条规定如下："股东以公司利益受到股东或公司管理人员不当行为的侵害提起的诉讼，如何确定当事人？该类诉讼属于股东代表公司利益提起的诉讼，公司股东可以作为原告，被告

---

① 此处用到的词"要求"有请求和强求（有权获得要求的满足）两个意思。鉴于中国立法中使用该术语的其他例子，我认为此处仅意味着"请求"，而不包括要求获得满足的权利。

② 《上市公司治理准则》第 4 条。

③ 例如，宣伟华、李辰：《〈上市公司治理准则〉若干问题评析》，载《上市公司》2002 年第 7 期。

④ 中国法院和其他政府机构经常发布名为"意见"的文件；尽管此术语被习惯性地翻译为"opinion"，但是其含义类似于建议，并且不应该同法官审理案件中作出的正式判决意义上的"opinion"相混淆。

⑤ 《北京市高级人民法院关于审理公司纠纷案件若干问题的指导意见（试行）》（北京市高级人民法院 2004 年 2 月 9 日通过）。

为作出不当行为的股东或公司管理人员以及相关交易的相对人，公司应当作为第三人参加诉讼。"①

由于该文件被称为"指导意见"，因而不清楚北京市高级人民法院（北京最高级别的法院，北京具有与省相同的行政地位）希望其在多大程度上约束下级法院。我认为，如果法院愿意，仍然可自由地驳回起诉，因此派生诉讼受理与否在本质上可由法院自由裁量。但是，与此同时《指导意见》是法律权威机构第一次明确声明，派生诉讼（至少在某些情形下）会被法院受理。

E. 最高人民法院的政策

值得一提的是一个来自最高人民法院的非正式信号。2002年12月，一位最高人民法院的高级法官表示，法院应该受理派生诉讼。② 一名原告曾满怀希望地援引这些言论；然而，他的起诉在低级法院便被驳回，并被告知这些评论"只能作为参考"，并不能构成受理案件的基础。③

（2）案件

尽管派生诉讼不具有坚实的法律基础，但中国对它们并不陌生。在下面的案件中，法院考虑并偶尔会接受这样的观点，即原告股东应该可以违背控制公司起诉能力的股东的愿望，向对公司造成直接损失的另一方（有时就是该控制公司的股东）提起损害赔偿诉讼。有趣的是，当法院接受这一观点时，它们并不试图对该观点施加任何原则性的限制；他们似乎只要求原

---

① 同前，第8条。

② 《最高法院副院长李国光表示：小股东告大股东法院应受理》，载《北京娱乐信报》2002年12月12日。

③ 《首例股东代表诉讼未被受理》，载《上海证券报》2003年4月22日；另见钱卫清：《公司诉讼——公司司法救济方法新论》，人民法院出版社2004年版。

告主张公司受到了损害，且公司控制方拒绝提出损害赔偿请求。①

A. 张家港纤维公司案

后毛泽东时代，第一个众所周知的案件是 1993 年由张家港涤纶长丝厂（以下简称丝厂）在江苏省提起的诉讼。② 该厂与香港的吉雄有限公司（以下简称吉雄公司）共同成立了一家合资公司——张家港吉雄化纤有限公司（以下简称合资公司），其中吉雄公司是控制方。合资公司与另一家香港公司——大兴工程公司（以下简称大兴公司）签订了合同；吉雄公司和大兴公司之间有一种性质不明的利益关系。当出现合同纠纷后，吉雄公司拒绝让合资公司起诉大兴公司。丝厂随后在江苏省的地方法院起诉，试图以合资公司的名义起诉。

关于丝厂的诉讼资格问题最终被提交到最高人民法院。最高人民法院在复函中指出，尽管丝厂事实上可以行使合资公司的诉讼权利，但是在该案中丝厂不能起诉，因为存在仲裁协议。③ 因此，这一案件实际上并未导致派生诉讼被受理，尽管至少在某些案件中，派生诉讼的可受理性已在原则上得到确立。能在多大程度上应用最高人民法院复函的推理，至今还不清晰；依据最高人民法院选择复函标题的方式，可以理解为，

---

① 因为篇幅原因，此处没有讨论的另外一个准派生诉讼案件是泰山公司案。关于本案有趣的讨论，参见张汝莲、王玲：《本案股东是否有权充当原告代表公司提起诉讼》，载人民法院网，http://www.chinacourt.org/public/detail.php? id = 117915，最后访问时间：2004 年 5 月 31 日。

② 本案的事实摘自 Deng, "Building an Investor-Friendly Shareholder Derivative Lawsuit System in China", p. 365, n. 108。另见《最高人民法院关于中外合资经营企业对外发生经济合同纠纷，控制合营企业的外方与卖方有利害关系，合营企业的中方应以谁的名义向人民法院起诉问题的复函》（1994 年 11 月 4 日公布）（以下简称最高院《派生诉讼复函》）。

③ 同上。

该复函能狭义地适用于由外方控制的中外合资企业。尽管该案似乎随后在纯粹的国内案件中被援引，[①] 但是总体上，法院还远远未将其理解为是对受理派生诉讼的鼓励，更不要说是命令。

B. 上海延中水公司案

在 1996 年和 1997 年间，一系列被广泛报道且涉及延中饮用水公司的复杂案件，检测了上海法院对派生诉讼的态度。[②] 最终，原告提起派生诉讼的尝试遭到拒绝。

延中案是控制董事长的小股东（延中持股 30%）与控制董事会多个席位和经理（首席执行官）的大股东（中添持股 60%）之间发生的纷争。延中和中添都试图让公司提起一个它们能控制从而对自己有利的诉讼；两个诉讼都被驳回。中添以自己的名义向延中提起的公司损害赔偿之诉，产生了一个法理上不圆满的结果：虽然法院承认张家港纤维公司案中的最高人民法院复函可以适用到本案，但是，法院既允许大股东以自己的名义起诉，又允许其在已获批准的和解中以自己的名义获得赔偿；另外一名小股东（持股 10%）却没有获得任何赔偿。

C. 厦门信达网络公司案

1997 年 5 月，厦门信达网络公司（以下简称网络公司）由三个中国投资者成立：厦门信达公司（以下简称信达公司）、世纪人才公司（以下简称世纪公司 I）、世纪通讯公司（以下简称世纪公司 II）（本质上为同一主体）以及华伦公

---

① 五芳斋案，本文第四部分中有讨论。

② 本案的事实摘自 Deng，"Building an Investor-Friendly Shareholder Derivative Lawsuit System in China"，pp. 366-367；很多中国文献都讨论过本案的事实，包括方流芳：《国企法定代表人的法律地位、权力和利益冲突》。

司。[1] 世纪公司 I 和世纪公司 II 有权共同委派两名董事，信达公司可以委派两名，华伦公司可以委派一名。在世纪公司 I 和世纪公司 II 拒绝向网络公司偿还贷款后，三个非信达公司的董事拒绝了信达公司就催讨贷款一事召开董事会会议的提议。信达公司随后以网络公司、世纪公司 I 和世纪公司 II 作为被告，提起诉讼。

与其他很多案件不同，本案展示了派生诉讼理论的明显胜利。原告不仅在一审中胜诉，上诉法院也维持了一审判决，并具体援引了派生诉讼理论："如果股东受到侵害的是公司的权利，则股东应首先向公司权力机构提出书面申请，请求公司对致害人采取行动或提出诉讼，追究其法律责任。在公司没有采取行动的情况下，股东可代位提起诉讼。"[2]

D. 浙江五芳斋公司案

2000 年 12 月，朱传林与嘉兴市商业控股公司（以下简称控股公司）签订合同，购买控股公司持有的五芳斋公司（以下简称五芳斋，其为一家股份有限公司）50% 的股份[3]。后来，朱传林起诉五芳斋的董事长赵建平，声称赵建平导致五芳斋担保股东债务的行为违反了《公司法》第 147 条的规定，并且五芳斋在股东违约后被迫偿还债务 2.6 亿元。

法院作出了有利于朱传林的判决，并发现尽管当时的《公司法》没有具体的条文允许股东派生诉讼，但是结合第 63

---

① 本案的事实摘自谢志洪、陈明添：《股东派生诉讼再思考》，载《福建政法管理干部学院学报》2001 年第 4 期。该文的一个作者是福建省高级人民法院的法官，据推测他审理了此案。

② 谢志洪、陈明添：《股东派生诉讼再思考》，载《福建政法管理干部学院学报》2001 年第 4 期。（归纳了法院的推理）

③ 本案的事实摘自罗培新：《公司法的合同解释》，北京大学出版社 2004 年版，第 335 - 336 页。更多细节参见卢晓平：《董事长自掏腰包赔 250 万　质疑五芳斋事件》，载《财经时报》2001 年 7 月 27 日；《都是担保惹的祸　董事长被股东告倒》，载《中国检察日报》2001 年 7 月 27 日。

条和第 111 条可以得出"股东派生诉讼的原则非常清楚"。此外，法院还发现，1994 年最高人民法院在张家港纤维公司案中的复函①构成了一个先例。②

E. 三九药业公司案

并非所有派生诉讼的尝试都会成功。2003 年 4 月，总部位于上海的三九药业公司的一个股东，在深圳福田区基层人民法院起诉公司董事赵新先，要求其赔偿因关联交易给公司造成的损失，以及因未按规定披露信息导致公司罚款 50 万元的损失。③ 在法院驳回他的起诉后，该股东在当月以公司的名义向深圳中级人民法院起诉。但是，该法院以公司名义起诉须征得全体股东的一致同意为由拒绝审理他的案件。即使只要求多数股东——恰好就是那些涉及挪用资产的人的同意，也可能会使进一步审理案件变得不可能；而要取得股东的一致同意，则更加不可能。

（3）新《公司法》中的派生诉讼

新《公司法》④ 于 2005 年 10 月通过，自 2006 年 1 月 1 日起生效。它最终为派生诉讼提供了可靠的法律依据，虽然存在某些缺陷。根据第 152 条的规定，单独或者合计持有公司 1% 以上股份的股东，可以请求董事会或者监事会根据《公司法》

---

① 参见最高院《派生诉讼复函》。

② 对法院判决的直接和间接引用来自罗培新：《公司法的合同解释》，北京大学出版社 2004 年版，第 355 页。我无法找到判决的复印件。

③ 赵新先已经因一些违法行为在相关程序中被证监会罚款 100,000 元。本案的事实摘自 Deng，"Building an Investor-Friendly Shareholder Derivative Lawsuit System in China"，p. 371；吴寒青：《股东代表诉讼的再思考》，载《广东财经职业学院学报》2003 年第 2 卷第 6 期；《中国证券监督管理委员会行政处罚决定书（三九医药及相关人员）》（2002 年 7 月 4 日发布）（证监罚字［2002］12 号）。关于更多具体行为的细节，参见 Gongmeng Chen et al.，"Is China's Securities Regulatory Agency a Toothless Tiger? Evidence from Enforcement Actions"，24 *J. Acct. & Pub. Pol'y* 451，481-482（2005）。

④ 2005 年《公司法》。

第 150 条向人民法院提起诉讼；而第 150 条对"执行公司职务时违反法律、行政法规或者公司章程的规定"而给公司造成损失的任何董事、监事或者高级管理人员规定了赔偿责任。如果公司 30 日内未提起诉讼，股东可以以自己的名义提起诉讼。

要了解第 152 条如何在实践中实施仍为时尚早。由于该条文几乎没有提供程序性指导，因此，不愿意审理此类案件的法院很容易为其不作为找到正当性理由。然而，与之前的判例法和准立法文件类似，第 152 条似乎只要求股东满足某些程序性的要求，便可自动提起诉讼。对于法院而言，似乎不存在考虑提起诉讼可能对公司无益这一主张的余地。

尽管现在已经正式允许派生诉讼，但是依然存在经济上的障碍。由于是公司获得赔偿，小股东仅从赔偿金中按股权比例受益，没有动力提起诉讼，除非他能从总的赔偿中收回诉讼成本。尽管中国法规定诉讼费通常由败诉方承担，但是这类诉讼费往往只包括支付给法院的立案费和其他费用，并不包括律师费。[1]

其他评论者支持设立一个持有每家上市公司股份的基金。[2] 通过类似公益组织进行的公司治理诉讼在韩国、中国台湾地区和日本均已被证明相当成功；[3] 该模式是否可以被移植到政府对市民社会机制保持严格控制的国家和地区，还有待观察。

---

[1] 伍艳芬：《试论我国民事诉讼费用制度的改革与完善》，载《广西政法管理干部学院学报》2004 年第 5 期。

[2] 梁定邦：《从证券监管角度看公司法修改》，载《公司法修改纵横谈》，第 32 – 33 页。

[3] Curtis Milhaupt, "Nonprofit Organizations as Investor Protection: Economic Theory, and Evidence from East Asia", 29 *Yale J. Int'l L.* 169 (2004).

五、结论

本文考察了中国的制度环境里的狭义公司治理制度，即那些旨在降低纵向代理成本和横向代理成本，并且试图将管理资本之人和提供资本之人的利益结合一致的制度。本文借鉴了公司治理比较领域已有的文献，同时反过来也为它们提供借鉴。

第一，本文与尝试通过书本上的法律（往往是制定法）来衡量法律机制的 LLSV 著述有关。尽管存在对该类著述忽视法律所实际发挥的功能的批评，但是本文的一个贡献在于，具体和详尽地展现了在一个重要的法域中，书本上的法律在多大程度上为什么很难被衡量——例如，我们具体要观察哪些"书本"？书本上的法律与实践有着很大的区别。这并不意味着，衡量法律资源和成果的工作完全没有希望，也不可能产生有效的结果；但是，这表明这种衡量极度困难，并且这种衡量必须比现在更敏感地考虑本地条件。不幸的是，这毫无疑问需要付出更多的代价，因而导致收集十几个国家的数据会非常困难；但是，此种不幸却真实存在。

第二，本文与比较机制选择文献有关，并从中获取经验。皮斯特和许认为，行政机构原则上适合某些法律任务，而其他任务原则上最好交由法院。① 在皮斯特和许提出的模型中，行政机构事先全面制定和执行规则，而法院则事后解决纠纷。他们主张，选择机制的标准（在行政机构和法院之间的选择）应该是法律需要进一步阐明和解释（他们将这称之为不完整性）的程度、将可能有害或有益的行为标准化的能力——如行政机构能够参与事前法律执行以及如果违规行为没有被

———————

① Pistor & Xu, "Governing Stock Markets in Transition Economies：Lessons from China".

（事前行为）阻止或被（可预期的事后行为）震慑，所预期的损害程度。他们得出结论：信义义务责任最好分配给法院强制执行，因为信义义务本质上仅限于一个公司，它不能被标准化，并且造成严重损害的可能性较低。[①]

然而，正如皮斯特和许所承认的，如果法院因腐败、缺少政治权力或者其他因素而导致效率低下，那么他们的模型要求将特定任务分配给法院则可能毫无意义；因此，首先要进行广泛的制度性改革。[②] 这一警告当然也适用于中国。然而，如果政策建议的前提是广泛的制度改革，那么该建议对于如何在现存制度的基础上进行递增性改革就没有价值。

因此，虽然本文第二部分所阐述的股东权利方法（或任何依靠正式法律制度的方法）受到了重视，但我们不能期望它能够成为一个有效的公司治理体系的支柱。法院既无权力也无意愿要发挥主要作用，并且证监会之类的政府机构并不具有资源来替代法院。

对所有权方法也不抱太大希望。现在，控股股东似乎要么滥用他们的控制权，要么完全不行使控制权。有两种方法可能会补救这些问题。国家可以改善其内部管理体系，由此成为针对被其控制的公司的更加有效的监控者。这种改革是可以想象的，但是，它不能解决滥用控制权的问题。如同股东权利方法一样，对权力滥用的控制最终依赖于法律制度——但是，如上文所主张的，所依赖的法律制度并不强大。

不幸的是，最好的可行的替代性方法——市场监管——却得不到政府的青睐。中国政府更倾向于先由政府机构直接监管，然后通过法院的私人诉讼进行间接监管。未受控制的市场

---

① Pistor & Xu, "Governing Stock Markets in Transition Economies: Lessons from China".

② Id.

机制却远远地落在第三位；事实上，在中国很难找到这样的机制。股票市场是国家的产物，并且仅在国家容忍的情况下才存在；证券公司由各种政府机构设立并拥有；银行要么直接被政府机构所有，要么由政府机构高度控制；金融媒体受制于重大的国家影响，包括通过所有权渠道和国家对媒体的普遍监管的影响。

在一个行政资源有限的国家里，尽可能依赖非国家参与者的贡献是合理的。然而，中国的公司治理机制倾向于法律机制，原因在于政府通常怀疑市场机制和公民社会机制。政府想要的是规则，而不是激励结构。中国大力强调要制定完美的规则，却忽视能够根据情势灵活制定和执行规则的机制。①

特洛伊·帕里德斯（Troy Paredes）非常中肯地认为，公司治理问题的市场方案不适合于发展中国家，因为它们没有必要的第二序列机制——律师、会计师、投资银行家、证券分析师等，而这是市场成功发挥作用的必要因素。② 不能靠私人之间的安排，因为当事人没有就获得有效安排进行讨价还价的训练和经验。因此，公司法应该包括大量易于监管和执行的、明确的强制性规则，而不应包含模糊的标准和默认的规则。③

对中国的制度的研究表明，有必要进行尼尔·考莫萨所主张的比较制度分析。④ 当然，在中国，可促进市场秩序的市民

① 按罗纳德·吉尔森（Ronald Gilson）的话来说，"这一目标并不是为现存产业条件寻求最优公司治理机制。相反，国家治理体系的改革应该努力确保制度结构可以对产业科技变化及时和低成本地作出组织性反馈"。Ronald J. Gilson, "Path Dependence and Comparative Corporate Governance: Corporate Governance and Economic Efficiency: When Do Institutions Matter?", 74 *Wash. U. L. Q.* 327, 341 (1996).

② Paredes, "A Systems Approach to Corporate Governance Reform: Why Importing U. S. Corporate Law Isn't the Answer".

③ Id.

④ Komesar, *Imperfect Alternatives: Choosing Institutions in Law, Economics and Public Policy* (1994).

社会机制的确相当虚弱无力。但是，这并不意味着，国家层面的公司治理制度就可以更好地完成任务。关键的问题是，哪种制度改革可以以最低的成本取得最高的收益。在其他国家的公司治理研究中，常常忽视允许市民社会机制承担更多任务的政策选择，其原因仅仅是因为很少有其他国家对市民社会机制施加如此严格的控制。但是，在中国，这一领域的改革空间还很大。

引导中国百强上市公司：
新兴市场经济的公司治理*

安你友　唐荣曼** 文

林少伟*** 译

简目

一、引言

二、研究方法

三、中国上市公司管理的立法框架

（一）董事会

（二）独立董事

（三）董事长

（四）经理

（五）监事会

---

* Neil Andrews and Roman Tomasic，"Directing China's Top 100 Listed Compa-
nies：Corporate Governance in an Emerging Market Economy"，*The Corporate Governance
Law Review*，2006 Vol. 2，No. 3. 本文的研究是在澳大利亚研究委员会的发现基金
（Discovery Grant）支持下进行的。付建荣为本文提供了帮助，作者对此表示感谢。
本文的翻译与出版已获得作者授权。

** 安你友，澳大利亚人，澳大利亚维多利亚大学法学院教授、国际公司治理
研究中心副主任；唐荣曼，澳大利亚人，曾任澳大利亚维多利亚大学法学院教授，
现为澳大利亚南澳大学法学院教授、英国杜伦大学法学院访问教授。

*** 林少伟，西南政法大学民商法学院副教授，特华博士后科研工作站博士后。

"客观有两方面：一面是理想；一面是现实。"

——深圳某公司董事会秘书对 8 年职业生涯的回顾

一、引言

20 世纪 80 年代，正值中国开始经济改革之际，一些暂行法规实验性地对中国股份公司的治理结构进行规定。1993 年的《公司法》则首次赋予它们法律效力。当今，中国股份公司的治理结构由法律、条例、政策和行政规范等交织而成的，日益复杂的规范所调整和规制。修订后的 2005 年《公司法》，于 2006 年 1 月 1 日生效，其进一步扩大了相关立法。此外，《证券法》以及影响公司治理结构和流程的上海和深圳证券交易所的上市规则也日趋完善。中国证券监督管理委员会（以下简称证监会）在实施国务院法规，以及 2002 年"上市公司治理年"制定的《上市公司治理准则》中不断地获取经验。随着中国内地公司在中国香港特别行政区、纽约、伦敦和新加坡接踵上市，这些司法管辖区的法律和监管实践与中国内地的实践不断重叠，涉及范围不但包括这些地区的证券交易所上市规则，还涵盖这些司法管辖区政府监管机构实施的证券法规。那些在海外注册成立的公司，以及众多在中国香港特别行政区上市的公司，还要遵守更新层次的公司法，如百慕大和巴哈马的公司法。①

本项课题旨在勾勒中国百强上市公司的公司治理实践。课题开始正值首部《公司法》实施 10 周年，并且证监会的"上市公司治理年"也刚结束 1 年。本课题选择的是最具有重要意义的上市公司，因为它们的公司治理极有可能进步最大。本课题的目的，部分在于记录这些公司在重大过渡时期发生的资本管理方面的变化。另外，本课题还试图将这些变化同当代国际理论界对公司治理的讨论相结合，以探讨如何将它们用以预测中国公司治理的未来。这些主题涵盖不同形式的资本主义理论、金融理论和发展理论的影响，以及企业国家模式的演变。

本研究旨在评估董事会、董事长、执行董事、独立董事和监事会的公司治理实践的现状。中国首部《公司法》生效至

---

① 鉴于此，有一本主要关于加勒比地区公司法的教材已在中国香港出版：Christopher Bickley, *Bermuda, British Virgin Islands and Cayman Islands Company*, Hong Kong：Sweet & Maxwell Asia, 2004。香港的法学院也开设关于加勒比地区公司法的课程。

今已有 13 年，期间发生了翻天覆地的变化，大型上市企业及其管理尤其如此。不断萦绕的一个主题是，国家通过股权或者其控制的母公司所维持的早期企业管理制度仍持续产生影响，正如一位金融记者所述，国家控制仍然意味着其他股东往往要和政府而不是与公司打交道。

这是国家所有权原有规模导致的后果，而远离国家的控制困难重重，其中包括政治上反对国有企业私有化。在 2003 年，国家仍以这样或那样的形式拥有几乎所有的、本研究涉及的上市公司 70% 到 80% 的股权，仅有少数公司除外。在 2005 年，我们的实地调查工作结束时，中央政府开始在部分企业减持国有股。如果成功，这将意味着，本研究可能很快就无法代表中国一些上市公司的现状。但本研究将继续具有某种相关性。中央政府在主要经济活动中，始终致力于保留国家所有权和控制权。① 本研究也可以作为时代变迁的基准，也可以为将来，尤其是理解明显不同的商业公司形式和公司治理制度的演进，提供历史数据源。在 2005 年年底我们的实地调查工作结束时，不同公司及其管理者的地位，都在转型中发生了变化。

二、研究方法

本研究基于 108 次面对面访谈的数据，受访对象包括公司高级管理人员、公司法律和会计顾问、上市公司的监管者，以及其他观察人士和评论员，还包括投资者、公司治理顾问、记者和学者。该访谈涵盖《财富》杂志名单中的中国百强上市

---

① 对涉及电信、交通、公用事业以及金融服务行业的 500 家主要国有企业的支持，依然是中央政府的优先政策。Stephen Green, *China's Stockmarket: A Guide to its Progress, Players and Prospects*, London: Economist, 2003, p. 175.

公司，并于 2001 年至 2004 年在中国 9 座城市进行。① 表 1 列出了为本研究进行采访的详细情况。

除了这些实地调查数据外，本文作者还参阅了其他有关中国上市公司公司治理的出版资料。不过，本研究侧重于访谈中所收集的、有关上市公司董事和其他高级管理人员的数据，包括总经理和监事会成员。董事和董事会的角色是任何有关公司治理的讨论的核心，我们实地考察积累了大量的数据，这些数据本身也会使人兴趣盎然。

表1　根据地点和受访人类型划分的课题访谈

城市	上市公司	专业人士、学者和独立董事	监管者	小计
北京	17	12	3	32
上海	19	8	5	32
香港	7	7	6	20
深圳	7		3	10
青岛	4			4
济南	3			3
重庆	2			2
南京	2			2
广州	2		1	3
小计	63	27	18	108

我们在实地调查中，对董事和其他公司高级管理人员提出

---

① 唐荣曼教授和安你友教授参与了几乎所有的访谈。参与访谈的还有懂得中文的同事，以及其他合作者，包括伏健博士、付建荣、贾新婷和张武生。采用类似研究方法的已有研究的例子如下：Peter Grabosky and John Braithwaite, *Of Manners Gentle: Enforcement Strategies of Australian Business Regulatory Agencies*, Melbourne: Oxford University Press in association with Australian Institute of Criminology, 1986; Roman Tomasic and Stephen Bottomley, *Directing the Top 500: Corporate Governance and Accountability in Australian Companies*, St Leonards, NSW: Allen & Unwin, 1993; Yves Dezalay and Bryant G. Garth, *The Internationalization of Palace Wars: Lawyers, Economists, and the Contest to Transform Latin American States*, Chicago: University of Chicago Press, 2001。

了一系列问题，包括董事会成员对公司治理是否存在不同程度的理解，特别是董事长、总经理和监事会成员对此如何理解；董事是否有能力评估哪些信息需要被披露，哪些是关联方交易，哪些是无法接受的风险等级；董事对公司财务和经营情况了解多少；董事是否易于利用内幕消息；独立董事在公司治理中的作用；审计委员会可能发挥的作用；国有股的不可转让性对董事的影响；董事会及管理层对不影响控股股东的议题的回应，及他们的回应对他们关注公司整体利益的影响；董事是否意识到其作为董事的潜在责任；中国证监会《上市公司治理准则》对董事的影响；对违反义务的董事采取行动时，是否存在障碍，控股股东是否保护违反义务的董事；缺乏民事救济对董事问责的影响程度，以及派生诉讼是否可以解决这一问题。

本研究无法囊括上述所有问题，全部的调查结果也无法同更广泛的，关于公司治理或中国公司法的文献相联系。因此，有一些重要问题在本文中并未直接论述，这些问题包括董事会秘书的角色、证券交易所的监管作用，以及中国证监会和法院的工作。① 中国证监会已经引进西方上市公司的公司治理原则。作为中国证监会执法活动的一部分，其针对个人的执法活动，可能会受到政府的政策以及行动的制约。单个股东对董事提起的个人损失赔偿诉讼以及股东派生诉讼，也同样存在一些具体的问题。现在，股东可以以公司名义起诉，要求董事返还其处置的公司财产或其他权利；但是，2005 年《公司法》修订后，这些机制似乎并没有得到改善。

---

① R Tomasic and J Fu, "Legal Regulation and Corporate Governance in China's Top 100 Listed Companies", *The Company Lawyer*, 27 (2006): 278-287.

三、中国上市公司管理的立法框架

中国股份公司的主要治理结构是由中国《公司法》确立的。其与英国、美国、法国和德国的相似性反映了他们之间的共同渊源，其可追溯至 1862 年的英国公司法。中国《公司法》吸收德国、日本以及 20 世纪 30 年代中国的公司法规定，也借鉴美国近代立法。如果公司是在中国境外注册成立的，那么其所适用的法律规定和公司治理框架就反映了该特定司法管辖区的立法。例如，许多中国香港的上市公司是在加勒比海地区注册成立的。① 如果股票在上海或深圳证券交易所上市，交易所和中国证监会就有权监管公司的管理。

中国证监会发布了各种有关董事的立法文件、指引和政策声明。其中一些文件的法律依据不甚明确，尽管 2005 年《公司法》和《证券法》的修订在一定程度上增强了中国证监会的市场监管权限。② 证券交易所虽然制定上市规则，但其在职能方面更像是中国证监会的分支机构，而非具有自治性质的监管主体，因为上市的决定由证监会和其他政府机构作出。③ 如果一家公司未在这两家交易所上市，那么证监会有何权力对其

---

① Christopher Bickley, *Bermuda*, *British Virgin Islands and Cayman Islands Company*.

② 详细可参阅 J Fu and J Yuan, *PRC Company & Securities Laws—A Practical Guide*, Singapore, CCH, 2006；B Wang and H Huang, "China's New Company Law and Securities Law: An Overview and Assessment", *Australian Journal of Corporate Law*, 19（2006）: 229-242。

③ 通常参阅 S Green, *The Development of China's Stock Market*, 1984-2002, *Equity Politics and Market Institutions*, London, Routledge Curzon, 2004；CE Walter and FJT Howie, *To Get Rich is Glorious' China's Stock Markets in the '80s and 90s*, Houndmills, Hampshire, Palgrave, 2001；S Green, *China's Stockmarket: A Guide to its Progress*, *Players and Prospects*, London, The Economist and Profile Books Ltd., 2003；CE Walter and FJT Howie, *Privatizing China: The Stock Markets and Their Role in Corporate Reform*, Singapore, John Wiley & Sons, 2003。

实施监管，或有何权力协助外国监管机构，并不明确。在其他司法管辖区上市的公司，将受到在该辖区中类似中国证监会或交易所的机构的监管。①

（一）董事会

根据《公司法》注册成立的公司，应有 5 至 19 名董事组成董事会，董事会就公司的管理对股东大会负责。为了反映国家的社会主义性质，董事会成员中可以有公司职工代表，其由职工代表大会或职工大会选举产生。② 股东大会和监事会要求董事提供有关信息和材料的，董事应当如实提供。③ 公司董事、监事会成员和高级管理人员对公司负有一般性的忠实义务和勤勉义务，并不得利用职权谋取私利。④

未经股东会同意，董事和高级管理人员不得攫取属于公司的商业机会，并不得擅自披露公司秘密。⑤ 因违反其职责或其他义务给公司造成损失的，应承担赔偿责任。⑥ 在解决有关控股股东问题时，《公司法》在第 21 条明确规定：公司董事、监事、高级管理人员不得利用其关联关系损害公司利益。

（二）独立董事

在新近对美国法律和实践的借鉴中，中国《公司法》要求上市公司董事会设独立董事，具体办法由国务院规定。⑦

---

① 在有关调查可疑不当行为、获得记录文件和调查人事时，尤其是所涉资产处于中国境内，在司法协助方面，境外监管机构会遇到问题，特别是在香港。具体参阅 Neil Andrews，"When the CEO Vanished in Spin：Information Disclosure，Corporate Governance and the Bank of China（Hong Kong）Ltd."，*Australian Journal of Corporate Law*，17（2004）：71，95。
② 《公司法》第 109 条。
③ 《公司法》第 151 条。
④ 《公司法》第 148 条。
⑤ 《公司法》第 149 条。
⑥ 《公司法》第 150 条。
⑦ 《公司法》第 123 条。

（三）董事长

根据《公司法》的规定，公司设董事长一人，可以设立副董事长；董事长、副董事长由全体董事的过半数选举产生。《公司法》规定，他们应"召集和主持董事会会议，检查董事会决议的实施情况"。[①] 根据公司成立所依据的法律、公司上市所在交易所的上市规则或公司治理准则，董事长可能有不同职责。有些要求或鼓励区分董事长与总经理或首席执行官的角色。

（四）经理

《公司法》第114条规定董事会成员可兼任经理。[②] 第50条赋予经理管理公司的具体权力以及行使董事会授予的其他职权。经理或首席执行官对良好的公司治理的认知和实践形形色色，这反映了经理具有各式各样的资历、独立性、作用和个人经验。有些公司的董事长也是总经理，而在许多其他公司，经理同时也是董事会成员。企业的规模以及公司经营所处的商业领域也会影响经理的职能。

（五）监事会

受德国公司法、日本《公司法》和中国台湾地区"公司法"的影响，中国大陆《公司法》要求根据其注册成立的股份有限公司应设监事会，且成员不得少于3人，其中职工代表的比例不得低于1/3。这些代表由职工代表大会或工会选举产生。[③] 第54条规定了监事的职权。

除其他权力外，监事有权检查公司财务；对董事、高级管理人员执行公司职务的行为进行监督，对违反法律的董事、高

---

① 《公司法》第110条。
② 《公司法》第115条。
③ 《公司法》第118条。

级管理人员向股东会提出罢免的建议；当董事、高级管理人员的行为损害公司的利益时，要求董事、高级管理人员予以纠正；当董事、高级管理人员违反法律时，对其提起诉讼或向股东会提出提案。① 百强公司中，在中国境外普通法系国家注册成立的，不设监事会。

四、董事

股东和管理层之间的关系被视为公司治理的核心问题。一家青岛企业的内部人士指出："公司治理应分为三个方面：首先，董事会决定做什么；其次，管理层决定怎么做；最后，监事会决定不能做什么。"

一家上市电力公司的董事会秘书表示："公司治理的核心问题是公司所有者和管理者之间的关系。"一家大型制造公司的董事会秘书认为，公司治理具有两层含义，其中之一是"所有权和管理权的分离"。这是在上海和深圳普遍持有的观点，也许反映了证券交易所和中国证监会提供的、旨在探求所有权与控制权分离的培训之效果。另一位董事会秘书将公司治理置于缺乏所有权与控制权相分离这一具体的中国国情中，其表示："公司治理的核心思想是，高层管理人员应确保，他们是公司的管理层，而不是控股股东的代表。"某独立董事也认为国有控股公司存在的主要问题是"大多数上市公司由作为最大股东的国有企业控制。在这些公司中，根本不存在公司治理，谈论董事会投票也毫无意义"。

董事有关公司治理的认知和关注，因人而异。其差异取决于公司是否计划上市，是私有公司还是国有公司，公司在哪里上市，以及公司的规模与活动。另外，也取决于董事的背景。

---

① 《公司法》第 54 条。

难怪上市公司的多数受访者都竭力表示，他们公司的董事会认真对待公司治理。因为他们不太确定，其他公司的董事会将作出怎样的承诺。但来自于监管机构的工作人员以及外部观察员对此却普遍持怀疑态度。不管怎样，总体而言，大家还是一致认为，有关公司治理的认识在不断提高，其实践也在不断改进。一位香港证券交易官员指出，中国企业的问责机制并不新鲜，但将其适用到股份有限公司却是前所未有的，"国有企业历来对政府有很深的责任感和义务性。他们的问题在于对公众股东的责任感"。

北京一家公司的秘书，强调该公司处于即将上市的阶段，并指出："公司如果想上市，就必须将公司治理视为重要事项。"香港一个上市公司的秘书将董事利益与上市地点联系起来并指出"不同的公司处在不同的发展阶段。我们有外部顾问，并采纳一些最佳的公司治理实践。在香港上市的内地公司所面临的挑战是，它们必须在香港所遵循的最佳实践与其母公司和主管监督的部委的最佳实践之间，进行协调。如果所有业务都在内地，协调则更加困难。"

一位前中国证监会顾问和一位独立董事认为，对于在变革时期寻求生存的个人而言，协调两者是一个问题："他们不想与政府有麻烦，他们也不想与股东有冲突。与任何一方产生纠纷，董事都会被解雇。这是他们的底线。"

转型和变革也挑战着企业决策的文化方面。上海某独立董事发现，他的董事会就某项决策无法达成共识而进行投票时，气氛就会紧张。他认为，"中国人通常不想通过投票来决定事情"。某航空公司的董事会秘书发现，集团内部董事经验的不断积累会带来好处，"我们的许多董事来自已经上市一段时间的子公司。这些董事非常理解公司治理原则"。

但他也提出，这些经验未必会占优势："董事会上，决定是共同作出的……董事个人可能在公司治理方面经验丰富，但是这并不代表公司的治理水平，因为决策是由董事会多数成员作出的。"

我们的访谈试图通过探究董事会成员对一些公司治理的关键领域的立场来获得数据，包括他们对公司治理重要性的认知、对公司整体的忠实义务的观念，以及董事会成员对关联方交易或关联交易的意识。

（一）董事对公司治理的重要性的认知

总体而言，在中国百强上市公司中，对良好公司治理的各项原则的认知不断增强。例如，经研究发现，某大型石化公司的董事最初对新的结构和程序不熟悉，但是现在"经常激烈地辩论公司治理问题"。与其他董事不同，独立董事因对少数股东权利的关注，更加明确地强调公司治理。这些改变被认为是中国证监会和证券交易所培训工作的产物。某零售集团的董事会秘书评论道："由于监管机构的要求，以及他们所参加的强制性培训课程，大多数大企业的董事对公司治理有很好的理解。"除此之外，有些公司董事会秘书也定期制作公司治理简报，还组织由律师和会计师讲授的培训课程。中国证监会的持续施压，帮助确保公司治理的重要性能够不断得以强调。当我们结束实地考察时，中国证监会正在组织对上市公司高级管理人员进一步的强制性培训。① 理论与实践之间的差距仍在继续扩大。北京某学术型律师兼独立董事认为："问题不在于他们的认知，而在于他们对公司治理的态度。"某大型石油公司董事会秘书在观察其他公司董事后认为："上市公司肯定知道公司治理的意义。但他们总是试图逃避公司治理的规章制度，牺

---

① "China to Offer Trainings to Senior Managers of Listed Firms", *China Daily Industry Updates* (27 December 2005).

牲小股东的利益。"某前任中国证监会顾问兼独立董事对此持相同意见："在抽象层面，他们都能背诵不断被说教的原理。但在具体层面，他们却回到'不要与政府或股东有麻烦'的状态。为了避免麻烦，就需要了解规则。"

（二）董事及其对公司的认知

董事要有效率并施展适度水平的才能，他们就必须对公司有一定的了解。但应具备什么样的了解水平，却众说纷纭、莫衷一是。在这些中国公司中，与其他司法管辖区的上市公司一样，内部或执行董事与外部或非执行董事在对公司的认知之间存有差别。非执行董事可能是独立董事，也可能是由母公司或政府委任的董事。上海一些律师的经验表明，"有时候，董事只是短期指派给公司的官员"。甚至执行董事对公司的了解也可能不全面，他们只熟知其所管理或曾任职过的部门，而对公司其他部门知之甚少。根据北京某董事会秘书所述："大多数非执行董事，对公司运营及财务表现不感兴趣。他们只依靠审计。如果一家公司具有良好声誉，他们就想加入董事会。他们不想花时间密切关注公司的经营。"

因专业背景而被委任的独立董事，往往不了解公司业务。某钢铁公司董事会秘书表示，虽然执行董事重视独立董事的意见，并鼓励他们表达自己的观点，但"大多数独立董事不了解钢铁行业，只具有会计或法律专业知识"。为克服这一障碍，广州某公司董事会秘书报告说，他的公司的董事会要求，就重大问题，各个执行董事之间应互相讨论，因为"不同董事负责不同业务领域。我相信，他们熟悉自己领域的详细经营情况，但可能对其他领域的了解较少"。

当董事晋升为总经理或董事长后，董事之间对公司碎片化的了解将造成更多问题。某石油化工公司董事会秘书指出："非常普遍的是，首席执行官首先选调自生产部门，其次是市场部门，再次是财务部门。"

总体而言，百强公司中的董事对公司业务的生产方面有很好的了解，而对其财务信息了解有限。根据《萨班斯—奥克斯利法》的规定，在纽约上市的中国公司需要寻找具有丰富财务能力的董事会成员。某上市公司希望其董事会成员中有银行代表，但董事会秘书认为："中国的银行对上市公司的经营不是很关注——是不够关注。"某国际评级机构分析师指出，对公司财务缺乏了解的后果是，董事不得不"依靠财务部门"。

他进一步指出，在这种情况下，"财务部门很容易伪造一些记录，董事会对此很难发现"。然而，正如上面所指出的，香港监管机构更加重视公司记录和记账的标准。这也支持了他们的观点，即对内地的上市公司的所有董事来说，"要求他们更详细地了解财务信息，是非常繁重的"。上市公司董事对上市公司有限而不完整的了解，似乎导致董事会会议流于形式、匆匆了事。根据上海某独立董事的叙述："董事会会议上，首先是董事长、总经理、财务总监汇报，接着独立董事汇报，然后便再无它事。董事会会议经常如此。"

为了试图获取信息，一些独立董事在董事会会议之外反而更加积极。北京某律师兼独立董事报告道："信息量太少了。如果董事有专业背景，他们就知道需要什么信息，而管理层则必须披露这些信息。"

（三）对公司整体的忠实义务

在中国大多数大型上市公司中，国有企业作为控股股东的存在，会对董事施加压力，而使董事不再考虑公司整体利益。所有董事都希望能够获得控股股东的再次任命，并可能因此受到影响。

这些有关忠实和影响的问题，在公司内外都已不是秘密。

中国证监会某前高管的经验是，"大多数母公司的董事甚至公然干涉子公司"。香港某公司治理积极人士指出："当你阅读招股说明书时，你就会注意到这样的警告，即大股东的权益可能会与少数股东的权益有所冲突。"其他人认为，大股东的影响力隐含在上市公司的治理结构中。正如某董事会秘书指出："但是，如果大股东和小股东在决策时有相同的权重，即大股东不能制定决策，谁还会想成为大股东呢？"

政府对解决这一问题的态度飘忽不定，对此，另外一名董事会秘书表示无奈："'同股同权'原则并未得以贯彻。到目前为止，政府对公司治理并没有稳定的政策。当政府认为，大股东需要政府支持时，政府就会制定有利于大股东的政策。当市场怨声载道时，政府又会采取措施，来保护少数股东权益。昨日，中国证监会发布了保护少数股东权益的新规定。此规定与'同股同权'原则相抵触，因为它赋予小股东否决大股东决议的权力。"

一些公司内部人士自我安慰道："大股东的利益与公司和中小股东的利益是一致的。"有时，这种观点的精确的正当化理由，仅仅适用于特定的工业："在钢铁行业，大股东和中小股东的利益是一致的。公司决策可能是基于大股东的利益。然而，由于大股东更关心公司的长期发展，这样的决策也将有利于小股东。在该行业中，需要巨大的投资，而回报也需要很长的时间。"

其他人认为他们的公司与众不同："对我们而言，我们的董事确实会考虑公司整体利益，但我不能保证，中国其他公司的董事也会如此。对此我表示怀疑。"

有一种看法认为，变化正在发生，但先前经济秩序的影响依然很强。某石油公司内部人士发现："刚开始，董事狭隘地考虑大股东的利益。但随着时间的推移，这种情况已经改变，他们牢记党和国家的利益。而作为高级管理人员，董事也总是考虑股本的回报。"

共产党的人事部门仍控制着公司高级职位的任命。根据《公司法》的规定，所有由国有企业转型的上市公司都必须设有党委。在中国境外，已经出版的一些文献指出这一规定对公司治理的影响。[①] 对于认为变化速度太慢的、中国境内的公司内部人士而言，外部的抱怨为其所表达的失望提供了一种政治优势。某董事会秘书表示："要摆脱这个与大股东的意图相关的想法很难。"

（四）关联方交易或关联交易

关联方交易对董事的忠实性提出了具体的考验。大多数中国百强上市公司都有国有母公司，并持续地同其交易，因为国有母公司拥有必需的基础设施。根据中国证监会规章和证券交易所规则，这些关联方交易（在香港被称为关联交易）需经过特别程序获得批准。由于国家所有权的规模，某观察员报告说，直到最近"中国上市公司的每一笔交易，都是关联方交易；因为所有资产都是公共所有，而且所有企业都向同一政府报告"。某香港监管人员也重复道："有一句话叫作，一切都是关联交易。"某香港投资者认为，当人们担忧所有权与资产控制权时，上市就会导致关联交易。"人们对资产以及对资产控制权的缺失，常常具有政治敏感性；因此，上市公司持续依附于需要资产注入或其他资本注入的日常商业交易。本周上市融资的北京传媒集团就是一个例子。它虽然销售广告，但它并不拥有自己的编辑部或经营报业。它们设法让海南机场上市融资，但机场的跑道却不上市，而选择与机场航站楼签订服务合

---

① 一些上市公司声称，这使得公司文化与风气难以建立，他们的经营决策也不得不屈从于更为广泛的政治目标。Richard McGregor, "China to Recruit in Private Sector", *Financial Times* (*London Edition*) (10 May 2005) 7.

204

同。它们不得不依赖合同关系。类似的例子不胜枚举。"

人们普遍认为，母公司会滥用投资和担保，转移或掏空上市公司的资产至控制母公司。监管机构、投资者和媒体经常会向公司提出这类问题，立法和监管政策试图解决这一问题。例如，《公司法》第16条规定，公司为母公司提供担保的，必须经股东大会决议，关联股东不得参加该项表决。

企业内部人士普遍因为试图为董事留下良好的形象而指出，他们公司的董事了解这些关联交易，并看到这些关联交易都得以适当处理。北京某董事会秘书指出："大多数董事了解关联方交易，因为大多数董事为公司工作，并且他们也知道这类业务。"中国证监会某前顾问兼独立董事认为，董事对关联交易的识别"相对容易，因为这些规则相对明确。明确界定的规则会被遵守。对他们而言，比较棘手的是比较软性的公司治理方面"。尽管董事能够识别关联方交易，他们却不一定知道应该如何处理。某国际律师事务所律师总结道："他们不知道如何处置关联方交易，而把一切都推给法律顾问和会计师。尽管他们无法处理，但他们能够发现（关联交易的）问题，并知道这些问题应由律师处理。"

其他观察员指出董事会秘书的重要性。某大型钢铁公司董事会秘书发现："我们的董事对关联交易的规则和条例，略有所知；但他们在作出决定前，需要公司秘书向他们作出详细解释。"某电子公司董事会秘书说："实践中，他们需要董事会办公室和董事会秘书的帮助。"某独立董事指出："虽然一概而论从不会完全准确，但当有问题时，他们倾向于向他们的顾问求助。董事会秘书则会提供帮助。"

如果公司在上海、香港和纽约等地上市，因法律制度、上市规则和监管要求的不同，董事不了解一些要求时，能情有可原。公司的执行官依靠专业顾问协商披露和批准的程序，董事听从他们获得的建议。北京某董事指出："我们严格遵循公司上市地——纽约、中国香港特别行政区和中国内地——的三家证券交易所的规则。每个监管机构都有自己的规则，我们都要遵循。我们聘请独立财务顾问协助。我们也有审计师、评估师和律师，帮助我们遵守各种规定。"

在考虑与大股东的关联交易时，董事面临许多利益冲突。首先，他们会意识到，他们是由这位大股东任命的。这似乎非常普遍。上海某企业顾问评论道："如果你的公司里面有一位股东，他拥有公司股权的70%，那么他会忽视其他所有人。其他人也无能为力，只能远离大股东，他们没有追索权。在公司发生的贪污腐败中，关联方交易是一个重大因素。"

上海某律师也持有类似观点："实践中，由于中国的董事委任制度，许多董事无法做他们应该做的事。相反，他们必须听从任命他们的大股东的指示。"

关于为国有母公司提供担保，某银行董事会秘书还指出："如果母公司要求他们提供担保，他们没有任何选择。"当上市公司的董事提请母公司注意监管要求时，这一压力有时会发生逆转。北京某董事会秘书的经验是，"上市公司董事就公司治理受过良好的教育；并且我们也在教育母公司"。希望遵守有关关联方交易的法律规定的董事所面临的第二个冲突是，大股东同时也是政府。正如北京某董事会秘书所述："因为中国的特殊情况，很难说董事会是否能够妥善处理关联方交易。目前，大多数上市公司都是国有企业，控股股东都是政府的代表。"

这似乎也是香港监管机构的经历。一位香港监管人员指出："以前习惯发号施令的政府官员，现在还试图发出指令。"董事可能会认为，忽视其所面临的冲突是正当的。在许多公司中，表现最好的营运资产都已经上市，而不良资产却留给母公司。母公司的资产往往持续亏损，因为企业必须向在职和退休工人进行培训并履行其他社会义务。正如某董事会秘书针对这一问题指出："他们必须利用关联交易，将上市公司的利润引入剩下的未上市企业。"北京某律师也指出："有些人认为，这种做法根本没有问题。"

董事亦可以辩称，关联交易对上市公司有利。某专业法律顾问称，"一些人认为，利润从母公司流向了上市公司"。另一位律师指出："母公司向上市公司施压，要求其进行对母公司有利的交易，这一做法很常见，但也有例外。例如，在宝钢集团中，上市公司受益超过母公司，而不是相反。有些母公司将子公司视为摇钱树。有时，这一情况又相反。原因有二：第一，为了确保子公司看起来不错，这样就可以向公众募集更多的资金；第二，母公司可能是真心支持上市公司。"

北京某律师的经验是，"这些交易几乎是必要的。他们只是拆分部分资产给上市公司，尽管资产的拆分可能并不合理"。

（五）董事和内幕信息

与对大股东的过度忠诚形成鲜明对比的是，董事可能会利用公司信息为自身谋利。公司内部人士往往保护他们的公司，这归因于规定未经授权使用公司信息的风险的制度，以及高级管理人员特别是董事长的个人品质。尽管如此，还存在一个共识，即一个普遍性的问题是许多董事都会衡量交易的获利和受惩罚的风险。某记者指出："这就是为什么公司希望董事会成员中有人同政府有密切关系。"虽然利用内幕信息的问题饱受诟病，但如何治理内幕信息交易，大家又莫衷一是。某大型物流公司董事会秘书认为："这是一个问题，但它既不是中国特有的问题，也不是主要问题。为解决这个问题，高级管理人员应当披露个人利益。并且我们需要重视管理层诚实信用地为公司行事。如果管理层没有为公司的最大利益行事，这个问题比内幕交易更加严重。"

在公司内部，董事不会利用保密信息通常有三个原因。其一，非执行董事，包括独立董事，对公司缺乏足够的信息，而无法用信息进行交易。某独立董事证实了这一点："我是一家在中国香港上市的公司的独立董事。（公司）给予我的信息不够充分，所以我辞职了。在董事会召开的前一天，才给我两摞文件。我说这让人无法接受。"①

颇具讽刺意味的第二个原因是，中国股市的不透明性以及股市中任一交易结果的不确定性，尤其是股价会上涨的预测。上海某商业教授指出："如果你根据信息进行投资，你可能作出错误的决定，因为中国证券市场的表现太反常了。"第三个原因是，对中国香港特别行政区及海外的上市公司而言，由于外汇管制，中国董事很难买卖这些公司的股票。公司内部人士也指出，董事的品格及其自身对维护自己职业生涯的利益也颇为重要。青岛某董事会秘书声称："在管理完善的公司，他们无法这样做。董事长或公司头号人物的品格会影响其他管理者。如果公司高层从事违法行为，公司员工会知道。通常还有大量的内部和外部审计。"

某电力公司董事会秘书说："大多数国内的董事在其他公司也兼有高级职位。他们根本不在乎投资股票这点小钱。"中国香港某公司秘书指出："很多董事在董事会是代表政府的。在某种程度上，他们是公务员，也不会危及自身职位，因为他们迟早要回到内地。"在香港，廉政公署亦被视为帮助董事维

---

① 一家科技公司的董事会秘书确认了这个事实：很多董事不知道公司内部操作，他们因此也难以利用他们的地位。一家能源公司的董事会秘书强烈表示："我们公司也是如此，因为董事并不具体参与公司的日常经营。他们仅知悉一般的信息。"深圳一家公司的董事会秘书指出："这视具体情况而定。如某位董事同时是管理层成员，则会知悉机密信息。如不是管理层成员，则所获信息有限。"

持良好品格的重要手段。

公司有可能自己利用内幕信息进行交易。正如某评级机构员工所称，"数名董事共同行动会更加容易"。北京某董事会秘书表示，同以个人名义行事相比，董事可能会觉得以董事会成员的名义不那么受限制，"国有上市公司的董事更加关注他们的公众形象。我们的董事对通过其职位获得个人利益并不感兴趣，但我不得不说，公司可能会利用这些信息来谋取利益"。

香港某投资者认为这一内部交易形式非常普遍："最近的例子肯定是中国航油。当大股东得知公司损失惨重后，他们于10月21日通过德意志银行抛售其持有上市公司15%的股份。上市公司声称其即将破产，而银行正在拜访公司管理人员。于是，母公司决定销售其部分股份。"

（六）对潜在责任的意识

董事对违反义务的责任意识仍将非常有限。在中国香港特别行政区和海外上市的公司，其董事的责任意识更强。责任意识主要源自中国证监会主办的培训课程、专业顾问提供的有关上市的简报以及证监会在少数案件中采取的纪律处分。这些活动造成的结果是，中国百强公司的董事同其他董事相比，更多地意识到其潜在的责任。在2000年和2001年，中国证监会针对一些董事采取了行动。对这好坏参半的行动结果，中国证监会前高管回顾道："在2000年和2001年，有一些非常高调的案件。我们采取的态度近乎苛刻。我们对董事长处以30万元罚款，对普通董事处以10万元罚款，除非董事能够证明其曾提出异议。此后，许多独立董事找到我们要求辞职，因为他们对自己在信息披露中的职责非常不确定。"

上海证券交易所的工作人员认为，独立董事对其潜在责任是最了解的，因为这些董事通常都是专业的律师和会计师。一个官方观察员证实，证监会采取的行动有效："因为担心其声誉会因其所供职公司的公司治理欠佳而受到波及，有些董事已经辞职。其他董事可能还不太了解其法律责任，因为政治因素在中国上市公司中发挥着非常重要的作用。"

某董事会秘书也报告了类似的经历："一些著名教授获任独立董事。开始，他们乐于接受。但不久，许多人认为责任过重而辞职。"

上海和深圳上市公司的董事似乎更愿意冒险。监管机构一般不会针对董事采取行动，即使采取行动，通常也只是训诫。他们知道，更严重的行动不太可能。因为"任何决定都不是其自己的选择。他们是根据应当承担责任的大股东的指示而作出决策"。这也得到了事实的证实：仅仅少数上海和深圳上市的公司为董事和高管购买责任险。董事并无理由迫使公司投保此保险。北京某律师认为，"如果你是商人，则可以忽略风险。这也是为什么中国没有董事和高管责任险的原因。很难将董事告上法庭，让他们承担责任"。香港某监管官员对此表示同意："我认为，就职于国际上市公司的董事对潜在责任会有所了解。在上市过程中，他们会得到相关的建议。与股东会晤时，他们也会获取与责任相关的信息。但大多数董事会认为，他们处于政府或其他机构的保护中，因此，无须个人承担责任。"

在纽约上市的公司，其董事会被广泛告知《萨班斯—奥克斯利法》。外籍董事因其背景和经历被认为风险意识极佳。中国证监会要成功起诉董事，会面临诸多困难，这些困难将降低任何潜在的责任。中国证监会仅有行政处罚权。在另一起案件中，上市公司总经理擅自从事期货买卖，给公司造成 8 亿元损失。向公安机关举报该案后，公安机关却回应道，其不受理证券犯罪。

中国证监会也曾遭遇其数项行政处罚被起诉的情形。一些工作人员对他们在一个案件中败诉感到骄傲："在中国历史上，恐怕我们是唯一被起诉并败诉的政府监管机构。对于中国来说，权力强大的政府监管机构败诉是一件好事。"

对中国证监会的另一项限制是，共产党有权对其成员进行惩罚："在中国，我们有这样一个传统，干部——包括国有企业的高管——由共产党监管。大多数高管都是由中央或地方党委组织部门任命。因此，中国证监会在任命和监管高管方面作用有限。"①

五、董事长

根据公司据以成立的法律、公司上市的上市规则或证券交易所的公司治理准则，董事长可能有不同的职责。有些规则要求董事长与总经理或首席执行官职位相分离。根据中国《公司法》注册成立的公司应设董事长一人，可以设副董事长，其由董事会以全体董事的过半数选举产生。《公司法》规定他们可"召集和主持董事会会议，检查董事会决议的实施情况"②。

(一) 两类"核心人物"模式

某独立董事将上市公司的董事长分为两类："一般来说，有两类董事长。一类董事长的职位是政治性的，由政治人物担任；那么，公司的总裁和首席执行官就更精于技术层面。另一类董事长则需负责更多；通常，最有权的职位由党委书记担任。"

---

① 共产党的人事部门在国企中的角色，一直以来是上市公司的话题。Richard McGregor, "China to Recruit in Private Sector", *Financial Times* (*London Edition*) (10 May 2005) 7.

② 《公司法》第110条。

　　某证券交易所高管指出，董事长通常由政府或党提名。其他交易所高管将董事长视为"主导整个实体运营的核心人物"；也有人认为，"只有一个人，通常是董事长，控制上市公司的一切。这就是核心人物模式或中国传统模式"。此人往往已经习惯不经董事会等类似机构批准就作出重大决定。在回答董事如何理解其对公司整体负有义务这一问题时，上海某董事会秘书的视角从董事会缩小至董事长："根据我的经验，当母公司和上市公司发生冲突时，董事长很可能强调上市公司的利益。"在上海，总经理对公司总体的意识会更强，如果"总经理是最有权的人，党委书记会担任董事长，只是名誉董事长，并不做事情"。某国际律师事务所驻上海合伙人，在对当地总经理观察后，指出"他们更具商业头脑，更有政治意识，与公司各部门都联系密切，为的只是保护自己"。

　　在广东省和青岛市，有人认为董事长的存在有名无实，总经理则权力过大，需要限制。某广州公司的董事会秘书发现，这一问题可以通过公司治理原则得以解决，他认为，"如果总经理权力过大，权力就会被滥用。通过平衡总经理和董事会的权力，公司治理原则可以解决这一问题"。

　　青岛某公司内部人士同样意识到公司治理在控制总经理方面的重要性："公司治理的实施，就是职权与权利的实施。即使是总经理，也要遵循董事会的建议。"为了避免权力集中，某中国法律学者建议，总经理不应是董事会成员。

　　原国有企业发展所处的政府和政党结构造成了一些地区性差异。在北京，这两类核心任务模式都存在。某北京董事会秘书指出："总经理发挥的作用与董事长不同。就公司治理而言，董事长的作用更大。例如，他必须处理与股东、与其他公司以及与公司内部各方的不同关系，而总经理主要负责经营。"

另一公司内部人士的经验表明，"董事长是非执行董事，其主要作用是主持会议。他对董事会成员各抒己见已习以为常"。该公司有三位独立董事，包括一名中国证监会的前负责人以及两名国外的行业专家。

源自国有企业的上市公司与没有该背景的新上市公司之间，也存在差异。下列讨论大多与董事长是核心人物的公司相关。就本研究的研究对象大型公司而言，这似乎是最普遍的。① 北京某律师证实了这一点："通常在特大型公司中，最重要的是董事长，然后才是第二层。通常前者非常有能力，而处在第二层的人就没有那么厉害……如果一个是董事长，另一个是总经理，后者通常没有前者强。"

北京证监会官员确认道："在中国，董事长是公司的头号人物，是真正的首席执行官。总经理由董事长委任，而不像西方的首席执行官。"

（二）董事长作为"核心人物"

源自国有企业的上市公司的董事长，往往是公司所在工业部门的技术人员或工程师。有些来自政府部门。他们通常是"政府官员，并通过政府的权力负责企业"。董事会和公司秘书对董事长就有关公司治理方面的了解，普遍持怀疑态度，部分原因是董事长之前的经验有限。

上海某董事会秘书注意到："大多数董事长都是政府委派的，不太了解公司治理。作为公司秘书，让他们了解公司治理实践，是我的职责。到目前为止，我还算成功。（公司）自1997 年上市以来，先后有五位董事长。他们大多数不得不依赖我的建议。"

北京某董事会秘书指出："董事长在公司治理方面的老师

---

① 某北京科研机构估计，超过60％的上市公司的董事长同时担任总经理。

是公司秘书……秘书花更多的时间同董事长交谈，这样董事长则能够更好地理解公司治理。"

深圳某董事会秘书说："这家公司两个月前更换董事长。新董事长需要时间学习公司治理。"

香港某公司秘书指出，许多董事长任期过短，因而无法充分了解公司治理。

另一位香港某公司秘书对董事长的看法是："大多数不完全了解公司治理。只有在有人告诉他们什么是公司治理、良好的公司治理能带来哪些好处后，他们才开始去理解它……对于香港上市公司（包括"H"股公司）而言，它们大部分业务在内地，而董事长也来自内地，这就意味着需要更多的时间指导董事长。"

某独立董事同时兼任上海某会计师事务所合伙人，他对该问题进行了很好的概括，他指出："如果你问他们，他们会告诉你公司治理的原则。但中国的问题是，他们说一套做一套。"持类似观点的不在少数。就公司治理问题为公司提供咨询的某律师指出："我不确定，国有企业的董事长对公司治理是否了解很多。"某投资者认为他们完全不了解，原因在于他们的政治背景和不同领域的定期轮岗。中央和地方政府都存在这个问题。大家普遍认为，其母公司由中央政府国有资产管理局管理的上市公司，与其母公司由省级或市级政府控制的上市公司相比，更加不受国家的管理。在我们的采访过程中，我们发现，当国有电信公司的董事长轮换时，在中央政府这一级存在一个这样的实例。

有些人认为，由董事长作为公司的法定代表人签署所有文件会对董事会文化造成问题。某大型钢铁公司内部人士指出："中国上市公司的董事长的职能，不同于西方的董事长。中国董事长是公司唯一的法定代表人。"不要求执行董事和其他董事签署文件，会放任他们逃避责任。要改变这一现状，需要董事长有意识地努力。这一文化也具有重大意义，尤其是涉及董事长向独立董事提供协助和信息这个方面。南京某上市公司内部人士提到该模式时指出："在中国的公司，通常当公司董事长在文件上签字后，其他董事会尾随其后纷纷签字。如果董事长没有签字，其他董事绝不会签字。因此，公司决策是由董事长作出的。因为董事长需要为整个公司设定基调，所以他应该更多地关注这些原则。"

董事长的签字对其他董事而言是一种暗示，意味着他们签署也是安全的。中国证监会某前顾问和独立董事在回顾其作为董事长的经历时，说道："他们越成功，在远离是非方面就越成功。消极地说，即使公司治理良好，或者股价或利润增加三倍，也没人会因此获得奖赏。你只需避开事端。在中国，这是一门真正的艺术。"

其他董事也意识到，董事长同政府的关系意味着，董事长能够对中国证监会施压，避免对其采取监管措施。

某电信公司董事会秘书指出，有些董事长也可能想分摊一些责任，而不是被董事会成员和外部人士视为唯一的法定代表人。他接着说："我们公司有5000亿的资产。所有这些资产由一个不愿意管理庞大资产的人管理，是非常难的，尤其在报酬极少时。我的董事长年收入只有20至30万，这真的什么也不是。你怎么能要求他为整个公司负责呢？"

（三）忠诚于政府和母公司

因为董事长往往在控股上市公司的国有企业中发挥重要作用，他们会面临政治压力。在中国最大型的企业中，最高层的管理人员可能会在政府职位（如省长和企业职位）之间调动。2004年年底，政府和上市公司间的无缝对接已经显现。在中央政府的指示下，中国三家在境外上市的电信运营商，互换了最高管理人员。这样做可能是为了抑制电信市场的竞争。投资者群体声称，此举破坏了投资者对公司经营自治的信心。①

这种行为模式可预见地引起了一些监管机构和公司内部人士表达这样的观点，即"中国的董事长职能不同于西方的董事长职能"。深圳某董事会秘书注意到："上市公司大部分董事长都是由大型国有企业派出的。他们倾向于表达其母公司的理念和观点。"某电力公司内部人士指出，同许多其他公司一样，他的公司是国有企业控股公司。因此，他说："公司很难拥有一位不在母公司担任行政职位的董事长。我们只有寻找其他方法来改善公司治理。"某汽车公司董事会秘书认为："一些上市公司的董事长仍然受计划经济的影响。大多数董事来自于控股股东并受其影响。"上海某母公司控股的国有企业董事会秘书指出，董事长对公司治理的了解和实践大有提高："在过去两三年里，监管机构一直在大力推动（公司治理）……公司面临关于公司治理实施的持续性监管。我相信，外部压力将迫使董事长有所作为。"

（四）董事长知识和实践的改变

尽管整体而言，董事长对公司治理和公司实践的知识在增加，但在一些上市公司，董事长的任期还相对较短。因为董事长必须参加公司治理培训，与董事会其他成员相比，他们有时候可能会更加了解公司治理。如果任职够长，他们也能从他们的经验中学习公司治理。深圳某董事会秘书指出："自 2003 年起，越来越多的管理者已经认识到，他们应该注意小股东的利益，如增加透明度，也更愿意走出公司，会见投资者，并组织面向中小投资者的路演……"

---

① Justin Lau, Richard McGregor and Andrew Yeh, "Investor Concern over China Telecoms 'Musical Chairs'", *Financial Times* (*Asia Edition*) (2 November 2004) 15.

如果在公司首次公开发行股票期间，董事长就已经担任此职，他们就会从其超过两年或更多年与证监会和证交所打交道的经验中认识到，董事长职能的转型需要花时间完成。即使在最大型的公司中，在特定情况下如何遵守公司治理的要求，董事长仍然依赖董事会秘书提供建议。某大型石化公司董事会秘书发现："董事会会议召开前，董事长会就具体细节咨询我的意见。对于非常重要的事项，我们会咨询国内外的专业人士，如律师。"

这反映了董事会秘书的重要性，他们是公司治理改革的代理人，并同时是积极接受中国证监会和证券交易所培训的人。对董事会秘书的看法因人而异，他们或是公司治理的拥护者，或是独立董事的朋友，或是中国证监会和证券交易所的间谍。最有影响力的是那些兼任董事的董事会秘书，但在这种情况下，他们的公司治理事务可能无法反映其公司治理知识，因为他们同样会受到董事长和控股股东的影响。

六、经 理

《公司法》要求公司设立经理，经理也可以是董事。通常，与董事长相比，经理对公司治理所知甚少。影响经理知识及实践的主要因素包括自身背景、有限的上市公司治理经验、与董事长和母公司的关系以及是否是董事会成员。

如上所述，在一些公司，经理是有效控制公司的"关键人物"；在百强上市公司中，这种情况虽然存在，但并不普遍。在上海物资贸易公司，党委书记是经理而不是董事长。在该公司，经理和董事长都是由国有母公司任命的。如果经理是关键人物，通常两者都由母公司任命；如果董事长是关键人物，经理通常要服从董事长的意见。然而，经理可能由于董事长缺乏商业经验而掌权。企业的历史对此有重大影响。正如一位北京律师指出："每个企业有自己的政治。经理必须应对内部和外部的政治。经理可能有时拥有权力过多，有时则缺乏权力。"证监会一位前顾问指出，更通常的安排是关键人物为董事长，而这会给经理带来源自于公司内部的压力："首席执行官实施董事会的决议。他要向他的董事长保证，他表现不错，会完成董事长的目标，并服从董事会的指示。在中国公司，董事长是战略性人物（通常是党委书记），不会在政治上和政府脱离关系。"

在这种情况下，经理不可能在公司治理问题上独立行事。经理的不同职能也使他们对公司治理有不同的见解："如果董事长对公司治理有不同的理解，那是因为他看待公司治理的角度不同。董事长重视监督，而经理则更关注管理。"

另一位董事会秘书对此问题作出总结："通常经理关注经营性事务，仅有30%的经理知道什么是公司治理。他们视赚钱为主要目标。"一家青岛董事会秘书同意此观点："相比公司治理，经理更关心利润最大化以及投资者关系。"有家公司的内部人认为这是合理的，因为"经理的职能是管理公司，而不是设立公司的架构。（公司治理）是董事、董事长以及董事会所关注的事情"。

上交所的一名官员对经理的观点是："经理主要关注经营性事务和人力资源事宜。（他们）依靠公司秘书执行公司治理法规。"

对于上市公司而言，在公司日常管理中，越来越多的公司治理常识正变得不可或缺。正如一家公司董事会秘书指出的，尤其是在涉及"和投资者保持密切联系"，或面临"如果公司治理不佳，股价会受到负面影响"的问题时，公司治理常识必不可少。一家公司经理秘书的经验反映着这种变化，他指出："经理更多地亲自处理这些事务，因而关于公司治理原则就了解更多。"一位来自丑闻报道比大多数其他上市公司多的公司的内部人士认为:"对首席执行官或经理而言,他更加迫切地需要关注公司治理问题。一方面,他有商业目标。而另一方面,任何丑闻都会影响他。他需要平衡商业经营与公司治理。"

当经理也是董事时,他们对公司治理程序会更加敏感。一家中国香港某公司秘书兼多家中国内地公司的前董事会秘书指出:"有时,经理同其他董事一样,也是董事会成员的一员。在日常管理中,他们不得不比其他非董事经理更多地关注公司治理法规。"在一家深圳公司中,经理同时也是董事会成员,他更加关注股票交易引起的市场反应,以及在向大股东拟发售新股时中小股东权益的重要性。作为一名董事,他将小股东的立场带入董事会,并用此与大股东博弈。他也安排小型投资者和机构投资者同大股东会晤。于是,董事会的其他成员赞同他放弃拟发行新股的观点。

显然,经理的个人经验和背景与其对公司治理的了解有关。在一些公司,经理对该职责没有多少经验。一名上海董事会秘书对他公司的情况阐述道:"说实话,我们现任经理是第五任。他们大多数不是很了解公司治理,而不得不向我咨询。"与之相对,在一家深圳的公司,"经理同时是一位有20多年经验的董事,他理解公司治理原则"。一家上海公司的经理是前董事会秘书,他"非常了解公司治理"。一位前证监会管理人员认为,在利用上市公司不断进行国际性扩展的国有企业中,经理对公司治理的了解非常深入。相对于公司大多数其他人而言,有海外商业教育背景以及海外商业经验的经理,也被认为对公司治理问题更加了解、更富有经验。

七、执行董事

正如对董事所进行的一般性讨论所指出的，执行董事通常更关注经营性事务，更可能规避如关联交易等问题的公司治理原则。执行董事对公司治理的兴趣可能受限于其对特定事项的关注。执行董事可能会对国有母公司更为忠诚。如果执行董事雄心勃勃，他们会遵循能够让他们在大股东公司内部获得晋升的事业之路。执行董事很少意识到潜在的个人责任，而更加倾向于依赖董事长和国有母公司保护他们。执行董事掌握公司较详尽的信息，这使得他们更有机会滥用它们。某保险公司内部人士对董事会的决策评论道："上市公司的董事首先要和控股股东协商，这是国有上市公司最大的问题。在大多数国有上市公司中，董事长和高管由政府任命，因此董事对涉及政府或控股股东的议题都十分小心。"

人们普遍同意这种观点。中国证监会上海证监局的某成员认为："对于上市公司这已是司空见惯。在作出任何重大决策前，董事会成员必须先与大股东协商。"上海某董事会秘书指出："由政府任命的上市公司董事，在作出重大决策前会咨询政府的意见。"根据北京某法律学者的经验，"董事必须要实施国企的决策"。香港特别行政区某监管者同意此看法："尽管政府只是公司的大股东，董事却把自己的职责视为对政府负责。这是重大障碍所在。"这些决定影响董事们的未来职业。某驻京会计师兼审计师曾指出："对于重大决策，董事会常常表明，他们必须考虑母公司的利益，因为董事会成员的下一步事业发展，取决于他们的表现，以及母公司对他们的表现所作出的评价。董事长成为高级官员的事例也很常见。"

香港某公司秘书认为："董事不考虑政府政策而作出商业决策的观点是不现实的，尤其是那些想在政府体制内升迁的董事。"因为大股东通常是国家，不是每一个人都认为董事的这种做法不合理。某上市零售公司董事会秘书指出："因为国家持多数股份，所以这些上市公司的决策会涉及国有资产。公司在向董事会或年度股东大会提请表决之前，就必须先与政府沟通。"

另一董事会秘书认为，为了决策制定的有序性，上述做法是必要的。他将其阐述为一种协商方式："因而，在正式的董事会上，董事不会感到尴尬……这是为确保正式董事会会议顺利进行，确保在会议结束时他们会签字。"有些公司通过让母公司董事长兼任自己的董事长来规避董事会会议和与大股东的协商，"公司需要和母公司协商重大决策，并且决策要符合母公司的利益……公司的董事长同时也是母公司的董事长。因此，做决策时，就不再需要咨询母公司意见"。

另一董事会秘书指出这种兼职模式的优势："在这类上市公司中，上市公司的董事长同时是其母公司的常务董事。但是，如果拟投资额超3亿美元时，董事会必须咨询政府。"香港特别行政区监管层也指出这些联系的积极方面，能促使执行董事合理行事。"它具有两面性。第一，它意味着国家承担与上市公司有关的声誉风险。政府希望上市公司经营运作得体，从而公司运营效果不会如同家族控制公司那样糟糕……"

某监管官员指出："我认为它具有两面性。有时，它发挥积极的功能，在处理特定问题方面，公司能迅速并果断地行动。"某香港公司治理的积极人士也持此观点："国家知道公司治理至关重要，并不得不将更好的公司治理面貌与国家自身的需要进行平衡。"

总体而言，执行董事更为关注经营性事务，对公司治理所知甚少，并且对此也很少关注。某上市公司内部人士指出："独立董事与执行董事的关注点不同。执行董事可能更多地关注利润，而独立董事则更多关注小股东。"某广州公司的董事会秘书认为："执行董事与非执行董事对公司治理有不同理解，是因为他们对公司的了解、他们的专业领域以及对相关规则和法规的理解都不同。另外，他们是否忙于……公司的经营性事务，也与此相关。"

对上市公司而言，同媒体和机构投资人的沟通交流变得日益重要，这要求与他们打交道的执行董事需要具备良好的公司治理知识。

八、独立董事

《公司法》第123条要求上市公司根据国务院的规定，在公司董事会设立独立董事。独立董事的设立，旨在约束大股东的权力和影响力。设立独立董事起初受到上市公司的抵制，他们任命独立董事仅是为遵守上市规则及其他要求。如今，独立董事似乎越来越受到除大股东之外的其他股东的认可。某广州公用事业公司董事会秘书指出："在我们公司，独立董事不是由大股东提名，而是由持股不到5%的小股东提名。"

独立董事的独立性、履职能力及表现都受到严重质疑，而现有规章及监管者对此束手无策。某保险公司的知情者强调了一个共同的观点："中国还没有关于独立董事的完整法规。公司要解聘独立董事很容易。有一些案例……其中，独立董事反对董事会，却被董事会解聘。"上海某董事会秘书回忆道："建立独立董事制度的目的，在于限制并约束大股东的权力。独立董事的职责包括三方面：未经独立董事批准，不得进行关联交易；披露关联交易内容；独立董事可以对高管的任命提供建议与意见。即便没有人关注独立董事的观点，它们也必须被公开。"

独立董事的独立性从一开始就受到影响。独立董事如果想

得到任命并继续担任董事，他们就需要得到大股东的支持。某
上海证券交易所官员指出，这意味着"控股股东的董事长对
独立董事的提名及选任发挥主要作用"。深圳某董事会秘书认
为这是现行制度的重大缺陷，他指出："独立董事制度已经搞
砸了，因为它只是仿效美国的模式而并未解决基本问题。独立
董事必须真正地独立，在现实中他们并非如此。独立董事往往
是公司管理层从他们的朋友中邀请的……"

独立董事也是由大股东支付薪酬。纽约某上市公司内部人
士指出，在确定独立董事的薪酬时，需要平衡相互对立的利
益，"在决定如何支付独立董事薪酬前，我们调研了其他公司
的独立董事薪酬。我们付给独立董事们的薪酬是执行董事薪酬
的10%。因此，我们遵循了国际惯例……我认为，我们不应
该支付独立董事太多的薪酬"。

当然，类似问题也并非仅在中国上市公司中发生。独立董
事的选任可能是基于已知的独立董事的忠诚。上海证券交易所
某官员指出："董事并非真正独立。他们要么是首席执行官的
朋友，要么因为他们的友好而被选任。一名复旦大学教授辞去
自己的独立董事职位，他因为拒绝签署一份文件而受到董事长
的施压。"

北京某董事会秘书同意此观点："公司通常挑选朋友作为
独立董事，而这样的独立董事无法恰当地发挥他们的作用。"
另一位北京的审计师兼会计师也支持这种观点："他们大多数
是由提名他们的大股东挑选的，因此独立董事和大股东关系密
切。"某航空公司内部人士指出了另一个困境："决议由董事
会多数成员作出。因此，多数董事可能不采纳独立董事的观
点……但是，如果独立董事的权力超越了董事会，则会产生
问题。"

许多中国百强上市公司的独立董事被认为不具备适当的技

能。针对一些上市公司解雇担任独立董事的学术型律师和会计师的情形，一位法律顾问指出："他们主要是学术人员，对实务了解很少。"一位公司法领域学者观察了他的同事，他说："现在，他们都是董事。但他们缺乏可靠性。"广州某公司董事会秘书的经历是："独立董事之间差异很大。一些董事特别关注公司治理问题。另有一些董事仅仅出席董事会会议而不做其他事情。独立董事能否起到重要作用，取决于他的经验和背景……（这）也取决于他为公司投入多少精力。"

许多公司发现，他们寻找到的适合担任独立董事的人都拒绝了他们的请求。某董事会秘书认为："在现行监管环境中，他们要承担很大的责任，但是除报销费用之外的报酬不多。"此外，还缺乏经济上的激励。有董事会成员认为，除报销费用之外，独立董事不会有任何报酬，"因为党的纪律方针，党员不允许获取双份工资。许多独立董事从他们自己的单位领取工资"。

一般认为，在中国香港特别行政区和海外上市的公司，它们的独立董事既有能力又更加独立。香港某律师认为："独立董事常常由富裕的退休资深律师和会计师兼任，而他们不会向董事会屈服。"同样，许多有金融和商业背景的退休政府高官，出任独立董事后，会为他们的公司作出重大贡献。他们使董事会会议变成"讨论问题的会议，而不再仅仅是宣读文件的会议"。外国专家也被认为会给中国公司提供宝贵的专业知识。这些专家包括上海浦东银行董事会聘请的，来自高盛和花旗集团的一些独立董事。某投资银行金融分析师认为，关键因素在于将其个人的专业声誉置于风险之中。"一个人不会跨越底线，尤其是将牺牲这个人的正直声誉时。在亚洲存在的问题是，独立董事是退休的公务员，他们并没有多少处于风险的职业资本"。

这种情况也许正开始改变。某上海公司董事会秘书认为声誉正变得日益重要："越来越多的人非常认真地对待他们的声誉。声誉甚至比从公司获得的薪水更重要。许多独立董事如果发现他们无法得到足够的信息或不能代表小股东的利益，就会辞职。"

一名董事会秘书认为，这就是独立董事比监事会更重要的原因："独立董事比监事会发挥的作用更大，因为独立董事可能是名人而更加注重自己的声誉。"有位北京的学者在反思自己担任独立董事的近期经验时，证实了他的声誉的重要性，他指出："由于独立董事从公司事务获得薪酬，他们便可能丧失独立性。独立董事渐渐开始辞职。我最近辞去两家董事会的独立董事职务，因为他们不采纳我的建议。"独立董事面临的问题在于，如何获得赖以提供建议或作出决策的信息。北京某董事会秘书指出："独立董事很难获取公司的商业记录。理论上，他们可以提出问题。例如，通过审计委会议提问。可是实践中，独立董事如何辨别公司提供信息的真假？即便是审计师事务所也无法得到这些信息。"

另一名董事会秘书的经验是，"独立董事不经常来公司察看。谈论他们对公司治理的理解，是非常困难的"。有些独立董事只关注重大的关联交易，而并不关心其他事务。因此，人们常常用一些装饰性词语形容独立董事。通常，人们把他们比作"花瓶"。英语中的此类词语也长期用来描述其他国家的独立董事。①

---

① Henri M. Bybelezer, "The 'Corporate Governance' Debate and the Modern Theory of the Firm: Some Lessons", in Laza Sarna, ed., *Essays on Law and Business Practice, Corporate Structure, Finance and Operations*, Vol 5, Toronto: Carswell, 1988, p. 53. 在这篇文章里，作者将独立董事描述成为 "管理层的橡皮图章""简单时代的古怪遗迹""老化过时""残留的阑尾""金融小白脸""微劳而受重酬者"和"橱窗装饰"。

　　尽管存在这些评价，但整体而言，独立董事被认为对公司治理有更好的和与众不同的理解。中国证监会某前主管人员认为，"取得许可资质的独立董事，对公司治理有良好的理解"。某香港公司秘书持类似的看法。上海证券交易所某官员赞同此观点："独立董事对公司治理问题有更多的了解，因为他们负责监督首席执行官和其他的管理人员，确保他们为股东的利益服务。"北京某公司内部人士也指出，"独立董事知道的情况更多"。

　　独立董事也认为他们自己就公司治理受过更好的培训，拥有更好的理解以及更多的实务经历。在其他公司担任独立董事的某中国百强上市公司董事会秘书指出："像我这样的独立董事非常重视公司治理……"，上海某商业型学者兼独立董事认同"独立董事是不同的"。

　　证交所某官员认为，甚至独立董事本身就是有益的，因为"董事长不得不预先考虑独立董事的反应"。也有迹象表明，其他董事会考虑一位独立董事的辞职可能会传达什么信息。在南京一家公司，"独立董事已经否决两个项目，并且执行董事尊重他们的意见"。另一家南京公司董事会秘书指出："已经有一些独立董事反对执行董事的案例，比如，拒绝签署一项提案。这已给市场传递独立董事能公然反对董事会的信息。"

　　上海某公司内部人士发现，在监督的作用方面，独立董事比监事会更有效果，因为"很多独立董事已经辞职。但我从未听说有监事会成员辞职"。这也表明独立董事正承受来自监管人员的压力。证监会下属的省级证监局某官员指出："当关联交易被媒体曝光后，我们就要求所涉上市公司的独立董事解释他们针对该交易所出具的意见。"独立董事正面临新的考

验，因为之前上市公司中的非流通国有股，现在正流通
上市。①

九、监事会

用独立董事来平衡国有母公司在董事会的支配地位，给监
事会制造了新的难题。某证监会官员注意到，设立独立董事造
成寻找适合的监事变得更加困难。他还指出："其中一个严重
的问题是，如何平衡监事会。"独立董事制度的引入，除遭受
董事会的各种问题的考验外，它也挑战监事会的地位以及董事
会与监事会在公司治理结构中的互适性。这反映出监事会是失
败的，从而奠定了废除监事会的基础。某证监会的前管理人员
声称："证监会推动独立董事的设立，是因为他们认识到监事
会不起作用。"证监会下设省级机构的某职员也持这种观点，
他认为"监事会在公司治理中没有发挥任何作用"。而在中国
内地以外注册成立的公司以及在中国香港或离岸市场上市的公
司中，都没有监事会。

与德国的监事会一样，中国的监事会由雇员代表和股东代
表组成。这些监事有能力代表这些群体在公司中的利益。监事

---

① 至 2005 年年底，大约有 50 家公司被选为上市试验，其中包括财富上榜
公司。单伟建是宝山钢铁公司的独立董事，他当时反对母公司宝钢集团的股权计
划。该计划提议，宝山公司股东每持 10 股流通股便可获得 2.2 股。该计划同时也
保证，在未来的三年内不再出售股份，且回购一定数量股份，以稳定股价。在此
之前，宝钢集团董事会通过决议，自 2005 年起到 2007 年，为每股支付最低的现
金红利 32 分。美国新桥投资集团（美国私募股权）的香港董事单伟建在《财经》
杂志发表公开信，反对这一计划。他认为，赠送股份违反了市场供需机制。他同
时也相信，建立最低分红以及提议股份转让机制，会对债务与权益资本造成影响，
放贷人会有所谨慎，而公司继续出售股份的能力也会受到限制。但他并没有得到
少数股东的支持。某少数股东说："我持有的 B 股损失了 65%。A 股除了宝山钢
铁，也有 50% 到 80% 的损失额。我对这一股权计划表示满意。" Jane Lanhee Lee
and Sun Yan, "Baosteel Holders Appear to Approve Share Overhaul", *Asian Wall Street
Journal*（15 August 2005）M11.

履行独立董事和审计委员会的许多职能。监事有追究对公司造成损失的董事的不当行为的权力，是普通法系国家中派生诉讼的一种替代。在派生诉讼中，股东可以以公司的名义提起诉讼，要求董事偿还其所处置的资产或其他权益。在这个方面，监事的职能受到国家股东所具有的支配地位的损害。在监事会这一制度背景下，某国有制药公司内部人士评论道："由于法律制度的问题以及不同部门的利益，公司仍以旧的方式运营。管理层……不是由股东选举产生的，而是由政府任命的。"

青岛某公司董事会秘书认为："如果国家是大股东，那么监事会在公司中就几乎没有影响力；因为监事是由董事任命的，而董事又是由国家任命的。"北京某公司内部人士证实："我们只有一个大股东。我们所有监事会成员都来自母公司。"某大型发电厂董事会秘书在无意间肯定了这一观点："我们有一位很睿智的人担任监事会主席，他是我们母公司的财务负责人。因此，他充分意识到公司治理的重要性。"

监事会成员一般不具备有效监管公司的经验与信息。某北京的律师指出："即使董事和经理的利益与公司的利益存在冲突，监事也不能做什么。"另一位北京律师发现："监事在公司治理中尚未发挥积极作用。有时，他们想发挥作用却不能这样做。例如，因为他们是公司的退休人员，他们只想和董事会保持良好的关系，并从董事会那里获得不错的待遇。他们只想与管理层保持良好合作关系。"

监事们也缺乏监管动力。一家纺织公司的董事会秘书对其公司的监事评论道："这些人在行业内名气很大，但他们对公司治理并没有投入多少精力。"即使监事们具有动力，他们介入公司治理的途径也有限。在一些公司，监事们会听取董事会秘书的简要报告，并"坐在"董事会会议中。有时，监事会主席也是如此。很多公司似乎都没有监事参与的程序。一家大型石油化工公司的一名内部人士表示："我们如何能使监事会的观点传递到董事会会议呢？根本没有这样的机制。我们还没有设计出良好的体制，因为监事会仅需要向股东大会汇报。监事会根本没有权力向董事会传递他们的意见。"

与德国监事的职能相比较，监事代表工人利益的能力因中国工会具有的不同角色而受到影响。在中国公司，并不存在代表工人的独立的工会。对于确保劳资双方集体谈判中的诚实信用所需的信息，工会没有机会获取；而劳资双方集体谈判是德国类似制度的产物。① 一些观察员向我们指出，工会与管理层和党是如此密切相关，导致本文研究群体之外的外资控股公司请求在公司设立党委，来处理与工人相关的纠纷。② 某上海律师指出："惯例是由工会负责人担任监事会主席。他们没有与管理层谈判的经验，并对公司治理一无所知。"深圳某公司的内部人士也指出："中国的监事会，不同于日本或德国的监事会。它更像是一种形式，而不是一个真实的事物。这是因为它唯一的权力是监督性质的。但是，没有后援，很难想象监事会如何发挥监督功能。"

并不是每个人都已经放弃发挥监事会的功能。一家大型石化公司的董事会秘书注意到，他的公司已经尝试扩大监事会权限，使监事会有权每年对董事会的绩效进行评估。在上海，证监会一直在鼓励公司发挥监事会的作用："监事会的事后监督与独立股东的事前监督不同……当我们需要某公司任何高管人

① Viet D Dihn, "Codetermination and Corporate Governance in a Multinational Business Enterprise", *Journal of Corporation Law*, 24（1998）：975. 之所以有此问题，是因为《公司法》第18条规定所造成的工会结构。该规定要求公司通过职工代表大会或者其他形式，实行民主管理。在决定经营方面等重大问题时，应当听取公司工会的意见，并通过职工代表大会或者其他形式听取职工的意见和建议。

② 外资企业也正在建立党支部和共青团。"Communist Party Sets up Shop in Mainland Wal-Mart Store", *South China Morning Post*（25 August 2006）1.

员违反义务的信息时，我们会要求监事会进行调查。有些监事对我们坦言，他们面临双重困境。第一，作为公司雇员，监事不能与董事平起平坐，许多董事同时也是公司高管。第二，作为领取薪酬的雇员，监事并不能真正独立于公司。"

在监事会发挥功能的其他情形中，人们认为他们的主要职责是核实公司的账目，有时对财务部门实施一些监督，而这一职能与一些执行董事的职责以及公司审计委员会的职责相重叠。另外，公司有重大投资活动时也会咨询监事会。仅有一份记录记载了监事会抵制国有母公司侵犯上市公司权益的情形。某保险公司的内部人士指出："在我的公司，监事会主席精通公司治理……集团公司想控制上市公司。监事会主席强烈反对其控制，并且努力督促重新审议集团公司控制。"

尽管国务院国有资产监督管理委员会仍积极推动监事会在引导公司上市过程中的职能，[1] 但是有许多人认为监事会是早期的残存物。一位证监会前顾问认为："在朱镕基担任总理时，监事会表现更积极。如今，他们趋向更加形式化。"有位记者也认为："朱镕基关注监事会的意见。"他们现在通常被视为是遵守《公司法》的形式产物，因为 2005 年修订的《公司法》仍然要求公司设立监事会。一家跨国会计所的北京合伙人认为"公司治理很难与监事会相关联"。更有甚者，一位向内地公司提供服务的香港公司治理顾问根本没意识到监事会的存在。

弥补监事会缺陷的失败以及人们普遍认为监事会与独立董事、审计委员会的功能相冲突，意味着监事会可能并没有前景。一家大型石化公司的董事会秘书指出："整体上，在中国

---

① 2005 年 9 月，北京地区就有超过 40% 的国有企业声称已经重组，以赋予监事会更多的权力。Hu Yuanyuan, "Beijing Seeks More Foreign Investment", *China Daily* (21 September 2005).

的上市公司中，监事会的作用一直相对薄弱，尤其是中国引入独立董事制度之后。"人们认为，一些机构正履行监事会代表其他非股东利益的职能。上交所的一名职员观察到，在中国有三种监督机制——独立董事、监事以及党委。他还发现："一位证监会资深人士以及上交所的主席曾提出，他们不担心大型国企，因为每家国企都有许多监管机制，其中包括工会。他们更关注那些并非国企的私人公司的道德标准。"

一家在中国香港上市的内地大型公司的观点是，公司内部不设监事会对公司没什么影响，"作为国资委所辖的 187 家最大型的上市国有企业之一，公司有一些国务院任命的官员监督我们。他们只是来查看我们在做什么"。

这是指由国务院任命外派监事会的制度。外派监事会向国务院汇报国有金融和银行机构的经营情况。由于这些机构的巨额资产准备上市，根据《公司法》，外派监事会由公司内部监事会取代。[①] 外派监事会还将在那些身为上市公司母公司的国有企业中继续存在，这为上市公司提供了另一种潜在的、间接性的规制。

有两家董事会秘书也许已经为监事会写下了墓志铭。一位是来自一家大型国有电信公司，他传达了一种共识："监事会在中国的公司中没有用处。他们不代表任何人。我公司大多数监事是公司的雇员。他们不能做任何决定。"另一位是来自一家大型钢铁公司，他指出："目前，在我们的公司治理结构中，我们无法给监事会合理的地位。在我们的公司，我们遇到的问题是，如何把监事会同股东大会以及董事会联系起来。"

---

① "China Issues Rules to Supervise State Banks, SOEs", *China Securities Bulletin* (23 March 2000) and "Governmental Supervisory Boards Set to Fade Out", *Sino Cast China Financial Watch* (29 September 2004).

十、结论：中国公司治理知识和实践的转变

在百强上市公司中，随着董事会成员对商业公司经验的不断增长，他们对公司治理原则和实践的了解也日益增加。国家作为推动中国公司治理运动的重大力量，却同时被认为是公司良好治理的主要威胁，这是自相矛盾的。对于缺乏所有权与管理权分离的中国上市公司而言，这一现象反复出现。国家作为所有者，能够任命董事长、经理、执行董事以及独立董事。这会影响这些董事的态度和实践。任命有政府背景的董事长和其他董事，还影响着董事会的知识水准，并被认为会增加董事会秘书的权力和地位。

在中国，存在一种公司类型，该类型的公司被一个关键性人物控制，这个关键性人物通常是董事长，有时也是担任公司党支部书记的总经理。这反映了在中国占主导地位的政治权力结构。在那些对政府非常重要的公司中，若被任命者只有有限的商业经验与较少的公司治理知识，那么现今的趋势是，其任期会相对较短。他们会忠实于国企母公司以及控制母公司的政府。

很多董事，包括一些董事长在内，对公司的情况了解甚少。总体上，总经理和执行董事对企业有较多的了解。执行董事对公司的了解可能是分裂的，并受限于他们所属的部门。执行董事倾向于更多地关注经营性事务，而对公司治理方面的事务关注较少。如果董事确实对公司了解深入，则存在这样一种值得关注的可能性，以及许多指控，即他们会利用公司的秘密信息为自己谋利。董事缺乏对公司的了解以及董事利用内部信息交易，在非中国公司中也很常见。

独立董事对公司的了解往往最少，并且他们在获取信息方面也面临很多困难：他们常常缺乏相关的商业技能和知识；往

往依赖董事会秘书获取信息；尽管董事会会议不常召开，公司似乎没有相关程序使得独立董事去公司的工作场所、工作地点或参与公司其他活动；他们的独立性因为其依赖于大股东对其的选任而受到限制。这使得独立董事基于压力，而批准上市公司与集团内部其他公司，尤其是母公司之间的关联方交易或关联交易。这些关联交易可能是合理的，因为部分国有企业资产上市时，国有企业业务的拆分方式导致上市公司不得不与其进行关联交易。考虑到潜在的责任以及对自己声誉可能受损的关注，越来越多意识较强的专业人士已经不再愿意担任独立董事。他们似乎越来越明白，独立董事的辞职效果是暗示董事会的决策存在重大问题。

独立董事已经造成监事会和监事的角色在很大程度上是多余的。监事会享有强大的政治支持，因为它似乎能使职工直接管理公司。其中的一个模式是由企业工会会长担任监事会主席。但是，当存在重大利益冲突时，政府、党与工会之间的紧密关系使得工会无法有效维护工人的权益。而且，监事往往是公司的雇员，他们不具备有效参与公司管理所必需的商业技能。

公司治理及其实践的信息水平改革的主要代理人是董事会秘书，他是公司与证监会、证交所的联系渠道。证监会与证交所也需要董事会秘书传播公司治理方面的信息。如果董事会秘书同时也是董事，那么，他将最了解公司治理以及与之相关的对董事会的监管要求。但他们的实践也许并不会反映出这些，像其他董事一样，董事会秘书也受到控股股东——通常是政府的影响。

总体而言，即便是在百强上市公司，不同公司的董事以及同一公司的不同董事，对于公司治理知识与实践的理解，差异也很大。这反映着上市公司的背景，以及上市公司通过他们的

中国公司法

控股股东——尤其是关键人物——所保持的与国家和党的关系。受这些关系影响最大的是董事长和董事的任命，因为在任命董事长和董事时，选任干部的党的任命体制最具有发言权。人们认为，与母公司由省级、市级政府管理的上市公司董事相比，母公司由国务院国资委管理的上市公司的董事更加自由。所有的监管机构，包括证监会和交易所也是政治结构的一部分；因而很有可能的是，监管机构所建议的行动会受到该政治结构其他部分的制约。然而，政府的政策是支持在公司中实施的公司治理，这反过来会约束该政治结构的其他部分。

董事之间自身的差异，也会导致他们对公司治理原则的理解和热情有所不同。年龄超出 40 岁的中国人成长在中国没有市场经济，没有营利型商业公司的年代。他们所接受教育的机构受一种与经济活动不同的观念的支配。如果他们察觉到，全球化的市场经济不仅让他们更加没有职业安全感，而且也对中国的社会生活和政治生活产生其他的消极影响，那么他们就将不会独行。年龄低于 40 岁的人，在百强公司中很少成为高管人员，但不管他们处于何种职位，他们都会意识到，政府和党对他们的未来前景起到重大影响作用。在很多上市公司，有雄心壮志的人会发现，他们职业上的成功，将会带他们进入控股国有企业，以及进入负责管理那些经济活动的党政机构。这些给个人的激励不同于英美公司的激励。

对个人以及公司自身的公司治理程序可能产生重大影响的一种背景情况是公司的上市地点，因为上市地点会使董事长和董事拥有不同的经历。在国外上市的公司的董事长和董事，需要直接听取国外的会计师、审计师和律师的简报。在路演中，他们将面对机构投资者和分析家的批评和评论。中央政府的政策是将这些海外上市公司打造成为政府推动全球化的领军者。因此，即使这些海外董事个人具有不同的经历，他们的动机可能会与其他董事的动机相同，即在政府支持的项目中获得成功，并避免被免职或得不到晋升的任何麻烦。在上海和深圳两个交易所上市的公司董事，则很少受到这方面的压力。他们仍然继续面临一些压力，这些压力来自聘用专业顾问的增长以及证监会和交易所组织的各种培训。

不同于一些美国学者所预测的，这并不是中国经济演变转型过程中的暂时性特征。[1] 虽然经济转型正发生着，但其却由政府牢牢掌控。中国证监会和证券交易所都处于这一权力结构之中。当前的公司治理结构也可能会持续演变成非常具有特色的模式。中国百强上市公司的公司治理结构，似乎类似于由董事控制的西方公司模式的公司治理结构。但这些上市公司事实上由控股股东控制，而控股股东同时作为政府，也规制着市场。

原先，控制和管理企业的三方结构由国务院、党组织和工会组成；现在，控制和管理企业的结构正在变为由董事会、股东大会和监事会构成。这一过渡阶段有时被形容为从"三旧"到"三新"的转变，但是，这两种治理系统在中国大多数大型上市公司中似乎同时并存，并创造出一种新的合成系统。这一新的合成系统最终可能会创造一种英美和德日公司治理和董事职能模式的替代模式。对管理中国上市公司的相关各方在转型期间的易变性和混合性的现状，上海证券交易所某监管官员总结道："大多数（董事会）成员都理解公司治理原则。但是，在从中央计划经济向市场经济的转变过程中，一些董事仍然将其自身视为政府官员，并且他们可能认为与政府的关系要比与股东的关系更为重要。"

---

① Henry Hansmann and Reinier Kraakman, "The End of History for Corporate Law", *Georgetown Law Journal*, 89 (2001): 439.

论中国关于风险规制的公司治理规则：
以比较法研究看风险监督、
风险管理和企业责任*

郝唯真** 文

闫文嘉*** 译

简目

＊ Virginia Harper Ho, "Corporate Governance as Risk Regulation in China: A Comparative View of Risk Oversight, Risk Management, and Accountability", *European Journal of Risk Regulation*, *Symposium on Comparing Risk Regulation in China and the E. U.*, vol. 4, pp. 463-475（2012）. 本文的翻译与出版已获得作者及出版社授权。

＊＊ 郝唯真，美国哈佛大学法学院 J. D.，现任美国堪萨斯大学法学院副教授，Docking Faculty 学者。

＊＊＊ 闫文嘉，德国汉堡大学博士研究生，研究方向为公司法。

一、导论

风险管理可以被理解为，当公司面临不可避免的财务、经营、策略、信息以及法律风险时，所作的识别、监督、报告和反应。[①] 长期以来，风险管理和风险监督被认为是公司治理的核心问题。虽然各国对公司治理的确切定义各有不同，[②] 经济合作与发展组织（Organisation for Economic Cooperation and Development，以下简称 OECD）将之定义为，包括"公司管理层、董事会、股东和其他利益相关者之间的一系列关系，（以及）决定达到（公司）目标和监督执行方式的结构"[③]。简而言之，公司治理是"公司业务被管理和控制的机制"[④]。

近十几年来，由于安然公司、帕玛拉特公司和世界通讯公司的崩塌以及全球金融危机，世界主要经济体的公司治理

[①]　Marijn van Daelen, "Risk Management from an Accounting Perspective", in Marijn van Daelen and Christoph Van der Elst eds., *Risk Management and Corporate Governance: Intersections in Law, Accounting & Tax*, Cheltenham, UK: Edward Elgar, 2010, pp. 56 *et seq.*, p. 79. 国际标准化组织（ISO）将风险简单定义为"不确定性因素对一个组织达到目标的影响"。Marijn van Daelen and Arco van de Ven, "Introducing Risk Management", in van Daelen et al., *Risk Management*, ibid., pp. 1 *et sqq.*, p. 4. 关于定义和定位公司层面风险的途径，例如，William G. Shenkir, Thomas L. Barton and Paul L. Walker, "Enterprise Risk Management: Lessons from the Field", in John Fraser and Betty J. Simkins eds., *Enterprise Risk Management*, Hoboken, NJ: John Wiley & Sons, 2010, pp. 441 *et sqq.*, pp. 441-448。

[②]　Victoria Krivogorsky and Wolfgang Dick, "New Corporate Governance Rules and Practices", in Victoria Krivogorsky ed., *Law, Corporate Governance and Accounting: European Perspectives*, London: Routledge, 2011, pp. 33 *et sqq.*, pp. 37—38（关于欧洲各国对公司治理的不同定义）。

[③]　Organisation for Economic Cooperation and Development, *Principles of Corporate Governance* (2004), at Preamble, p. 11.

[④]　Report of the Committee on the Financial Aspects of Corporate Governance (The Cadbury Report) (1992), at 2. 5, http://www.ecgi.org/codes/documents/cadbury.pdf（最后访问时间：2012 年 11 月 23 日）。

改革，明确集中在风险管理和风险规制上。① 正如本出版物
（*European Journal of Risk Regulation*——译者注）早前一卷
所述，相关焦点着重于影响全球金融市场的系统性风险规
制，并将改革重点指向金融机构。② 但是，风险规制对于所
有上市公司，甚至是中小型非上市企业的溢出效应也十分
明显。③

　　本文是首篇以比较法视角，研究中国公司治理和风险规制
关系的文章。以股权集中为主导的经济体，如中国和欧洲大陆
国家④，与以股权分散为特点的市场，如英国和美国⑤，都采
用了类似的公司治理规则，来促进公司有效的风险监控和风险
管理——这些规则主要涉及董事会信义义务、内部控制机制和

　　① Commission Green Paper on the EU Corporate Governance Framework, COM
(2011) 164, p. 2.
　　② "Symposium on the Financial Crisis in the EU", 3 *EJRR* (2011); Commission
Staff Working Document: Corporate Governance in Financial Institutions: Lessons to Be
Drawn from the Current Financial Crisis, Best Practices, COM (2010) 284. Commission
Green Paper on the EU Corporate Governance Framework; Kern Alexander, Rahul Dhum-
ale and John Eatwell, *Global Governance of Financial Systems: The International Regula-
tion of Systemic Risk*, Oxford: Oxford Univ. Press, 2006.
　　③ EC Corporate Governance Green Paper, ibid., pp. 2-4.
　　④ 例如，Lucian Arye Bebchuk and Mark Roe, "A Theory of Path Dependence in
Corporate Ownership and Governance", in Jeffrey N. Gordon & Mark R. Roe, *Conver-
gence and Persistence in Corporate Governance*, Cambridge: Cambridge Univ. Press,
2004, pp. 74-77。和欧洲国家相比，国家所有和控制公司的支配功能作为中国公
司股权集中的主要原因，而股权集中在欧洲很多国家更多源于家族、银行和附属
企业的大量持股。Ibid., pp. 76-77; Reinier Kraakman et al., *The Anatomy of Corpo-
rate Law*, Oxford: Oxford Univ. Press, 2009, pp. 29-32. OECD, Corporate Governance
of State-Owned Enterprises: A Survey of OECD Countries (2005), pp. 24-36 (采纳不
同方法来比较政府在 OECD 成员国的角色)。
　　⑤ Bebchuk and Roe, "A Theory of Path Dependence in Corporate Ownership and
Governance", p. 73; Kraakman et al., *The Anatomy of Corporate Law*, p. 29.

风险管理机制的实施，以及强制性或任意性的披露规则。① 虽
然这些规则往往赋予管理者较大的自由度，但仍是直接和间接
风险规制的重要表现形式。

本文并不探讨金融机构的系统性和公司层面风险的规制
（这已有大量文献可以参考②），而是研究可适用于中国所有经
济部门的上市公司和非上市公司的、旨在促进公司有效的风险
监督和风险管理的公司治理工具。本文重点讨论中国对内部控
制和风险管理机制的规范。鉴于众所周知的、中国公司外部监
督和执行机制的缺陷，这些内部治理机制就更为重要，③ 然
而，在有关中国公司治理改革的研究中，内部治理机制却很少
得到关注。④

中国公司的投资者以及越来越多受中国投资者青睐的欧洲

---

① 因为高管薪酬有激励管理层的作用，高管薪酬是另一个促进风险管理的
措施。例如，Dodd-Frank Wall Street Reform and Consumer Protection Act of 2010,
Pub. L. No. 111-203, 124 Stat. 1376（2010）§ 953（要求披露高管薪酬）；Securi-
ties and Exchange Commission（SEC），Proxy Disclosure Enhancements, 74
Fed. Reg. 68, 334（Dec. 23, 2009, amended Feb. 23, 2010）（要求披露与风险管
理相关的高管薪酬政策和做法）。本文欲不全面地讨论高管薪酬管理体制的发展及
其与中国和欧洲公司风险的关系。

② 例如，Paul Sweeting, *Financial Enterprise Risk Management*, Cambridge：
Cambridge Univ. Press, 2011；Chris Brumer, *Soft Law and the Global Financial System*：
Rule-Making in the Twenty-First Century, Cambridge：Cambridge Univ. Press, 2012。

③ 例如，Chenxia Shi, *Political Determinants of Corporate Governance in China*,
London：Routledge, 2012, pp. 143-153（讨论中国《公司法》和《证券法》的执
行障碍）。Jianfu Chen et al. eds., *Implementation of Law in the People's Republic of Chi-
na*, Leiden：Martinus Nijhoff, 2000；Zhong Zhang, "Legal Deterrence：the Founda-
tion of Corporate Governance", 15 *Corporate Governance*（2007），pp. 741 *et sqq.*；
Jianfu Chen, *Chinese Law：Context and Transformation*, Leiden：Martinus Nijhoff,
2008, pp. 653-690；Donald C. Clarke, "Law without Order in Chinese Corporate Gov-
ernance Institutions", 30 *Northwestern Journal of International Law and Business*
（2010），pp. 131 *et sqq.*

④ 近年以来，虽然已经有几本关于中国公司治理的出色和全面的书出版，
但是没有文章涉及风险监控和风险管理在公司治理中的角色。例如，Chao Xi,
Corporate Governance and Legal Reform in China, London：Wildy, Simmonds and Hill,
2009；Shi, *Political Determinants of Corporate Governance in China*, pp. 143-153。

公司，对于公司治理中风险监控和风险管理的中国路径很感兴趣，因为中国在欧盟的直接投资额在 2011 年翻了三番，增长到 77 亿欧元，并且可能在 2020 年增长到 2000 亿或者 3000 亿欧元。[①] 比较法学者对于中国的例子也很感兴趣，因为中国公司治理的法律框架同时借鉴了欧洲大陆和英美的公司治理模式。[②] 同时，由于中国控股股东具有支配地位，国有企业在股票市场中也举足轻重，这意味着中国的经验也许对于其他新兴市场和欧洲的公司尤为实用。

中国最近有关全面风险管理（Enterprise Risk Management，以下简称 ERM）和内部控制机制的指导方针，反映了外国的公司治理改革趋势。但是，中国的监管者已经突破欧洲所采取的、以信息披露为中心的风险管理措施，[③] 取而代之以更加广泛和详细的措施，强制要求特定的内部控制程序，规定某些企业采纳全面风险管理机制，并考虑某些特殊风险。这种监管导向的模式，与中国历史上的自上而下的公司法改革路径是一致的，并且也许会更适合中国市场的独特环境。[④] 中国的这些发展，也支持现有文献中关于公司治理规则的路径依赖理论，并且，也认可中国公司治理改革其他方面的研究中所强调的形式趋同和功能趋同的差别。

---

① Jamil Anderlini，"China Investment in Europe Triples"，*Financial Times*（*on-line*），6 June 2012.

② Shi，*Political Determinants of Corporate Governance in China*，pp. 38-124；Xi，*Corporate Governance and Legal Reform in China*，pp. 38-42，220-224.

③ 这并不是意味着欧洲的风险规制完全以信息披露为基础。例如，第二部分所述，信义义务在欧盟成员国在强制风险监控中也扮演一定的角色。要求公司将对第三方利益相关者的损害风险内化的实体法规，以及要求保险业和银行业等金融机构负责风险监控的规则也是这些欧盟成员国风险管制体制的重要组成部分。

④ 关于这段历史，通常参见 Shi，*Political Determinants of Corporate Governance in China*。

二、欧洲公司治理规则和风险规制

对公司治理和风险监督或风险管理关系的传统理解，着重于关注公司内部的代理问题。① 这些研究的一个中心主题是，将厌恶风险的董事和管理者的利益，与追求营利机会的股东的利益，保持一致。这要求激励公司管理者适当的冒险行为，例如，通过高管薪酬结构给管理者自由度比较大的信义义务标准来激励管理者。②

与此同时，如下文所讨论的，公司内部风险管理结构和董事风险监督责任（或者双层委员会制度中监事的风险监督责任）在某种程度上，阻止管理者和雇员从事产生潜在法律风险或者其他可能减损公司价值的"过度"风险行为。从这个角度来看，要求公司本身实施风险监督和风险管理的公司治理规则，是一种在公司、公司董事（和监事）和管理者、股东以及其他利益相关者之间的风险分配手段。③ 然而，根据现代投资组合理论，股东被推定为对这种可以被分散的公司层面的

① Frank H. Easterbrook and Daniel R. Fischel, *The Economic Structure of Corporate Law*, London：Harvard Univ. Press, 1991, pp. 99-100. （"管理者特别希望避免风险，因为他们不能将其人力资本价值分散化。而股东很容易通过资本市场分散风险。"）在股权十分分散的经济体，如公司治理以所有权和控制权相分离为标志的美国，这些顾虑最为贴切。然而，在公司股权集中的经济体，如欧洲和中国，要使在复杂组织结构中的母公司和子公司目标一致，甚至也会产生类似的代理问题。Kraakman et al., *The Anatomy of Corporate Law*, pp. 35-45 （讨论公司中三个核心代理问题）。

② John C. Coffee, "Shareholders versus Managers：The Strain in the Corporate Web", 85 *Michigan Law Review*, pp. 15 *et sqq.* （发展抵御管理者风险的模式）；Easterbrook & Fischel, *The Economic Structure of Corporate Law*, pp. 99-100。

③ 例如，因违反下文所述的风险监督信义义务，而造成公司或第三方实质性损失，董事和管理人员要承担个人责任。实际上，这些规则将一些与公司决策相关的风险，从公司和第三方转移到董事和管理人员。

风险漠不关心。① 对投资者而言，更重要的是会影响多元化投资组合价值的系统性风险。②

近些年，这些普遍化的观点已经有所修正。对于经营有系统性市场反应的金融机构，公司治理已经被视为一个限制管理层过分冒险行为的必要手段。③ 在金融业之外，识别甚至降低公司特有的风险，对于众多高度分散的长期投资者来说，也变得十分重要。对于这些"广泛所有者"而言，在投资组合公司中，任何一家公司外在化的风险成本，都可能对其他投资组合公司产生负面效果，或者事实上会间接地影响整体经济形势。④ 监管机构也认识到，一些公司所面对的风险具有重大的社会影响；同时，另外一些公司可能从事关键性的基础设施行业；在这种情况下，公司层面的风险管理也会产生系统性的后果。⑤ 由于控股股东的投资不完全分散，他们会从有效的公司层面风险管理实践中直接获益。所有这些因素都要求公众公司有更高的风险透明度，以及更完善的风险管理实践。

然而，政策制定者认识到，有效的风险管理不是要消灭风险——风险对创造利润非常重要——而是保证最优的风险承担。⑥ 因此，风险承担和风险管理，不仅仅对公司的潜在责任

---

① Easterbrook & Fischel, *The Economic Structure of Corporate Law*, pp. 99-100; Stephen A. Ross, Randolph W. Westerfield and Jeffrey Jaffe, *Corporate Finance*, New York: McGraw-Hill Irwin, 9th ed. 2010, pp. 347-348.

② Id. 这些风险也被描述为"不可分散的"风险。

③ EC, "Corporate Governance in Financial Institutions", p. 17.

④ James P. Hawley and Andrew T. Williams, *The Rise of Fiduciary Capitalism*, Philadelphia, PA: Univ. Penn. Press, 2000, p. 3（定义"广泛所有者"）。这些成本包括环境损害、管理层贪污腐败和反竞业行为的成本。Ibid., pp. 4-5.

⑤ EC Corporate Governance Green Paper, p. 10.

⑥ EC Corporate Governance Green Paper, p. 10; EC, "Corporate Governance in Financial Institutions", p. 17.

日益重要，也与公司的战略与盈利能力联系密切。①

下面进行的讨论，将概述欧盟及其成员国所采纳或建议的，直接或间接规范公司风险管理的公司治理准则的重要内容。它们主要包括公司法、证券法、会计准则和证券交易所上市规则中规定的一些原则。欧盟更广泛的公司治理监管体系，还包括国家层面已经采纳的"软法"性建议和公司治理准则。上市公司在向公众披露信息时，必须参照可适用的公司治理准则，并且根据"或遵守或解释"的原则，报告其与准则的一致性。②

此外，公司可以通过加入自愿性机制，如《联合国全球契约》，③ 通过发表可持续性报告、公司社会责任报告或采纳行为准则等，对与利益相关者有关的风险负责。本文概述的规则在于解决对公司及其股东有实质性影响的风险，其中一些要求会直接或间接地解决因公司经营对其他利益相关者如雇员、债权人以及公众产生的风险。因此，这些规则补充了直接金融市场监管规则，以及规定公司报告义务和合规义务

---

① 例如，Mark S. Beasley and Mark L. Frigo，"ERM and its Role in Strategic Planning and Strategy Execution"，in John Fraser and Betty J. Simkins eds. , *Enterprise Risk Management*，Hoboken，NJ：John Wiley & Sons，2010，pp. 31-50；Virginia Harper Ho，"'Enlightened Shareholder Value'：Corporate Governance Beyond the Shareholder-Stakeholder Divide"，36 *Journal of Corporation Law*（2010），pp. 61 *et sqq.* , pp. 82-86.

② Council Directive 2006/46/EC Amending Directives on the Annual Accounts and Consolidated Accounts of Certain Companies，OJ 2006 L 224/1（Amendment to Accounting Directive），at Art. 1，par. 7 ［将 Art. 46（a）纳入与公司治理准则相关的 Directive 78/660/EEC］；EC Corporate Governance Green Paper，p. 2。

③ 参见 http：// www. unglobalcompact. org（最后访问时间：2012 年 11 月 23 日）。

的法律，包括劳动法、环境法或反贿赂法等。①

（一）公司法和董事会义务

公司治理的传统和规则一直都有差异，甚至在欧盟内部亦是如此。欧盟委员会已经多次重申，风险管理是公司董事会的一项核心责任。在双层委员会制企业，这项职能由监事会执行，或在监事会的最终监控下执行。② 具体而言，董事会明确公司的风险全貌，监督公司内部风险管理流程，并制定公司战略。③ 欧盟许多国家规定的董事会法定义务要求董事会必须为公司的最佳利益勤勉管理公司，并且遵守所有的现行法律；这些要求已经扩展到风险管理职能。④ 在一些成员国，管理层或者监事会的职责也可能要求其考虑以利益相关者为导向的风险。⑤ 董事会的风险监督责任，经常被委托给公司的审计委员

---

① 例如，英国《反贿赂法》第7章第2条c.23（2010）规定，如果被告公司证明其已经建立了"充分的防止与组织相关的人员实行不当行为的程序"，则其将被视为一项辩护理由。美国1977年的《反海外贿赂法》也要求建立内部报告和合规机制，15 U. S. C. § 78dd-1, *et seq.*，根据美国联邦组织犯罪量刑指南，这一机制的建立能够导致减轻处罚。United States Sentencing Commission, Guidelines Manual (Nov. 2011), at § 3E1. 1., http：//www. ussc. gov/Guidelines/2011_ Guidelines/index. cfm（最后访问时间：2012年10月29日）。

② EC Corporate Governance Green Paper, pp. 3-5；OECD Principles of Corporate Governance (2004), at VI (D)(7).《德国股份公司法》给予监事会直接监督公司审计人员和董事会的职权，包括监督可能会对公司造成实质性影响的情形。Stock Corporation Act [*Aktiengesetz* (AktG)] (1965), as amended (9 Dec. 2010), § § 90, 111.

③ EC Corporate Governance Green Paper, ibid., p. 10. 在双层委员会体制中，风险管理属于董事会的职权范围，风险监督和监控职能由监事会行使。German Stock Corporation Act, ibid., at § § 90（董事会向监事会报告的内容），91（2）（要求监事会监督对公司的潜在威胁），93（一般职责）。类似的规则也适用于美国，如在 *In re Caremark Int'l Inc. Deriv. Litig.*, 698 A. 2d 959 (Del. Ch. 1996) 中十分明确论述的规则。*Stone v. Ritter*, 911 A. 2d 362 (Del. 2006); *In re Citigroup Inc. S'holder Deriv. Litig.*, 964 A. 2d 106 (Del. Ch. 2009).

④ 在德国，这些职责同样适用于董事会和监事会。例如，German Stock Corporation Act, at § § 93, 116。

⑤ 例如，UK Companies Act (2006), at c. 46, § 172。

会或专门的风险委员会。① 然而，由于各个公司之间风险的特征、外部影响和种类不尽相同，欧盟国家一般都广泛尊重和认可董事会制定的公司内部风险监控体制。②

（二）证券法和证券交易所规则

证券法和证券交易所的公司治理规则以及信息披露要求，体现了公司治理和风险规制的另一个交集。为了保护投资者，保证市场的效率和透明度，主要市场中的上市公司通常被要求监督风险并遵守严格的信息强制披露规则。对欧洲上市公司强制适用的国际财务报告标准（International Financial Reporting Standards，简称 IFRS），也要求公司建立内部报告系统，以能够使公司公平展示财务状况，考虑各种可能实质影响公司财务绩效的因素，包括各种风险。③

由于部分地受到美国《萨班斯—奥克斯利法》的影响，在过去的十年里，欧洲的证券监管者对上市公司规定了更严格

---

① Mark Beasley, Bruce Branson and Bonnie Hancock, "Enterprise Risk Oversight: A Global Analysis", （AICPA, Sept. 2010）, p. 4, http://www.ucop.edu/riskmgt/erm/documents/aicpa_ cima_ ermrpt. pdf（最后访问时间：2012 年 10 月 29 日）。Council Directive 2006/43/EC on statutory audits of annual accounts and consolidated accounts, OJ 2006 L 157/87, at Art. 41, par. 2, sub. a and b（要求公益组织建立审计委员会以监督财务报告程序、内部控制和风险管理机制）。

② 当然，信义义务依靠董事、监事和管理人员个人的责任来支撑，但是这些责任很少被使用。Petri Mantysaari, *Comparative Corporate Governance: Shareholders as Rule-Maker*, Berlin: Springer, 2005, p. 413（针对德国董事会成员的信义义务很少被使用）。在美国也一样，违反监督职责"可能是公司法给想赢诉讼的原告最难的案由"。*In re Caremark Int'l Inc. Deriv. Litig.* , p. 967.

③ 国际财务报告准则（IFRSs）本身不要求实施内部控制机制或合规机制；但是，若承诺遵守国际会计准则第 1 号（IAS 1）"公允表达"标准，则披露企业必须采用一个内部财务报告机制。International Accounting Standard（IAS 1）, par. 15（2010）. 参见 IAS 1, par. 125（要求披露未来潜在的、对财务报告有实质性影响的预计以及不确定性因素）。Audit and accounting regulations, 也明确了这些义务。

的强制内部控制程序以及相关的信息披露义务。① 这些规则要求强制披露财务信息、公司内部控制和风险管理机制的本质和特征、实质上可预见的风险和不确定因素、相关的治理结构和政策。② 内部控制旨在确保公开报告的公正性、合法性以及公司资产在抵御欺诈方面的安全性。③ 由于认识到管理层激励和风险承担的关系，欧盟成员国的信息披露规则还要求讨论高管薪酬标准。④ 为确保内部财务控制和公开报告的公正性，公司内部审计委员会的风险监督职能相关规则以及确保信息披露程序透明的审计员责任的相关规则，也都已经被采纳。⑤

---

① Gérard Hertig, "Convergence of Substantive Law and Convergence of Enforcement: A Comparison", in Jeffrey Gordon and Mark Roe eds., *Convergence and Persistence in Corporate Governance*, London: Cambridge Univ. Press, 2004, pp. 328 *et sqq.*, pp. 333-336.

② Council Directive 2004/109/EC on the harmonization of transparency requirements (Transparency Directive), OJ 2004 L390/38, at Art. 4, par. 2 (c) (要求年度报告描述公司的主要风险和不确定性因素); Amendment to Accounting Directive, at Art. 1, par. 6 (amending Art. 43 of Directive 78/660/EEC), Art. 2, par. 1-2 (amending Arts. 34 & 36, Directive 83/349/EEC); OECD Principles, at V. As amended by the Amendment to Accounting Directive in 2006, ibid., the EC Fourth Directive on Annual Accounts (要求年度报告包括适当的非财务指标，并描述公司财务风险管理目标和财务风险危害); Fourth Council Directive 78/660/EEC, 1978 OJ L222, at Art. 46, par. 1-2. New Art. 46a (1) (c) of the EC Fourth Council Directive (要求一份与财务报告有关的 "公司内部控制和风险管理机制主要特征的说明"), ibid. 这些指令在下文中有更进一步的论述, Christoph Van der Elst and Marijn van Daelen: "Risk Management in European and American Corporate Law", ECGI Working Paper No. 122/2009, http://ssrn.com/abstract = 1399647 (最后访问时间: 2012 年 10 月 29 日)。

③ Van Daelen et al., "Introducing Risk Management", p. 5.

④ Commission Recommendation 2004/913/EC on fostering an appropriate regime for the remuneration of directors of listed companies, 14 Dec. 2004. OECD, "Board Practices: Incentives and Governing Risks, Corporate Governance" (OECD Publishing, 2011), http://dx.doi.org/10.1787/9789264113534-en (详细论述了瑞典、英国、巴西、日本和葡萄牙关于高管薪酬规制框架) (最后访问时间: 2012 年 7 月 20 日)。美国可比较的规则参见第 239 页注①。

⑤ Council Directive 2006/43/EC on statutory audits of annual accounts and consolidated accounts, OJ 2006 L157/87, at Art. 41, par. 2, Art. 42, par. 4.

（三）全面风险管理和风险监督范围

建立在现有的内部财务控制基础上的全面风险管理实践，在全球范围内已被众多公司采纳。[1] 最常见的一种全面风险管理机制是全美反舞弊性财务报告发起组织（Committee of Sponsoring Organisations of the Treadway Commission，以下简称 COSO）于 2004 年颁布的《全面风险管理整合框架》。在 COSO 框架下，全面风险管理被视为关联风险管理和公司战略的手段，同时也是将经营、财务、法律等风险的管理，与横跨分散的或"网状化的"公司组织的相关信息相协调的工具。[2] COSO 框架的八个元素是：公司内部环境、公司目标设定、公司重大事件识别、风险评估、风险反应、控制活动、公司信息和沟通、风险监督。[3] 虽然全面风险管理机制没有法律强制力，但是实行全面风险管理的公司，必须建立使其能够达到或超过现行法律要求的合规机制。[4] 因此，全面风险管理不单超越内部控制程序的要求，而且也超越狭隘的对严格意义上的财务风险的关注。[5]

有效的风险管理所必须包含的风险类型，因国家之间和公司之间的不同，而差异显著。根据《经济合作与发展组织公司治理原则》《经济合作与发展组织国有企业公司治理原则》以及一些欧盟成员国的国内法，风险监督的公司治理规则要求

---

① Beasley et al. , "Enterprise Risk Oversight: A Global Analysis".

② COSO, Enterprise Risk Management-Integrated Framework, Executive Summary, Sept. 2004, http: // www. coso. org/documents/coso _ erm _ executivesummary. pdf ［COSO ERM Framework］（最后访问时间：2012 年 10 月 29 日）。The Conference Board, Emerging Governance Practices in Enterprise Risk Management: Research Report, R-1398-07-WG, 2007 ［Emerging Governance］。

③ COSO ERM Framework, ibid. , pp. 3-4.

④ 关于全面风险管理和法律遵守之间联系的研究，参见 The Conference Board, Emerging Governance, pp. 21-26。

⑤ COSO ERM Framework; Emerging Governance.

公司识别并降低公司对利益相关者的影响。① 对利益相关者的
关注，能够鼓励长期投资理念，而这一理念可以对现代资本市
场中的短线投资，提供一个有益的矫正。② 因此，许多欧洲市
场要求其上市公司披露能够影响公司经营的、实质性的非财务
因素，包括风险因素在内；鼓励上市公司主动发布以利益相关
者利益为导向的披露或可持续性发展披露。③ 除公司对非财务
风险的自我监督之外，另一个促使更广泛的风险管理产生的动
因源于国际组织和大型机构投资者。这些组织和机构认为环
境、社会和治理风险的增加，会直接影响公司的财务绩效和社
会绩效。④

三、中国的风险监督和风险管理规则：比较研究

总体而言，中国采取的促进风险监督和风险管理的措施，
是欧洲市场普遍的治理规则与英美模式治理规则的混合。但
是，要理解中国关于风险监督和风险管理的公司治理规则，必
须在中国的资本市场和在中国经济中占主导地位的所有权结构

---

① Section IV, OECD Principles of Corporate Governance; Section IV, OECD Principles of Corporate Governance for State-Owned Enterprises (2006), p. 15. Pascale Delvaille, "Analysis of Changing Institutional Environments, New Accounting Policies and Corporate Governance Practices in France", in Krivogorsky, *Law, Corporate Governance and Accounting: European Perspectives*, pp. 131 *et sqq.*, pp. 143-144.

② 众多的评论者已经将短期投资主义视为对资本市场稳定和发展的威胁。例如，Aspen Institute, "Overcoming Short-Termism: A Call for a More Responsible Approach to Investment and Business Management", 9 Sept. 2009。

③ Krivogorsky, "New Corporate Governance Rules", in ibid., pp. 42-44; Axel Haller and Martin Wehrfritz, "Analysis of Changing Institutional Environments, New Accounting Policies, and Corporate Governance Practices in Germany", in ibid., pp. 154 *et sqq.*, p. 171.

④ 例如，United Nations Principles for Responsible Investment, http://www.unpri.org (最后访问时间：2012 年 7 月 20 日); Harper Ho, "'Enlightened Shareholder Value': Corporate Governance Beyond the Shareholder-Stakeholder Divide".

的背景下进行。

与美国和英国的上市公司不同，绝大多数中国公司的股权都很集中，而并不分散。中国上市公司所有已发行的股份中，至少有 1/3 是国家直接所有；根据估计，有 84% 的上市公司，直接或者间接地被国家控制。① 除国家作为控股股东外，人事和组织上的关系，也保证国家在中国上市公司董事会中持续地占据支配地位。目前，在中国所有的私营企业中，所有者直接参与管理的家族公司的比例超过 50%；在中国上市公司中，该比例也高于 36%。②

在这样的背景下，中国公司呈现出的管理层和控股股东掌握控制权的"内部人"治理模式也就不足为奇。③ 尽管通过改革在董事会中引入独立董事，④ 董事会并不总是能够作为有效的监管者，控股股东能够掌握决策权从而可以有效地篡夺董事

---

① Xi，*Corporate Governance and Legal Reform in China*，pp. 24-25，49-51. 事实上，设立中国证券交易所是为了促进国营经济部门的改革，并为国有企业提供新的资金来源。Shi，*Political Determinants of Corporate Governance in China*，pp. 46-49（此文详细描述了这段历史）。

② 根据 2010 年的数据，85% 以上的中国私营企业主要由家族控股，50% 以上的私营企业直接由控股家族集团管理。《浙江家族企业比例高于全国 超三成子女不愿接班》，载新华网 2011 年 12 月 13 日，http：//www. zj. xinhuanet. com/news-center/2011-12/13/content_ 24323280. htm，最后访问时间：2012 年 10 月 28 日。（引用数据来自《中国家族企业发展报告 2011》。）

③ Xi，*Corporate Governance and Legal Reform in China*，pp. 56-57；Alice de Jonge，*Corporate Governance and China's H-Share Market*，Cheltenham，UK：Edward Elgar，2008，pp. 82-83.

④ 中国证监会和中国国家经济贸易委员会于 2002 年 1 月 7 日颁发《上市公司治理准则》（证监发 [2002] 1 号），第 49-51 条；2001 年 8 月 16 日，中国证监会发布《关于在上市公司建立独立董事制度的指导意见》；全国人民代表大会常务委员会修订通过，并自 2006 年 1 月 1 日起生效的《公司法》，第 123 条；Donald Clarke，"The Independent Director in Chinese Corporate Governance"，31 *Delaware Journal of Corporate Law*（2006），pp. 125 *et sqq*。

会的地位。① 因此，风险管理改革中，透明度和外部问责的目标不如精简上市公司内部官僚控制的目标重要。

同时，中国和西方的学者观察到，外部治理机制，如市场机制（公司控制权市场、资本市场、信贷市场等）、法律救济和行政处罚，并不能有效地规制中国公司的控股股东。② 所以，虽然中国 2005 年修订的《公司法》加强了对小股东的保护，大小股东之间的冲突和大股东对小股东的压迫，仍然是中国公司治理中的关键问题。③ 从风险管理机制的实施对外部强制的依赖程度来看，外部约束不如公司管理层和主要股东履行责任紧要。

如下文所述，中国的公司法、证券法和证券交易所规则已经概括地规定了公司的风险监督和风险管理义务，并且在全面风险管理指引中，也有效地规制了国有公司的风险管理义务。④ 在过去的 3 年中，中国监管者还引入了内部控制新规则，以及适用于上市公司和特定非上市公司的全面风险管理体系。如在欧洲一样，许多中国公司也参加了《联合国全球契

---

① 这个现象被广泛地研究。Xi, *Corporate Governance and Legal Reform in China*, pp. 57-61; Shi, *Political Determinants of Corporate Governance in China*, pp. 133-136; Chao Xi, "In Search of an Effective Monitoring Board Model: Board Reforms and the Political Economy of Corporate Law in China", 20 *Connecticut Journal of International Law* (2006), pp. 1 *et sqq.*; Donald Henry Ah Pak and Xiaoming Ding, "The Role of State Government in SOEs", in John See ed., *China and the Global Economy in the 21st Century*, London: Routledge, 2011, pp. 10 *et sqq.*, p. 14.

② Zhang, "Legal Deterrence: the Foundation of Corporate Governance", pp. 741 *et sqq.*; Clarke, "Law without Order in Chinese Corporate Governance Institutions", pp. 131 *et sqq.*

③ Xi, *Corporate Governance and Legal Reform in China*. 2005 年《公司法》禁止控股股东损害小股东的利益，并规定股东滥用公司形式损害债权人利益时，承担直接责任。参见 2005 年《公司法》第 20 条。

④ 参见下文第三部分关于全面风险管理指引的内容。制定下文所讨论的全面风险管理指引的国有资产管理委员会对国有企业有直接的管制和监督职权。因此，缺乏执行机制的指引和政策说明，如全面风险管理指引，在实践中还有强制执行力。

约》，以及要求公司监督和报告与利益相关者相关风险的、其他非强制性的机制。①

（一）公司法和董事会职责

中国采纳了有些类似于德国共同决定模式的双层委员会制的公司治理结构。依据 2005 年修订的中国《公司法》，董事会由股东选举产生，并负责决定公司经营计划和财务预算、基本管理机构的设置，以及委派并监督高级管理人员。② 此外，每个上市公司必须设立监事会，监事会由股东代表和至少 1/3 的职工代表组成。③ 监事会的职责涵盖风险监督的一些方面，如检查公司财务状况、监督董事会和高级管理人员遵守法律及履行其他义务。④ 然而，在实践中，监事会是一个有名无实或类似于"萝卜章"的机构，监事会和董事会职责的重叠，也削弱了这两个机构的职能。虽然法律将决策控制权赋予董事

---

① 参见 http：//www.unglobalcompact.org/participants/（最后访问时间：2012 年 10 月 29 日）。

② 中国《公司法》第 47、109 条；《上市公司治理准则》第 78—80 条（关于监控管理层）。中国的董事会类似于德国法上的"管理董事会"。

③ 股份有限公司设监事会，其成员不得少于 3 人，其中的股东代表人数没有详细规定。《公司法》第 118 条规定，董事、高级管理人员不得兼任监事。根据《公司法》第 99 条和第 104 条的规定，监事通过直接投票方式选出，这样会导致大股东控制监事会。James Feinerman，"New Hope for Corporate Governance"，91 *China Quarterly*，pp. 590 *et sqq*.，p. 607. 国有独资公司监事会成员中，职工代表的比例不得低于 1/3，参见《公司法》第 71 条。根据 2001 年上市公司的调查数据，在最近的《公司法》修订之前，监事会一般由 1/3 的内部人员和 2/3 的外部人员构成。平均有大约 1/3 的内部监事是工会代表，有不到 1/10 的内部监事是公司内部审计机构的成员。绝大多数外部监事是股东代表，不到 1/10 的外部监事来自政府机关。参见李建伟：《论我国上市公司监事会制度的完善》，载《法学》2004 年第 2 期。

④ 《公司法》第 54、55、119 条；《上市公司治理准则》第 59—68 条。

会，但是在实践中，它由管理层和控股股东行使。①

关于风险监督和风险管理，《公司法》和 2002 年出台的《上市公司治理准则》② 都没有规定董事或监事任何具体的义务。但是，二者都规定了一般性的董事义务，包括对公司的忠实义务、勤勉义务以及遵守相关法律法规和公司章程的义务，③ 即使这些义务的执行面临来自程序上和实践中的挑战。④ 此外，如果董事、监事、高级管理人员和控股股东损害公司的利益，他们要对公司承担责任；债权人也可以向滥用公司人格损害其利益的股东主张责任。⑤ 如同其他主要市场的公司治理准则一样，中国《上市公司治理准则》中关于董事会专门委员会的条款也规定，由审计委员会监督公司的内部控制并负责内部审计与外部审计之间的沟通。⑥

（二）证券法和证券交易规则

对于中国两大证券交易所（上海证券交易所和深圳证券交易所）的上市公司而言，公司董事会的风险监督职能是最明显的。正如欧盟和其他地区的政府一样，中国证券管理者和证券交易所在近些年已将注意力集中在金融机构的风险监督和

---

① CFA Institute, China Corporate Governance Survey（2007）, pp. 8-9；Xi, *Corporate Governance and Legal Reform in China*, p. 152；On Kit Tam, "Ethical Issues in the Evolution of Corporate Governance in China", 37 *Journal of Bus. Ethics*（2002）, pp. 303 *et seq.*, pp. 308-311.

② 《上市公司治理准则》在《经济合作与发展组织国有企业公司治理原则》出台之后仿照其制定。Shi, *Political Determinants of Corporate Governance in China*, p. 165.

③ 《公司法》第 148—151 条；《上市公司治理准则》第 33—43 条。

④ 例如，Shi, *Political Determinants of Corporate Governance in China*, p. 172。现实中一个主要困难就是国家往往是控股股东。但是，在重大案件中，违反信义义务给公司造成严重损失的董事可能会承担行政、民事或刑事责任。

⑤ 《公司法》第 20—21 条。

⑥ 《上市公司治理准则》第 54 条。

管理以及系统性风险上。① 中国证券监督管理委员会作为中国的证券市场管理者，有权处罚经历足以威胁市场的重大风险事件的公司；甚至有权更换未尽到勤勉义务而违反法律，或给公司带来重大风险的董事。② 然而，下文所述的其他规则和指引，要求所有行业的上市公司的董事说明有效内部控制的实施情况，并报告处理公司层面风险因素的程序。这些规则是风险管理中公司治理方面的首要法律渊源。

这些规则中最根本的规则是上市公司信息披露规则，由证监会根据《中华人民共和国证券法》的持续披露要求而制定。③ 这些规则要求，公司报告中要有"管理层讨论与分析"的陈述，该陈述要说明报告期内的重大事件与风险。④ 另外，年度报告必须披露所有重要的风险因素，包括对公司的经营和战略有负面影响的经营风险、财务风险和技术风险，以及公司治理结构。高管薪酬也应当予以披露，但上市公司不需要解释高管薪酬和风险管理之间的联系。⑤ 如今，中国的会计审计标准与国际财务报告准则和国际会计审计标准，包括基本风险管理方面，在实质上趋于一致。⑥ 上市公司的董事、监事和高级

---

① 例如，在2006年，中国银行业监督管理委员会发布了一些关于商业银行风险管理的指引。例如，中国银行业监督管理委员会2006年10月25日颁布的《商业银行合规风险管理指引》。中国金融监管者继续重点改进银行和金融机构中的风险监督，以降低系统性风险并促进金融稳定。"Financial Regulators to Minimise Systemic Risks"，*China Daily*，9 Jan. 2012，http：//www. china. org. cn/business/2012-01/09/content_ 24361196. htm（最后访问时间：2012年10月19日）。

② 全国人民代表大会常务委员会于2005年10月27日通过，并于2006年1月1日生效的《证券法》第150条、第152-153条。

③ 参见《证券法》第三章，证监会于2007年1月30日颁布的《上市公司信息披露管理办法》。

④ Ibid. , at Art. 21（7）-（8），Art. 30.

⑤ Ibid. , at Art. 21-23；CSRC，Governance of Listed Companies in China：Self-Assessment by the CSRC，Paris：OECD Publishing，2010，pp. 51-75.

⑥ 《证券法》第三章；CSRC，Corporate Governance Self-Assessment，pp. 51-75。

管理人员共同承担确保所披露信息准确的责任。①

在 2006 年到 2010 年期间，财政部、证监会和国家审计局将现有的要求予以扩展，并要求上市公司实行"充分的内部（财务）控制"。② 同时，它们还引入广泛且详尽的措施，要求董事会及其审计委员会，在监事会的监督下，采用特定类型的内部控制制度、全面风险管理信息机制和监督机制，并考虑特定的财务和非财务风险。在这些举措中，最为重要的是 2008年出台的《企业内部控制基本规范》，它以 COSO 全面风险管理框架的核心原则为基础，并受到《萨班斯—奥克斯利法》的启发。③ 该规范适用于所有在中国或海外上市的中国公司以及大中型非上市企业，④ 其被观察者们称为中国的"萨班斯—奥克斯利法"。⑤

在 2010 年，《企业内部控制应用指引》《企业内部控制评价指引》《企业内部控制审计指引》的实施，补充了《企业内部控制基本规范》。这些指引涵盖内部控制的 18 个不同方面，从财务报告、基金投资、资产管理和合同实务，到社会责任、利益相关者风险管理和企业文化，到组织结构和法律遵守等。⑥ 其他国家赋予董事会对设立"充分的"内部控制的自由

① 《证券法》第 68—69 条，要求董事、监事和高级管理人员保证信息披露的准确性，并规定了误导性陈述或重大遗漏所要承担的连带责任。

② 例如，于 2006 年 6 月 5 日发布，2006 年 7 月 1 日起实施的《上海证券交易所上市公司内部控制指引》第二章。

③ 财政部、证监会、审计署、银监会、保监会于 2008 年 5 月 22 日联合发布，并于 2009 年 7 月 1 日生效的《企业内部控制基本规范》，第 5、12、13 条。五项核心原则必须包括在公司内部控制机制之内。这些原则是内部环境、风险评估、控制活动、信息与沟通以及内部监督。COSO ERM Framework.

④ 《企业内部控制基本规范》第 2 条。

⑤ 例如，Richard Meyer，"China's SOX: A Pipe Dream at Best"，*Compliance Week*，30 Sept. 2008（online ed.）。

⑥ 2010 年 4 月 15 日，财政部会同证监会、审计署、银监会、保监会制定并印发了《企业内部控制应用指引第 1 号——组织架构》等 18 项应用指引、《企业内部控制评价指引》和《企业内部控制审计指引》（财会〔2010〕11 号）。

裁量，并不要求其采用完全的全面风险管理机制，但中国的《企业内部控制基本规范》和各项指引则要求强制适用全面风险管理机制。值得注意的是，一方面，这些规定对管理层自由裁量权有广泛的限制；另一方面，它们对风险的识别、报告、监督、反应和预防的广泛认知，部分源于 COSO 框架。[①] 虽然《企业内部控制基本规范》本身主要规制内部财务控制，[②] 但许多指引则重复现有法律要求，或着重于企业经营事务，而在其他国家，这些通常由公司管理层决定。[③]

（三）全面风险管理和风险监控范围

在中国，公司法、证券法、部门规章和国家政策等均要求公司采用全面的风险管理观念，不仅在制度上，还包括董事和高管所应注意的风险类型方面。在制度上，负责监督国有企业的国有资产监督管理委员会（以下简称国资委）已经率先采取措施，促进公司组织采用全面风险管理工具，全面监管整个企业的风险。国资委 2006 年颁布的《中央企业全面风险管理指引》也是以 COSO 全面风险管理机制为基础，并为上述 2008 年《企业内部控制基本规范》提供了初始的模板。《企业

---

① 例如，关于外包的《十三号指引》认可了三种关键的风险（包括贿赂），并且其内容几乎完全集中于投标标准、承包方资质以及遴选程序等。关于"资产管理"的指引同样规定了，在内部控制机制中企业至少应当关注三种风险，即存货积压清单、资产维护不当或产能过剩、技术落后或缺乏。《企业内部控制应用指引第 8 号——资产管理》第 3 条。第 22 条之外的条文广泛地涉及一些通常被认为是管理层范围的责任，如存货管理、库存固定资产清查和无形资产保护。以上每个指引都规定了每个企业必须在相关领域考虑的三个主要风险。

② 例如，《企业内部控制基本规范》第 4 章，关于"控制活动"，其强调审计、资产管理、财务预算和直接影响财务报告的经营控制。

③ 例如，《企业内部控制应用指引第 3 号——人力资源》仅仅再现了中国劳动法中的基本要求。指引规定企业"应当依法"与新的雇员"签订劳动合同"，其他的指引看起来是重复着计划经济的口号。例如，《企业内部控制应用指引第 5 号——企业文化》提到"企业文化的建设"并规定"企业应该……总结优良传统，从中提炼核心价值……并形成企业文化规范，使其构成员工守则的重要组成部分"。参见该指引第 6 条。

内部控制基本规范》指导公司评估其自身的内部和外部风险，而《中央企业全面风险管理指引》则包括战略、市场、财务、经营和法律风险因素，并且详细列举相关信息体系、风险管理委员会和审计委员会的职能以及内部控制的内容。① 《中央企业全面风险管理指引》只适用于中央政府直接控制的 128 家国有企业。② 这些大型国企，如中国海洋运输集团，在实施全面风险管理机制方面，已经有多年的经验，并且中国海洋运输集团根据《中央企业全面风险管理指引》，大量披露全面的风险管理信息。③ 在 2009 年和 2011 年，中国就所有企业的风险管理，颁布自愿性的国家标准。④ 鉴于在其他新兴市场中，全面风险管理相对比较新颖，这些措施具有重大意义。⑤

　　与影响中国大部分公司法律的英美股东至上主义相比，中国的董事会风险监督范围突破了核心财务风险因素，扩展至非财务风险和利益相关者的影响。尽管缺乏强制执行机制，中国《公司法》第 5 条规定，公司"必须遵守法律、行政法规，遵守社会公德、商业道德……并承担社会责任"。⑥

---

　　① 2006 年 6 月 6 日，《国务院国有资产监督管理委员会关于印发〈中央企业全面风险管理指引〉的通知》（国资发改革［2006］108 号）第 2—7 章。根据《企业内部控制基本规范》，与风险相关的职能由审计委员会掌握。《企业内部控制基本规范》第 13 条。根据该指引，风险委员会是任意性规定。《中央企业全面风险管理指引》第 46—51 条。

　　② 这些公司的清单可在 http://www.guozi.org/Gzwsite/cce.htm 获得（最后访问时间：2012 年 11 月 23 日）。

　　③ 《中国远洋运输集团可持续发展报告（2009）》。

　　④ 国家标准化管理委员会：《企业法律风险管理指南》，2011 年 2 月 1 日发布，GB/T 27914-2011；国家标准化管理委员会：《风险管理原则与实施指南》，2009 年 12 月 1 日发布，GB/T 24353-2009。

　　⑤ John Fraser and Betty Simkins, *Enterprise Risk Management*, Hoboken, NJ: Wiley & Sons, 2010, pp. 505-524. （该书是在印度、埃及、土耳其和乌克兰以及其他一些国家关于公司实践的调查。）

　　⑥ 《公司法》。

《上市公司治理准则》中也有类似规定。① 此外，现行上市公司信息披露规则，以及适用于国企和非国企的公司治理指引，都明确强制或鼓励关注利益相关者的权益，尽管他们不是具体针对风险管理而规定的。② 另外，《企业内部控制应用指引第4号——社会责任》也要求公司明确关注利益相关者的风险。③ 此外，作为上述规定的补充，深圳证券交易所颁布的非强制性的上市公司可持续发展报告指引，以及上海证券交易所颁布的环境信息披露指引，都要求公司关注环境影响、强调上市公司对债权人和其他利益相关者的义务以及关注相关风险事件。④

国资委于2008年发布的《关于中央企业履行社会责任的指导意见》也涉及利益相关者的风险，并敦促公司"把企业社会责任纳入公司治理，融入企业发展战略，落实到生产经营各个环节"⑤。该指导意见鼓励董事考虑涵盖在监管法律中的一系列非股东利益相关者的影响，确保公司履行社会责任，避免法律责任。⑥ 此外，该指导意见还鼓励建立企业社会责任披

---

① 《上市公司治理准则》第81—86条，其中第86条规定："上市公司在保持公司持续发展、实现股东利益最大化的同时，应关注所在社区的福利、环境保护、公益事业等问题，重视公司的社会责任。"

② CSRC, Corporate Governance Self-Assessment, pp. 51-75.

③ 《企业内部控制应用指引第4号——社会责任》。

④ 《深圳证券交易所上市公司社会责任指引》，2006年9月25日发布；《关于加强公司社会责任承担工作暨发布〈上海证券交易所上市公司环境信息披露指引〉的通知》，2008年5月14日发布。越来越多的中国非上市公司发布企业社会责任报告，这些报告涉及公司对利益相关者的影响，但是研究表明这些报告的质量良莠不齐。参见中国社会科学院经济学部企业社会责任研究中心：《2010年中国企业社会责任发展报告》，中国社会科学院2011年发布。

⑤ 《国务院国有资产监督管理委员会关于印发〈关于中央企业履行社会责任的指导意见〉的通知》（国资发研究〔2008〕1号），2007年12月29日发布，第17条。

⑥ 同前，第1、8条。

露制度，并积极采纳国际标准。① 中国推行企业社会责任制度，表面上可能与给中国的资本主义标签相冲突，但国有企业的企业社会责任指引，与中国当下对可持续发展和社会稳定的重视是一致的；这些指引也允许政府号召国有企业，促进实现国家公共政策目标。

四、中国的风险规制和公司治理：形式趋同还是功能趋同？

自 2000 年起——以连续的公司丑闻以及地区性、全球性经济危机为标志的时期，中国现行的《公司法》《证券法》《上市公司治理准则》，纷纷被制定或作出重大修订。结果是，中国的公司治理机制受到《萨班斯—奥克斯利法》和在这一时期西方资本市场采用的风险管理工具的极大影响。因此，对于中国的公司治理规则以及西方经济体在过去十五年颁布的公司治理规则来说，风险管理是两者正式趋同的另一个领域。②

大约十年前，罗纳德·吉尔森（Ronald Gilson）提出，对形式上不同的各国公司治理规则，人们期待其向功能类似的和有效的（英美）规则趋同。③ 全球资本市场和金融中介机构均被认为是促进这种趋同的关键动力，至少对于上市公司而言是如此；④ 事实上，中国关于风险管理的证券法规定和证券交易

---

① 同前，第18—19条。

② 其他例子包括 2005 年《公司法》中的累计投票条款，《证券法》中让投资者加强执行力量的派生诉讼机制，中国在 2001 年和在《公司法》修订时关于独立董事改革以及收购管理办法。Xi, *Corporate Governance and Legal Reform in China*, pp. 219-224.

③ Ronald Gilson, "Globalizing Corporate Governance: Convergence of Form or Function", 49 *American Journal of Comparative Law* (2001), pp. 329 *et sqq.*

④ John C. Coffee, "The Future as History: the Prospects for Global Convergence in Corporate Governance and its Implications", 93 *Northwestern University Law Review* (1999), pp. 641 *et sqq.*

规则确实带有这些模式的强烈印记。但是，中国公司治理的学者一直认为，明显的形式趋同并不具有与之匹配的功能趋同。① 在中国，事实上，公司治理的形式趋同并不是全面的，而功能趋同也远非不可避免。

考虑到获得广泛承认的中国公司董事会的缺陷，担保或确保公司内部控制和监管体系有效性的会计人员、律师和其他"守门人"的可疑实践②，以及中国法律法规许多领域内具有争议的合规之含义③，关于风险监督和管理领域的趋同性，一定要谨慎观察。

事实上，中国风险管理规范支持贝舒克（Bebchuk）和罗伊（Roe）的观点。他们质疑公司治理全球趋同的必然性，并观察到"路径依赖"在塑造公司治理规则演进方面的力量。④中国体现出"结构性导向"的路径依赖⑤，原因在于，改革后的经济体系中的集中所有权结构，在一定程度上，是国有企业

① 例如，Xi, *Corporate Governance and Legal Reform in China*, pp. 221-224（援引在《上市公司收购管理办法》中的强制要约规则和独立董事规定为例）；Nicholas Howson, "The Doctrine that Dared Not Speak its Name: Anglo-American Fiduciary Duties in China's 2005 Company Law and Case Law Intimations of Prior Convergence", in Hedeki Kanda et al. eds., *Transforming Corporate Governance in East Asia*, New York: Routledge, 2008, p. 193。

② Clarke, "Law without Order in Chinese Corporate Governance Institutions"; Xi, *Corporate Governance and Legal Reform in China*, pp. 150-184.

③ 例如，Chen, *Chinese Law: Context and Transformation*, pp. 653-701（研究法律实施所受到的限制）；Benjamin van Rooij and Carlos Wing-Hung Lo, "Fragile Convergence: Understanding Variation in the Enforcement of China's Industrial Pollution Law", 32 *Law & Policy*, pp. 14 *et sqq.*（研究在环境规则的遵守和实施方面地区差异的原因）。

④ Lucian Arye Bebchuk and Mark Roe, "A Theory of Path Dependence in Corporate Ownership and Governance", 52 *Stanford Law Review* (1999), pp. 127 *et sqq.*; Xi, *Corporate Governance and Legal Reform in China*, pp. 216-229. Jonge, *Corporate Governance and China's H-Share Market*, p. 3（观察到中国内地在中国香港证券交易所上市的公司中公司治理路径依赖的证据）。

⑤ Bebchuk et al., "A Theory of Path Dependence in Corporate Ownership and Governance", pp. 139-153.

主导的计划经济的遗产，它限制独立私有部门的产生。① 这些根深蒂固的所有权结构持续性地塑造和制约公司治理实践，即使在中国的经济体系中，多样化的公司形式和新的法律制度已经蓬勃发展。"规则性导向"的路径依赖②也能够协助解释中国公司有效风险管理所面临的一些挑战。例如，董事和监事监控职能的混淆，部分是由于中国早期采纳的双层委员会制结构，与源自英美的董事中心主义规则不相容。上文所概述的许多法律限制，本身都根源于这些初始的条件。③ 这些现实使得与假设并"有效的"国际标准趋同变得不太可能。

事实上，中国内部控制和风险管理的详尽规范指引是一个形式趋同而非功能趋同的明显范例。虽然中国监管者已经采纳来源于欧洲和美国证券市场的信息披露规则，但是他们走得更远。他们引入限制更严格的内部控制机制，并将全面风险管理机制强制化，这些强制机制甚至适用于中型企业。这些规则的正当性理由为，增强财务报告的可靠性、减少风险并提高经营效率。④

然而，确保有效透明的证券市场或股东外部监督的愿望，并不能充分解释这些规范。在中国，从半强式角度来讲，中国

---

① Yasheng Huang, *Capitalism with Chinese Characteristics*：*Entrepreneurship and the State*, Cambridge：Cambridge Univ. Press, 2008；Kellee S. Tsai, *Capitalism Without Democracy*：*The Private Sector in Contemporary China*, Ithaca, NY：Cornell, 2007.

② Bebchuk et al., "A Theory of Path Dependence in Corporate Ownership and Governance", pp. 153-166.

③ 许多企业家因在早期的私营企业改革中缺乏对法律的认知，所以从事自发的、不正规的、甚至违法的经营行为；于是结构性导向和规则性导向的路径依赖能解释当今对于遵守法律的态度。Tsai, *Capitalism Without Democracy*：*The Private Sector in Contemporary China*.

④ 《企业内部控制基本规范》第 3 条。

股市通常并不被认为是有效的；① 执行公司治理规则的外部机制持续无效；而在新的规范初始所适用的上市公司和中央控制的国有企业中，少数股东的权利是微弱的。因此，更严苛的内部风险管理和报告机制的采纳，是促进经营效率提高和集中官僚控制手段最好的注解。

如果我们更全面地研究中国风险相关的公司治理规则的强制性本质，会发现功能偏离的更多证据。公司治理学者一般认为，由于风险管理与风险承担、公司战略密不可分，公司管理者相较于监督机构或者法官，更适合决定有效风险管理项目的本质、范围和内容。② 正是出于这个原因，关于风险监管范围的欧洲法规并没有为公司设定强制范围，而是只要求公司有内部风险管理机制即可。公司对全面风险管理机制可以自由裁量。

然而，在中国，风险管理规则是强制性的。或者明文规定如此，如《企业内部控制基本规范》，或者效果上如此，如国资委的《中央企业全面风险管理指引》。③ 这种监管导向的风险管理模式与中国公司法框架是一致的；中国《公司法》普遍地规定了强制性规范，而给私法自治留有的空间很小。④ 这种方法也许更适合中国当下的经济形势：在很多经济部门中，国家控制的企业占主导地位，而中国的资本市场仍然处在发展

① 例如，Shiguang Ma, *The Efficiency of China's Stock Market*, Burlington, VT：Ashgate, 2004。根据有效资本市场假说，如果股价反映了全部公众可获得的信息，这个市场就是强势有效的。Ross et al., *Corporate Finance*, p. 435.

② Stephen M. Bainbridge, "*Caremark* and Enterprise Risk Management", 34 *Journal of Corporation Law* (2009), pp. 967 *et sqq.*, p. 986.

③ 如前文所提到的，对于在国资委直接管理下的国有企业，是否遵守"任意性"指引和政策指令往往不是可以自由决定的。

④ 唐纳德·克拉克（Donald Clarke）解释，因为《公司法》和《证券法》的目的是促进国有企业的改革，"整个公司经济部门在很大程度上被只有国有企业需要和适用的原则所支配"。Donald Clarke, "Corporate Governance in China：An Overview", 14 *China Economic Review* (2003), pp. 494 *et sqq.*, p. 501.

阶段。

最后，中国形式上采纳以信息披露为基础的风险管理机制，与这些工具在实践中如何与其在英美体系中的作用相偏离，形成呼应。在英美，成熟的资本市场、以股东为导向的权利实施以及其他市场机制等，会使那些有效地管理风险并向市场更全面地提供关于风险状况的信息的公司受益。而在中国，因为市场效率的低下、实现股东权利法律机制的薄弱以及小股东对抵制不可接受的公司冒险行为的权利的缺乏，导致了以信息披露为基础的规则并非那么有效。

那么，信息披露规则所服务的目的是什么呢？这些领域的形式趋同表明国家监管机构已认可信息披露机制是有效的公司治理形式。对于国家来说，全面风险管理和强大的内部控制机制还能够提高公司国际竞争力和国际声誉。更为关键的是，它们为身为许多大公司控股股东的国家提供了更有效的监管和控制公司的工具，尽管在表面上便于利益相关者和公众监管公司。[1] 就信息披露的程度而言，内部控制要求和相关要求解决非财务性的以利益相关者为导向的风险。这些规则，如同其他规则一样，也同样为国家提供了一种推进其可持续和"科学的"经济发展目标的工具。[2] 在所有这些方面，风险相关的信息披露规则的功能，均由其所适用的政治和经济背景决定。

中国的风险管理方式，与以利益相关者为导向的欧洲公司治理规则和美国模式的公司董事会监管，在形式上趋同。同时，对风险监管和风险治理，中国采纳了一种坚固的国家中心模式。这种模式与中国公司法的强制性、国家占支配地位的资

---

① 例如，《关于中央企业履行社会责任的指导意见》第 18 条（规定了这些原则）。实际上，媒体曝光是监督执行最重要的方式。

② 参见《企业内部控制基本规范》的序言。中国第十二个五年计划（2011—2015）强调这些概念，虽然它们的起源可以追溯到更早。

本市场以及国家对公司管理的持续影响是一致的。在中国公司中，更严格的风险管理措施可能会产生更高的效率，但是，这些措施将必然导致国家和其他控股股东对公司更强的控制。

公司社会责任

中国企业社会责任报告：
概览及与主流趋势的比较[*]

卡洛斯·诺罗尼亚　司徒妙仪　管洁琦[**]　文

梁姣龙[***]　译

简目

　＊　Carlos Noronha，Si Tou，M. I. Cynthia and Jenny J. Guan，"Corporate Social Responsibility Reporting in China：An Overview and Comparison with Major Trends"，in *Corporate Social Responsibility and Environmental Management*，20，29-42（2013），Published online 7 February 2012 in Wiley Online Library（wileyonlinelibrary. com），DOI：10. 1002/csr 1276. 本文的翻译与出版已获得作者和出版社授权。

　＊＊　卡洛斯·诺罗尼亚，澳门大学工商管理学院会计及信息管理系副教授；司徒妙仪，澳门大学工商管理学院会计及信息管理系硕士生；管洁琦，澳门大学工商管理学院会计及信息管理系博士生。

　＊＊＊　梁姣龙，香港大学博士研究生，现为美国纽约州律师，研究方向为公司法、证券法、信托法等。

一、引言

最近几年，中国发生了许多严重的公司丑闻。其中一件特别引起全球的关注，即 2008 年三鹿集团奶制品污染事件。为增加配方奶粉中蛋白质的含量，企业在配方中添加三聚氰胺。食用这种配方奶粉的婴儿，会患上肾结石；如果情况严重，则可能致命。此次污染事件，不仅导致三鹿集团破产，还损毁消费者对整个奶制品产业的信心，影响中国制造产品的形象。此外，约 30 万婴儿成为此次事件的受害者。从长远来看，这将给公共医疗系统带来相当大的压力。并且，当地劳动市场对下岗职工的分流，也需要政府的干预。结果是，这次污染事件导致的巨额社会成本由整个社会承担。

这个事件引发了如下疑问：在中国，企业社会责任报告要求现状如何，以及这些要求与西方的要求有何区别。正如贝拉尔（Belal）、欧文（Owen）[1] 与贝拉尔、莫明（Momin）[2] 指出的：大部分企业社会责任的以往研究，立足于发达国家；而以中国企业社会责任实践为研究中心的文章，则几乎没有。为扩展这个领域的文献，本文旨在将中国现行企业社会责任报告要求以及指引，介绍给英语学术界并进行评析。一些中国内地关于企业社会责任报告的以往研究，将在之后一部分探讨。最后，文章将对现状进行评析，并在结论中对将来的研究进程提出建议。

---

[1]　Belal AR, Owen D, "The View of Corporate Managers on the Current State of, and Future Prospects for, Social Reporting in Bangladesh: An Engagement Based Study", *Accounting, Auditing and Accountability Journal* 20 (2007): 472-494.

[2]　Belal AR, Momin M, "Corporate Social Responsibility (CSR) Reporting in Emerging Economies: A Review and Future Direction", *Research in Accounting in Emerging Economies* 9 (2009): 119-143.

二、企业社会责任报告的全球趋势

克罗瑟（Growther）将社会会计定义为："一种报告公司活动的方法，它强调识别社会有关行为的必要性、公司因自身社会表现而需要对他人负责的决心以及相应措施和报告技术的发展。"① 因此，社会会计推定商业活动具有社会责任，并且是报告企业社会责任与利益相关群体交流的媒介。社会会计或非财务信息报告，能够被企业用来证明公司如何将社会责任议题融入它们的经营活动中。非财务信息报告可以与年报分开制作，或作为年报的一部分，或采用为更广泛利益相关者群体量身定制等其他形式。

全球的社会报告正呈上升趋势。全球财富 250 强公司中，显著的报告类型已经由环境、健康与安全报告（73%）②，转为可持续发展报告（68%）③。关于报告指南，77% 的全球财富 250 强公司，声称已经采纳全球报告倡议组织（Global Reporting Initiative，简称 GRI）指南。④ 此外，越来越多的公司将社会责任报告提交给第三方独立机构审核，这表明报告中的信息正变得更重要、更可靠、更可信。评估程序也更加系统化及证据支持化。根据毕马威 2008 年报告，大概 40% 的全球财富 250 强公司正采用正规外审程序，而根据毕马威 2005 年报告，采用正规外审的公司仅占 30%。

非财务性社会责任报告的制作，经常是自愿性的；然而，

① Crowther D, *Social and Environmental Accounting*, London：Financial Times Prentice Hall，2000.

② KPMG，KPMG International Survey of Corporate Responsibility Reporting 2002，Amsterdam：KPMG，2002.

③ KPMG，KPMG International Survey of Corporate Responsibility Reporting 2005，Amsterdam：KPMG，2005.

④ KPMG，KPMG International Survey of Corporate Responsibility Reporting 2008，Amsterdam：KPMG，2008.

一些国家已经颁布法规，强制要求企业披露社会责任议题。的确，如果一个国家的市场，不能提供足够的激励，促使企业自愿报告它们对社会和环境的影响，当地政府可以通过公司法、证券上市规则、养老基金法规或强制披露法规等法律强制披露。法律可以对企业报告设立精确的标准，包括罗列衡量标准、报告形式以及报告频率。政府还可以在已有的税法、劳工标准以及环境法规中，增加新条文来规定相关披露。例如，可以对充分披露信息的公司授予税收激励。其他激励措施，如支持环境友好型投资、防止劳工歧视、确保职业和健康安全以及遵守工作时间协议等，都需要劳工法规和环境法规规定。经此，披露的信息可以被政府机构评估或者由第三方核实和担保。此外，政府还可以制裁不披露或未准确报告社会责任数据的行为。现在，许多国家正加强并扩大披露要求，以涵盖更加严格的社会、环境信息披露。根据联合国环境规划署（United Nations Environment Programme，简称 UNEP）、毕马威、全球报告倡议组织、南非公司治理中心（Unit For Corporate Governance in Africa）在 2010 年对 30 个国家的强制性或自愿性的可持续发展报告标准和立法的综述，国际和国家层面的可持续发展报告的标准、准则、指南以及立法，都要求更加严格的信息披露。该报告指出，一共有 142 条标准和法律，涉及可持续发展报告要求或指南。并且，这些规则中约 65% 是强制性的，35% 是自愿性的。另外，有 16 条标准以及 14 条核实报告的保证标准，在国际和区际层面得到认可。

一些发达国家通过正当法律程序、变更监管机制、点名批评以及鼓励自愿遵守规范等措施，广泛激励非财务信息的披露行为。当地的政府和证券交易所已颁布相关的法律和标准，要求更多关于企业社会责任议题的强制披露。例如，《英国公司法案（2006）》要求，在上市公司的董事报告中，应包含有关环境、雇员、社会和社区问题的所有公司政策信息（第147条）。此外，2010年生效的《碳减排承诺法》涉及英国5000家左右的大公司。中国香港特别行政区乐施会指出，一些欧洲国家，如瑞典、丹麦和德国，已经要求上市公司进行企业社会责任披露。① 瑞典于2008年要求国有公司必须采用全球报告倡议组织框架，披露社会责任信息，并要经过第三方审核。丹麦在2010年通过有关企业社会责任报告的新法规，其要求1100家大公司，包括私人公司、国有公司以及机构投资者，在它们的年度财务报告中加入社会责任信息。此外，在丹麦，公司如今还必须在年报中阐述它们的社会责任或社会责任性投资指数（socially responsible investment，简称SRI）政策、实施情况以及结果。在德国，上市公司必须在它们的年度报告中，披露具有重大影响的非财务指标。在法国，拥有雇员超过300人的公司，必须提交社会审计报告，披露与劳工相关的134个指标。另外，2001年《新经济法规法案》进一步要求上市公司在其年报中披露40项关于社会和环境标准的数据。

除发达国家以外，越来越多的亚洲国家政府开始规制企业社会责任披露议题。气候变化、未来低碳承诺、对劳工权利和劳工标准的关注、产品安全以及减少贫困等方面在政治和经济上的重要性日益凸显，证券交易所在鼓励企业社会责任报告和其他倡议方面，发挥着重要的功能。乐施会报告指出，马来西亚证券交易所要求上市公司每年至少准备一份可持续发展报告。此外，马来西亚公司需要在他们的年报中阐述他们的社会责任倡议和实践；如果没有社会责任活动，则需要对其提供说明。马来西亚股票交易所上市规则也包含这一要求。在韩国，

---

① Oxfam Hong Kong, Corporate Social Responsibility Survey of Hang Seng Index Constituent Companies 2009, Hong Kong: Oxfam, 2010.

股票交易所于 2009 年启用韩国社会责任投资指数。这一指数
旨在衡量公司政策、绩效以及环境、社会和治理三个方面的信
息披露。在促进企业社会责任方面，政府也通常发挥重要功
能。卢（Lu）、加斯特卡（Castka）指出，马来西亚法律已经
纳入企业社会责任的许多方面，如环境质量、反腐败和人
权。[1] 李（Lee）同样指出，韩国政府已经于 2004 年发布了环
境成本会计指南。[2]

戈内利亚（Gonella）[3] 和欧文等[4]建议，企业需要更多的
标准和指南，从而达到企业社会责任报告的一致性。贝拉尔、
卢比宁（Lubinin）[5] 指出：社会报告仍处于不发达状态，相比
传统的经济和环境报告而言，有必要进一步加强可持续发展报
告。因此，公司有必要以更加系统化、标准化的形式，公布它
们的非财务报告。社会报告相似性的需求，导致 19 世纪后期
许多标准和指南的颁布。各种各样涵盖一系列企业社会责任议
题的标准和指南，如全球报告倡议组织、社会责任国际标准体
系（SA8000）、国际化标准组织社会责任指南标准
（ISO26000）和保证标准（AA1000）等，在全球得到广泛

---

① Lu JY, Castka P. "Corporate Social Responsibility in Malaysia—Experts' Views and Perspectives", *Corporate Social Responsibility and Environmental Management* 16（2009）: 146-154.

② Lee KH, "Motivations, Barriers and Incentives for Adopting Environmental Management（cost）Accounting and Related Guidelines: a Study of the Republic of Korea", *Corporate Social Responsibility and Environmental Management* 18（2011）: 39-49.

③ Gonella C, Pilling A, Zadek S, *Making Values Count: Contemporary Experience in Social and Ethical Accounting, Auditing and Reporting*, London: Certified Accountants Educational Trust, 1998.

④ Owen DL, Swift TA, Humphrey C, Bowerman M, "The New Social Audits: Accountability, Managerial Capture or the Agenda of Social Champions", *The European Accounting Review* 9（2000）: 81-90.

⑤ Belal AR, Lubinin V, "Corporate Social Disclosure（CSD）in Russia", in Idowu SO, Filho WL eds., *Global Practices of Corporate Social Responsibility*, Berlin: Springer Verlag, 2008.

推广。

三、中国企业社会责任实践的法律、法规和指南

自从 1978 年改革开放以来，中国经历了 30 多年的经济改革。国内生产总值（GDP）主要来源从农业转向工业，这一转变让中国进入了经济发展的新阶段。通过经济改革，中国建立了社会主义市场经济，即在政府的宏观调控下，主要由市场进行资源分配。从 1987 年到 2008 年，中国的 GDP 增长近 100 倍，而同期的人均 GDP 增长近 60 倍。[①] 高盛集团于 2003 年指出，中国经济将在 2016 年超过日本，在 2041 年超过美国。中国现在处于经济重建期，并享受经济繁荣的成果。与此同时，关注环境保护、劳工权利、商业慈善和利益相关者义务承担，已经在企业间成为全球趋势。对中国而言，不但进一步发展经济并维持营利的可持续性很重要，促进持续的社会责任意识也很重要。企业社会责任与公共政策紧密相连，它要求的不仅仅是道德动机，还包括制度化的指南以及政府齐心协力的支持。企业社会责任已经激起中国政府的想象和关注；政府主导的和谐社会[②]理念不仅在于获得经济的繁荣，还在于确保以一种合理、和平和可持续发展的方式分配社会资源。

中国政府、中国证券交易所、政府其他机构，甚至像金蜜蜂社会责任教育中心和商道纵横等这样的非政府组织，正在推行企业社会责任理念，旨在使其得到更多中国企业的认可。许

[①] National Bureau of Statistics of China, 2008, http：//www. stats. gov. cn/english/（5 June 2011）.

[②] Wang L, Juslin H, "The Effects of Value on the Perception of Corporate Social Responsibility Implementation：a Study of Chinese Youths", *Corporate Social Responsibility and Environmental Management*, 18（2011）：246-262.

多新的规则和规定已经被采纳，它们创造激励机制，改善企业社会责任实践并且促进中国上市公司的信息披露更加标准化。不同的监管机构已经制定出一系列标准和指南，旨在强调企业社会责任、鼓励中国企业强制或自愿地披露可持续发展报告。表1总结了来自会计法、公司法、金融服务或证券法、环境法、社会和就业法等主要的指南和法规。

深圳证券交易所（以下简称深交所）最早鼓励其上市公司自愿发布企业社会责任报告。《深圳证券交易所上市公司社会责任指引》于2006年9月实施，旨在鼓励上市公司随同它们的年报制作社会责任报告。这些指引要求它们在对保护不同利益相关者群体权利和利益的六个领域（表2）履行社会责任。每个领域都有关于如何遵守这些标准的详细条款。例如，指引的第27条至第30条，是关于环境保护和可持续发展的细节，它们概述相关程序，鼓励公司采用最低污染排放量的方式利用资源。第32条至第34条是关于公共关系和社会公益事业的指引，它们鼓励公司创建扶贫救济、教育和社区发展等社区项目。《关于做好中小企业板上市公司2008年年度报告工作的通知》第13条则鼓励中小企业上市公司发布企业社会责任报告。同时，类似的针对上市公司的指南（《关于做好上市公司2008年年度报告工作的通知》——译者注）第11条规定，纳入"深圳100指数"的上市公司须披露企业社会责任报告。此外，深交所于2009年11月发布了修订的《深圳证券交易所中小企业板诚信建设指引》。其中第20条建议，中小企业应当承担社会责任，保护不同利益相关者的权益。

另一方面，上海证券交易所（以下简称上交所）发布了两则指南，要求上市公司披露企业社会责任议题。这两则指南为2008年5月发布的《关于加强上市公司社会责任承担工作的通知》和《上海证券交易所上市公司环境信息披露指引》

（表3）。这些指南的关键思想可以总结为五个方面：

（1）鼓励上市公司在社会责任报告中披露非财务信息；

（2）非财务信息应当基于经济、社会和环境信息三重底线；

（3）企业社会责任报告须由董事会和审计委员会签署；

（4）指明上市公司必须强制披露环境信息的领域与情况；

（5）开发衡量上市公司企业社会责任"价值创造"比率的新概念，即每股社会贡献值。

不同的企业可能有计算该比率的不同方式，但它通常等于总社会贡献额除以股份总数。总社会贡献额包括支付给政府的税收、支付给员工的工资、支付给债权人的借款利息、社区投资和环境投资，减去环境污染以及其他消极方面所引起的任何社会成本。尽管每股社会贡献值的计算非常主观并具有挑战性，但该比率目前在世界上是独特的。

为鼓励上市公司自愿披露社会责任信息，上交所为上市公司提供了一些激励措施，如优先被选入上交所公司治理板块或简化公司临时公告的审核工作。根据上交所《关于做好上市公司2008年年度报告工作的通知》指南，三类上市公司必须披露社会责任报告。它们包括上交所"公司治理板块"样本公司、发行境外上市外资股的公司及金融类公司。社会责任报告必须在披露年报时披露。并且，上交所鼓励其他没有被强制的上市公司自愿地发布社会责任报告。

通过多种途径调查上述信息后，似乎显示中国的确存在关于企业社会责任报告的系统化规则和规定。与发达国家制定的标准相比较，中国企业社会责任议题涵盖的范围或许没有那么全面或详细。尽管如此，中国存在企业社会责任报告要求，并且具有独特性。每股社会贡献值就是一个很好的例子。标准和规定既然已经存在，接下来的问题便是，中国企业是否遵守它们。综合关于中国企业社会责任报告实务的以往研究，尤其是中文本土的研究，能够对它们的报告数量和质量，提供一个初步的轮廓。

表1　有关中国企业社会责任议题的强制性和自愿性的
关键标准或指南总结

生效年份	标准或指南名称	发布的监管机构或其他组织	整体描述	强制（M）/自愿（V）
2001	《上市公司治理准则》第六章——利益相关者	证监会、国家经贸委	要求公司重视所有利益相关者的权益，关注所在社区的福利、环境保护和公共利益，并且重视公司的社会责任	M
2005	隶属中国纺织工业联合会的中国纺织业社会责任管理体系	中国纺织工业协会社会责任建设推广委员会	提高纺织业企业社会责任实践及整体管理质量	V
2006	《中华人民共和国公司法》（2005年修订）第5条和第17条	中国政府——2005年10月27日中华人民共和国第十届全国人民代表大会常务委员会第十八次会议通过	第5条——要求公司遵守社会公德、商业道德并承担社会责任 第17条——要求公司保护职工合法权益，包括劳工合同、劳工保险以及职业培训	M

生效年份	标准或指南名称	发布的监管机构或其他组织	整体描述	强制（M）/自愿（V）
2006	《企业会计准则第5号——生物资产》《企业会计准则第9号——职工薪酬》《企业会计准则第16号——政府补助》《企业会计准则第27号——石油天然气开采》	财政部会计准则委员会	要求披露与工农业生产相关的生物资产的确认、计量的相关信息，披露职工薪酬、政府补助和石油天然气开采等	M
2006	《深圳证券交易所上市公司社会责任指引》	深圳证券交易所	鼓励上市公司建立社会责任机制，并定期制作社会责任报告	V
2006	《中国企业社会责任荐进标准和实践范例》	中国企业联合会可持续发展工商委员会	提供企业社会责任关键议题、最佳实践社会责任企业案例，供中国本地公司参考，从而促进中国企业社会责任实践	V

生效年份	标准或指南名称	发布的监管机构或其他组织	整体描述	强制（M）/自愿（V）
2007	《中国银监会办公厅关于加强银行业金融机构社会责任的意见》	中国银行业监督管理委员会	鼓励银行业金融机构，根据社会责任理念，为利益相关者的最大利益工作	V
2008	2007年《环境信息公开办法（试行)》	国家环境保护总局	要求披露环境信息	M
2008	《关于中央企业履行社会责任的指导意见》	国务院国有资产监督管理委员会	要求中央国有企业建立社会责任履行机制以及社会责任信息披露系统	M
2008	《上海市地方标准—企业社会责任》	上海市质量技术监督管理局	鼓励企业定期向社区和员工报告4项公德和道德责任，包括权益敏感性、环境敏感性、诚信敏感性和和谐敏感性	V
2008	《中国纺织服装企业社会责任报告纲要》	中国纺织工业联合会	向发布社会责任报告的企业，提供具有全面可量化指标的指南	V
2008	《外资投资企业履行社会责任指导性意见》	商务部	鼓励外资企业对中国社会的经济、社会和环境等方面履行企业社会责任实践	V

续表

生效年份	标准或指南名称	发布的监管机构或其他组织	整体描述	强制（M）/自愿（V）
2008	《中国工业企业及工业协会社会责任指南》	11家工业行业协会，涉及煤炭、机械、钢铁、石化、轻工、纺织、建材、有色金属、电力和矿业	鼓励中国所有工业企业和工业协会，建立企业社会责任报告和作为绩效指标的企业社会责任系统	V
2008	《中国纺织服装企业社会责任报告验证准则》	中国纺织工业联合会	为纺织服装企业的企业社会责任报告，提供质量衡量原则和验证程序	V
2009	《中国银行业金融机构企业社会责任指引》	中国银行业协会	建议所有银行制定涉及经济、社会和环境责任的社会责任报告，并每年向中国银行业协会提交报告	V
2009	《中国企业社会责任报告编写指南》	国务院国有资产监督管理委员会	提供指引和绩效指标，指导中国不同行业报告社会责任议题	V

表 2 深圳证券交易所上市公司社会责任报告内容指引

《深圳证券交易所上市公司社会责任指引》（2006 年 9 月）

· 股东和债权人权益保护

· 职工权益保护

· 供应商、客户和消费者权益保护

· 环境保护和可持续发展

· 公共关系和社会福利公益事业

· 未遵守指引的原因说明以及企业社会责任议题的评价程序

《关于做好上市公司 2008 年年度报告工作的通知》（2008 年 12 月）

· 是否属于"深圳 100 指数"上市公司样本公司（是/不是）

· 如果是：必须随同年度报告制作企业社会责任报告

· 如果不是：自愿准备企业社会责任报告

· 股东和债权人权益保护

· 职工权益保护

· 供应商、客户和消费者权益保护

· 环境保护和可持续发展

· 公共关系和社会福利公益事业

· 企业社会责任活动战略计划

表 3 上海证券交易所上市公司社会责任报告内容指引

《上海证券交易所上市公司环境信息披露指引》（2008 年 5 月）

· 每股社会贡献值

· 社会可持续发展：员工健康及安全的保护、对所在社区的保护及支持、对产品质量的把关等

· 环境可持续发展：保护环境、减少环境污染

· 经济可持续发展：通过产品及服务为客户创造价值、为员工创造更好的工作机会及未来发展、为股东提供回报等

《关于做好上市公司 2008 年年度报告工作的通知》（2008 年 12 月）

·属于以下三种类型的公司必须制作企业社会责任报告

·在上交所上市的"上证公司治理板块"样本公司

·发行境外上市外资股的公司

·金融类公司

《上市公司 2008 年年度报告工作备忘录第一号——〈公司履行社会责任的报告〉编制指引》（2009 年 1 月）

·企业社会责任报告的标题应是："社会责任报告"、"可持续发展报告"、"环境责任报告"、"企业公民报告"等

·每股社会贡献值

·社会可持续发展：员工健康及安全的保护、对所在社区的保护及支持、对产品质量的把关等

·环境可持续发展：保护环境、减少环境污染

·经济可持续发展：通过产品及服务为客户创造价值、为员工创造更好的工作机会及未来发展、为股东提供回报

·第三方验证企业社会责任信息和报告

四、中国企业社会责任报告以往研究

李正、向锐研究了 2003 年上交所 642 家上市公司的企业社会责任披露实践，该研究未涉及金融类公司。[①] 研究发现，企业社会责任的信息散落在年度报告中，并且许多年度报告没有设立报告社会责任议题的专门章节。就企业社会责任议题报告的倾向性而言，大部分上市企业披露员工、产品质量以及慈善捐助等议题。环境保护议题和社区支持议题并没有被大部分

---

① 李正、向锐：《中国企业社会责任信息披露的内容界定、计量方法和现状研究》，载《会计研究》2007 年第 7 期。

上市公司广泛披露。

此外，张宁研究了 2005 年上交所 168 家上市公司。[①] 研究发现，其中 155 家公司在年报中披露社会责任。此研究还揭示，一方面，在被研究的公司中，披露社区支持和环境议题的比例分别是 68% 和 48%；另一方面，只有 28% 的公司披露职工问题，以及 34% 的公司披露产品质量问题。另外，许多公司将社会责任信息放置在"账目说明"项下。张宁的研究表明，中国上市公司关注的重点社会责任议题，已经从产品质量和职工问题转变为社区支持和环境问题。

马连福、赵颖研究了 2005 年深交所 458 家上市公司。[②] 与张宁的研究相比较，马连福、赵颖的研究表明，在企业社会责任披露的项目中，质量问题和职工问题的披露非常突出，在所调查的公司中分别占 45% 和 15%。关于环境和社区支持方面，分别仅有 7% 和 1% 的公司在它们的年报中对此进行披露。这些以往的研究显示，在相同的时期内，不同证券交易所的上市公司所关注的重点社会责任议题呈不同趋势。不过，这些研究是在上交所和深交所发布企业社会责任报告指引之前进行的。从比较的目的来看，中国迫切需要采用内容分析法研究两个交易所颁布指引公告后的年报、企业社会责任报告。

根据网站（www. csr9001. com）发表的一篇研究，截至 2009 年 10 月 31 日，有 364 家上市公司披露了 2009 年的社会责任报告，占深圳和上海 A 股市场上市公司总数的 23.4%。换而言之，超过 76% 的中国上市公司还未披露任何社会责任信息。然而，企业社会责任披露已经呈上升趋势。在 2007 年，

---

① 张宁：《基于利益相关者理论的企业社会责任信息披露问题研究》，硕士学位论文，中国海洋大学，2007 年。

② 马连福、赵颖：《上市公司社会责任信息披露影响因素研究》，载《证券市场导报》2007 年第 3 期。

仅仅 47 家上市公司发布社会责任报告。在 2008 年，则有 132 家。该研究还表明，中国的社会责任体系和报告框架还处于非常初级的阶段。2006 年 9 月深交所的自愿性的企业社会责任报告指引发布以后，在 2007 年，21 家深交所上市公司在它们的年报中披露了社会责任信息。到 2008 年，这个数目上升至 24 家。此外，2008 年，深交所的上市公司还发布了 151 份独立的社会责任报告。在另一方面，自 2008 年起，就中国上市企业社会责任报告，上交所颁布了自愿性和强制性的指引。根据上交所的数据（www. caihuanet. com），290 家上市公司在它们的年报中披露了社会责任有关信息，占上交所上市公司总数的 35% 。并且，281 家公司以"企业社会责任报告"为题发布了独立报告，8 家公司以"可持续发展报告"为题、1 家公司以"企业公民报告"为题，发布了独立的社会责任报告。此外，258 家上市公司是基于上交所的强制要求而发布社会责任报告；仅仅 32 家是自愿披露它们的社会责任报告。根据前述的"每股社会贡献值"新概念，76 家上市公司公布其每股社会贡献值，并且每股平均价值为人民币 1. 97 元。每股社会贡献值最高值为人民币 8. 42 元，而最低值为 0. 15 元。100 支上证社会责任指数样本股的平均每股社会贡献值为人民币 2. 42 元。

通常而言，如不考虑报告内容的质量，中国上市公司的社会责任信息披露数量呈上升趋势。以上综述的学术研究和网络调研都确认了这一点，尽管对于这些调查的研究方法和设计，尤其网络调研，有人可能会持保留意见。在不远的将来，综合性的、系统性的、可靠的研究将会出现。

2009 年 10 月，中国社会科学院（以下简称社科院）经济部发布了中国企业社会责任蓝皮书。① 通过参考 2008 年年度

---

① 中国社会科学院：《中国企业社会责任研究报告（2009）：企业社会责任蓝皮书》，社会科学文献出版社 2009 年版。（以下简称《蓝皮书》）

报告、企业社会责任报告以及公司网站，社科院调查了中国
100 家公司的企业社会责任管理和信息披露水平。该研究提
出，企业社会责任发展指数，从四个方面，即责任管理、市场
责任、社会责任和环境责任，评价社会责任管理和信息披露。
《蓝皮书》表明，中国企业的社会责任披露还处于很低的水
平。仅 15% 的企业被评为企业社会责任报告的领袖，而 21%
的企业为跟随者，超过 20% 的企业是新手，甚至超过 40% 的
企业为观察者。而这些观察者完全不披露任何社会责任信息。
社科院的研究受到媒体广泛的争议，并声称其研究结论与事实
并不相关，因为 80% 的样本公司来自国有企业，私营企业和
外商投资企业则被忽略。① 高质量、可靠的中国企业社会责任
报告本土研究仍需等待。

有一些由国际机构或组织进行的研究可以被归为中国企业
社会责任报告实践研究，尽管它们数量稀少。其中大部分是以
中国作为其中一个研究对象的比较研究。到目前为止，在中国
以外，还没有关于中国企业社会责任报告实践的深入研究。

毕马威指出，中国企业的社会责任报告还不够。人们认
为，企业社会责任披露的不足，最终会基于下列外界压力而改
变：对外贸易的扩张、本土企业寻求海外上市以及许多跨国公
司对中国供应商产品采购的增加或对本土制造业施加供应链
要求。

为了解企业社会责任实践的趋势，联合国在沪深 300 指数
样本公司中随机取样 80 家上市公司进行研究，② 并以国际会
计和报告标准（International Standards of Accounting and Repor-

---

① 《社科院报告引质疑　央企越庞大越有社会责任?》，载新华网 2009 年 10
月 20 日，http://news.xinhuanet.com/fortune/2009-10/20/content_ 12278932. htm,
最后访问时间：2011 年 4 月 18 日。

② United Nations, *International Accounting and Reporting Issues*: 2007, Geneva:
United Nations, 2007.

ting，简称 ISAR）的 53 个披露项目为基准，将中国的数据与全球 70 个经济体的被纳入 2006 年联合国贸易和发展会议（United Nations Conference on Trade and Development，简称 UNCTAD）的 105 家企业的数据进行比较。调查结果表明，中国企业的社会责任报告平均水平，相对而言，低于所有联合国贸易和发展会议的企业。该研究对中国企业社会责任披露所处的较低水平，提供了一些观察数据。例如，与高收入或中低收入国家相比，中国企业很少关注环境保护政策、社会责任甚至职员道德守则。此外，很多中国企业没有采纳正式的社会责任管理项目或者专门机制，如告密者保护政策。然而，报告表明，中国的监管者以及其他有关部门，在可预见的将来，会更加重视企业社会责任议题。而这将有助于提高目前社会责任披露所处的低水平。

郭乐平等的研究，近期在西方学术界促进了对中国企业社会责任报告的认识。[①] 他们采用内容分析的方法，通过研究中国内地 529 家公司的企业社会责任报告后发现，41% 的取样公司对研究所参考的 42 项企业社会责任指标没有提供任何信息。这项研究可能是最早在西方发表的有关中国内地企业社会责任披露的研究。尽管如此，此研究仅仅考察了一年（2010 年）的企业社会责任报告，且考察对象没有包括其他媒介，如公司年度报告和公司网站所披露的社会责任信息。此外，此项研究主要关注环境问题，并且采用的是本土的企业社会责任指标清单（中国企业社会责任荣誉榜专家评级系统），而不是类似全球报告倡议组织的国际指标清单。因而，调查中国企业社会责任报告演进、以多年报告为研究对象的、更加综合性的研究将

---

① Kuo L，Yeh CC，Yu HC，"Disclosure of Corporate Social Responsibility and Environmental Management：Evidence from China"，*Corporate Social Responsibility and Environmental Management*，2011，DOI：10/1002/csr274.

受到欢迎。

五、迫切的研究需求

通过综述全球企业社会责任运动以及企业社会责任报告在中国的发展，我们发现一些潜在的亟须关注的问题。在此，首先需要强调导致这些问题产生的两个主要原因：一是中国目前是国际趋势的追随者，因而，其社会责任监管系统并未充分发展；二是中国企业缺少社会责任报告的倡议和标准。

中国企业社会责任报告实践是最近开始的；然而，海外公司之间的核心竞争力，已经从"硬件"，如拥有最先进工厂和设备转移至以企业社会责任为导向的"软件"。为了与国际趋势接轨，深交所和上交所作为监管企业社会责任披露事项的关键角色，已经制定了一些指引，以鼓励中国企业报告社会责任议题。然而，正如前述几节所提及的，这些指引的实施主要基于自愿，而没有任何法律强制执行力。因为不同行业之间有各种各样的发展阶段，要创建一个完全适用于所有类型企业的社会责任监管系统非常困难。但是，考虑到每个行业的特殊性，为上市公司制定符合国际标准的法律或强制标准应当是可能的。在实现这一步之前，中国迫切需要研究其企业社会责任报告，清楚地识别现状的不足和差异。然后，政府机构能够基于研究的成果，创建企业社会责任报告监管系统。

虽然上市公司数量的增加和对外贸易的增长可能推动改善企业社会责任披露，然而，只有在上交所和深交所发布报告指引后，企业社会责任报告的数量才有显著增加。这实际上表明，大多数中国企业对社会责任披露缺乏主动的态度，只有它成为强制性要求时，他们才予以回应。在 www.csr9001.com 网站上，有企业社会责任报告的汇总。审阅企业社会责任报告列表，不难观察到，在最近几年发布社会责任报告的大部分企业，主要是那些具有良好的经营业绩或国际化程度高的公司。经营业绩较差的公司披露社会责任信息的动力不大。即使那些已公布的社会责任报告，它们所披露信息的质量和可靠性很难验证，因为在中国，企业社会责任披露的第三方审计非常稀少。

2010年4月，社科院发布《中国企业社会责任报告评级标准》，这是中国第一份社会责任报告评价标准。企业社会责任报告评级委员会邀请企业社会责任实践研究人员和行业专家监督评级报告。基本上，评价依据是根据2009年11月出版的中国第一份企业社会责任报告编写指南——《中国企业社会责任报告编写指南》制定的。企业社会责任报告质量的评级，是基于下列六项评级指标，即完整性、实质性、平衡性、可比性、可读性和创新性，各占25%、30%、10%、10%、20%和5%的权重。该标准包括表4中所总结的七个级别的社会责任报告排名。

表4　中国企业社会责任报告的评级系统

评级结果	评级图示	发展水平	分数区间
五星级	★★★★★	卓越	90—100
四星半	★★★★☆	领先	80—90
四星级	★★★★	优秀	70—80
三星半	★★★☆	良好	60—70
三星级	★★★	追赶	50—60
二星级	★★	发展	30—50
一星级	★	起步	30分以下

正如社科院官网（www.cass-csr.org）所述，在标准公布后，数家中国企业向社科院提交报告评级的请求。截至2010

年6月底，十份报告评级结果已公布并可在网上获取。评级结果如表5所示。

表5 中国企业社会责任报告评级展示（截至2010年6月）

发布日期 （日/月/年）	公司名称	公司类型	行业	评级
4/4/2010	中国石油化工股份有限公司	国有企业	石油、天然气开采和加工业	★★★☆
5/4/2010	中国石油化工集团公司	国有企业	石油、天然气开采和加工业	★★★★
6/4/2010	中国华电集团公司	国有企业	电力生产	★★★★
7/4/2010	中国华能集团公司	国有企业	电力生产	★★★★
14/4/2010	中国民生银行	私营企业	银行业	★★★★
9/5/2010	马钢集团公司	国有企业	冶炼加工	★★★★
10/5/2010	中国南方电网公司	国有企业	电力供应	★★★★☆
22/6/2010	中国大唐集团公司	国有企业	电力生产	★★★★
22/6/2010	中国中钢集团公司	国有企业	冶炼加工	★★★★
22/6/2010	鞍钢集团公司	国有企业	冶炼加工	★★★★☆

从评级结果中可以看出，这些公司具有一些共同的特征。他们都是上市公司，其中有九家是国有企业，并属于引

人瞩目①的行业。十份报告中，七份被评为优秀，两份被评为领先，一份被评为良好。由于社科院是一个直属国务院的学术研究机构，其对国有企业提供认证服务的独立性值得怀疑。因此，这种评级报告很容易变得更像是企业形象的宣传手段，而不是企业社会责任披露的客观评价。采用企业社会责任作为一种市场营销手段的情况，在中国企业中越来越普遍。为对中国上市公司企业社会责任披露水平有一个公正的评价，对于2006年以后发布的年度报告和企业社会责任报告，亟须独立的审核。

此外，另一个当务之急是中国国内企业对待各种国际企业社会责任报告标准和指引的方法和态度。例如，根据全球报告倡议组织的要求，社会责任报告的主要评价标准之一是完整性。它要求在社会责任报告中披露的信息应当包括足以反映重大经济、环境和社会影响的实质性主题和指标。然而，许多中国企业都误解了该要求的含义。他们只是一味地披露尽可能多的社会责任信息，而不强调关键问题。以往的研究结果已经反映出这个问题。例如，李正、向锐的研究和张宁的研究发现，在中国，社会责任披露的重点已经从产品质量和员工相关问题，变为社会支持和环境问题。就企业社会责任报告的完整性而言，这可以被看作一种改进，因为更广泛的社会责任议题被涵盖进来。然而，从实质性的角度来看，我们可以把它看作一种退化。这种批评的理由是，具有不同特点的企业所编写的社会责任报告，会将关键报告领域赋予不同的权重。例如，除披

---

① 引人瞩目的行业通常因其经营活动具有广泛的重要性而得到社会的重视。通常来讲，社会对引人瞩目的行业更加敏感，因为它们经常忽略生产过程中的安全，而其结果能给社会带来重大影响。Mirfazli E, "Evaluate Corporate Social Responsibility Disclosure at Annual Report Companies in Multifarious Group of Industry Members of Jakarta Stock Exchange, Indonesia", *Social Responsibility Journal* 4 (2008): 388-406.

露有关人权、社会支持等信息外，化工行业的公司需将更多的努力投入到披露它们的经营活动对环境造成的影响。而对食品和饮料行业的公司来说，产品质量和安全应该是重要的报告主题。2008 年 1 月，国务院国有资产监督管理委员会发布《关于中央企业履行社会责任的指导意见》。该指导意见指出，披露的企业社会责任信息必须是企业运营的实质性信息，并应重点强调与企业的经营活动相关的关键社会问题。因此，除了完整性，社会责任披露的主要重点应放置在与公司运营特征相关的重点议题上，使得利益相关者能够评估报告企业的绩效。

虽然许多公司披露社会责任信息的许多议题没有任何主要重点和方向，但是，一些企业过于注重涉及其业务运营的关键方面，而很少触及其他社会责任主题。例如，在中国南方电网 2008 年社会责任报告中，2008 年年初发生在中国南方的雪灾被放大，占据了报告的绝大部分内容，而没有提及（涉及）其他问题。报告主体并没有意识到，雪灾时确保电力供应的正常运行和功能应该是但不是唯一需要披露的问题。这种择优挑选的例子反映出很紧迫的问题，即中国企业没有抓住社会责任报告指引的精髓。2009 年发布的社科院指南，为中国企业社会责任报告提供了详细的解释与指示，希望该指南发布后，中国企业社会责任报告的情况会有所改善。然而，为评估中国企业报告方法的改善程度或存在性，进一步的研究是必需的；良好实践的例子也会推进研究。

六、结论

在全球化的推动下，国际层面企业社会责任意识呈上升趋势，尤其关于企业社会责任报告。除了自愿的标准，许多发达国家制定了法律和法规，强制要求公司披露更多的社会责任议题。此外，非财务报告的外部化保证已经成为增加可信度的一种重要和有效的方式。该趋势在发展中国家也在逐渐形成。最近几年，中国出现许多企业社会责任倡议。在社会责任构建过程中，中国政府发挥着重要作用。最显著的例子是，2006年中国《公司法》第5条要求公司在商业运营中承担社会责任。另外一个重要的政府主导的措施，即深交所和上交所发布的中国上市公司企业社会责任报告指引。许多特定行业的倡议也正在发展，如《中国纺织服装企业社会责任报告》《中国银行业金融机构企业社会责任指引》。正如最近几年增加的社会责任报告数目所反映的，中国企业社会责任倡议的显著发展，刺激许多中国企业付诸行动。

另一方面，这些倡议的真正目的及实效也受到质疑。这些企业社会责任指引和规定是不是简单地被用来提高中国国际形象的橱窗装饰呢？

这个问题是2006年以来连续的企业社会责任倡议发布以后，由社会责任报告的整体质量所引起的；尤其是披露信息的实质性和可靠性没有被验证，因为目前中国没有外部审计要求。最近，在作为国家研究机构的社科院将国有企业发布的大部分社会责任报告评定为较高级别后，产生了更多的质疑。因此，对2006年以后发布的年报和社会责任报告采用内容分析方法，为对中国企业社会责任报告水平作出客观的评估是确定而迫切需要的。中国应该对公众企业提供更多的社会责任报告培训，使其更好地掌握指引所要求的信息披露精神。总之，中国企业社会责任报告仍处于初级和探索阶段，通过政府、企业以及社会责任研究人员的一致努力，它将有很大的提升空间。

公司法移植

在翻译中遗失？
简评中国公司法中的移植体*

郭丹青** 文

游传满*** 译

简目

一、前言

把法律比作一种语言早已不是新鲜的提法。主流的法律阐

---

* Donald C. Clarke，"Lost in Translation? Corporate Legal Transplants in China"，The George Washington University Law School Public Law and Legal Theory Working Paper No. 213，Legal Studies Research Paper No. 213，http：//ssrn. com/abstract = 913784. 本文的翻译与出版已获得作者和出版社授权。

** 郭丹青，美国乔治·华盛顿大学法学院教授。

*** 游传满，法学博士，现为英国苏萨克斯大学研究员，爱尔兰都柏林大学客座讲师。主要研究领域为比较公司法、跨国并购法规范、法经济学理论等。

释理论不仅明确地依赖这一比喻，甚至主张法律实际上就是一种语言。① 当我们注意到一些法律制度和概念已从一个法律体系被引入到一些其他不同的法律体系中时，就会认识到，把法律比做一种语言这一想法非常具有价值。特别是，把法律类比语言能够提醒我们：一个法律体系的边界如同一种语言的边界一样，是非常模糊的，甚至几乎不可能明确地断定一个法律体系的边界实际上是否已经被跨越。② 在何种情况下我们可以确定一个法律概念是如此之新颖、渊源如此之不同，以至于应将它视为一个外来的移植的概念，而不是其所属的法律体系本身发展出来的概念？

把法律类比为语言，也会提醒我们，在不同法律体系之间完全地移植规范或者制度会如此困难，甚至于不可能；因为那些规范或者制度，如同单词一样，存在于赋予它们意义的特定环境之中。③ 研究那些从我们的语言体系或者法律体系中被移植到另外一个体系的词语或规范的命运，能使我们认识到，或许我们本来并不甚了解这些词语或者规范在我们体系中的功效。④

本文希望，通过特别关注中国公司治理制度来进一步揭示

---

① 例如，"解释性共同体"文献的突出代表之一，参见 Stanley Fish, *Doing What Comes Naturally*: *Change*, *Rhetoric and the Practice of Theory in Literary and Legal Studies*（1989）。

② 例如，Edward Rock & Michael Wachter, "Dangerous Liaisons: Corporate Law, Trust Law, and Interdoctrinal Legal Transplants", 96 *Nw. U. L. Rev.* 651（2002）。（该文讨论了特定法律体系内法律原则的移植。）

③ Lydia Liu, *Translingual Practice*: *Literature*, *National Culture and Translated Modernity in China 1900-1937*（1995）.（该文主张含义无法翻译，并主张我们需要用"跨语言的、实践的"概念取代"翻译"。）

④ 这是本杰明·施瓦茨（Benjamin Schwartz）在他的经典论著 *In Search of Wealth and Power*: *Yen Fu and the West* 中所研究的。他展现了，在他们的经典著作被翻译成一个被欺凌的虚弱国家的文字后，自由主义和个人主义的启蒙价值如何变为强国的主调，以及西方对财富和权力的追求如何将那些启蒙价值推翻了。

一个公认的古老问题——规范或者制度的移植为何往往很难奏效。和外来词一样，外来规范和制度之所以被移植是因为移植者认为它们能服务于某些特定需要。它们通常是在社会急剧变革时期被移植，而此时的本土文明可以说是落后的，但其适合性的问题却是真实且严峻的。

第一，虽然移植者可能会认为他们的需要与孕育被移植制度的社会的需要是一致的，但事实上常常并非如此。移植者可能会误解制度发源地社会的需要，或可能会误解自身社会的需要——在稍后对于中国独立董事的讨论中将对此进行进一步详述。

第二，被移植的制度事实上在发源地社会也并不能完美地服务于任何一种特定的需要。制度的发展并不是对特定的可被客观界定的社会需要的回应，而是具有不同目的的社会力量之间复杂的相互作用的结果。这是"骆驼是若干人共同设计的马"这一笑话背后的社会科学的洞察。某一项制度可能是具有完全不同目标的不同群体的利益纷争之地，而不是任何群体自然的仆人。因此，一项被移植的制度几乎不可能被完整无缺地转移到移植者的社会并发挥相同的功效。事实上，如果该项制度在移植前后都能发挥同样的作用，则意味着移植制度的社会和制度发源的社会是没有区别的，然而正是社会之间的区别促进了原先的制度移植。

二、具体的移植制度

在本篇文章中，我将探讨中国广义公司治理中的一些已尝试的制度移植。本节的目的在于诠释移植是如何发生，或至少是如何被尝试的。其中不仅包括具体的规范，还包括制度和结构。我将在结尾进行概括总结。

（一）移植的结构

1. 工业托拉斯

中国移植资本主义工业组织形式的最不同寻常的早期尝试之一，是 1964 年设立工业托拉斯的尝试。根据此尝试背后的文件，① 当时中国的工业和交通企业的发展严重受制于过度的行政干预、相冲突的等级制度以及管理中对经济原则的轻视。该文件认为，这些问题可以通过设立一系列的工业和交通托拉斯来解决，因为它们可以合并各权力系统，并将经济管理原则引进到企业运营之中。

托拉斯在列宁式马克思主义（Leninist version of Marxism）中具有特殊的地位。当列宁在观察西方经济特别是美国经济时，托拉斯正发展到其顶峰。和马克思相似，列宁对于资本主义的工业组织模式既有轻蔑也有羡慕，并认为庞大的垄断托拉斯是资本主义经济组织的最高阶段。列宁在社会主义制度下的意图不是废除托拉斯，而是进一步扩大它们："任何大规模工业——在社会主义中是生产的物质来源和基础——无条件地必须有一个严厉统一的意志来管理几百、几千甚至几百万人的集体工作。那么如何保证意志的严厉统一呢？只有通过数千、数百万人的意志屈服于一个单独个人的意志。"②

鉴于这种传承，也就不难理解领导者为解决工业组织问题而想到托拉斯了。使得这一移植引人瞩目的是，领导层似乎没有明确知道工业托拉斯是什么、它如何运作、它为什么存在。相关文件所用的词是"托拉斯"，这是对其英语用词的音译，可见其在当时或现在中国的法律语言中都没有固有的含义。

---

① 《国家经委党组关于试办工业、交通托拉斯的意见的报告》（1964 年 7 月 14 日）。

② V. I. Lenin, *Selected Works* 398（Moscow 1952），*cited in* Franz Schurmann, *Ideology and Organization in Communist China* 255（2d ed. 1968）.

19 世纪美国资本主义强盗资本家时代的强大的工业托拉斯形成的原因只有一个：当时的州公司法禁止公司持有他公司的股票，从而那时就不存在控股公司。A 公司控制 B 公司不是通过获得 B 公司多数股票这种直接的结构，而是通过 A 公司控制持有 A 公司和 B 公司股份的信托结构（音译为托拉斯的 Trust）来实现。当州公司法允许控股公司存在时，再也不需要复杂的信托结构，所以它从公司组织形式的菜单中消失了。

无须赘述，有关企业组织的中国法律在 1964 年几乎不存在；即使当时法律禁止控股公司，法律也很容易修改为允许控股公司。而且，在中国，信托这个涉及法律所有权、收益所有权以及受托人的信义义务的复杂法律工具完全不存在，因此能取代控股公司的真正的信托结构是不可能存在的。领导层似乎把"托拉斯"简单地理解为"自上而下统一控制的、沿着理性的经济原则运作的大型垄断企业"，但是下发文件要求设立此类企业不等于实际上创建此类企业。

简而言之，领导层当时想通过这一改革达成两个目标。

第一，期望通过将国有企业改组成信托结构，产生经济上理性的（而不是行政上理性或官场上理性的）行为，从而催生更高的运营效率。然而，当时中国的法律体系和行政习惯都没有任何有关信托运行的、能够改变企业管理者所面对的激励结构的规范。"托拉斯"在当时仅仅是一个词，一个舶来词。

第二，领导层还希望信托结构可以解决企业行政干预和多层管制的问题。然而，很容易发现这为何又是一个空想。如果我们把"托拉斯"理解为经典美国式的真正的信托，那么适用于这些组织的、能够界定和管理组织里面的上下关系的规范，在当时中国的法律体系中是不存在的。如果我们仅仅把"托拉斯"简单地理解为母公司通过它的所有人权益向子公司行使权力这种类似控股公司的结构，那么当时的中国法律体系也缺乏能够使这种上下关系得以实现的任何规范。在决策者所关心的国有领域中,唯一一套规范是典型的政府行政性结构的规范。根据这种规范,企业管理者主要是具有一定级别的、服从上级并命令下级的政府官员。但是,这样的结构正是造成改革所针对的原先问题的原因。因此,毫不奇怪,"托拉斯"改革一无所获并再也没有被提及。

虽然托拉斯在中国的夭折历史,可能看上去只是商业组织历史上的一个有趣的脚注,事实上领导层并没有失去对于大型企业的迷恋。"大型企业集团"和"国际竞争力"这些词语经常在官方文件中被联系在一起。例如,朱镕基总理在其向全国人大提交的2000年3月的工作报告中,呼吁要进一步"培育有国际竞争力的大型企业集团",但中国最有国际竞争力的工业当然是纺织业之类具有很多小生产者并互相在国际上进行激烈竞争的工业。这些集团公司明确仿照韩国的财阀,但是很少有人会问:如果这种集团公司的效率如此之高,为什么它们的创建以及持续的营运还需要政府支持?

(二) 移植的制度

1. 监事会

在20世纪90年代早期中国的《公司法》①被制定时,立法者考察了美国模式和欧陆模式。在它的基本框架里,就其考虑到的类型和治理方面的一些规则而言,相当程度上遵循了欧陆模式。例如,监事会就明确是以德国大型公众公司双层委员

---

① 参见《中国人民共和国公司法》,1993年12月29日通过,并于1994年7月1日生效。(以下简称1993年《公司法》)该法于2006年被取代。《中华人民共和国公司法》,2005年10月27日修订,并于2006年1月1日生效。(以下简称《公司法》)

会系统中的上层委员会为模型的，且通常与之进行比较。①

根据德国法，每个大型的公众公司都有一个选举产生的监事会，监事会再任命由高级公司管理人员组成的管理会。监事会的主要职责在于（也仅限于）监督公司的管理；② 它的主要权力为任命与解除管理会成员，以及在公司与管理会成员交易时代表公司。③ 法律明确将管理权力授予管理会。④

中国学术界和实务界似乎普遍承认这项制度的移植并没有奏效。虽然官方评论趋向于用说教的口吻指责企业管理者不听从监事会，另外一些评论者指出，监事会的名称是从德国旅行到了中国，但监事会的权力却如同许多旅行的行李一样落在了背后。《公司法》期待，只要规定监事会要履行监视功能，监事会就真会那样做，但它并没有赋予其任何重要权力。例如，1993 年《公司法》第 126 条规定，监事会"对董事、经理……的行为进行监督"，并有权"要求董事和经理（对其损害公司的行为）予以纠正"。但是此法律没有任何一处赋予监事会任何能使董事或经理对其听从的权力。2005 年 10 月修订的《公司法》稍微扩大了这些权力，但是并没有质的变化。⑤

《公司法》也没有在结构上保证监事会成员独立于其所监管的对象。形式上，他们是由股东选举的，因此不可期待支配董事选举的利益不会支配监事的选举。事实上，监事会成员往往是从属于企业领导层的行政管理干部。通常情况下，他们是工会和职工大会的代表。这两个雇员机构都由与管理层交织的

---

① 龚佳、杨海：《〈OECD 过渡经济公司法一般原则〉与中国公司法的修改与完善》，载《政治与法律》2001 年第 5 期。

② Aktiengesselschaften［Law on Stock Corporations］§ 111（1），translated in *Commercial Laws of the World：Germany*（rev. ed. 1995）.

③ Walter Oppenhoff & Thomas O. Verhoeven, "Stock Corporations", in *Business Transactions in Germany*, Ch. 24 § 24.03（Bernd Rüster ed. , Matthew Bender 2003）.

④ Aktiengesselschaften［Law on Stock Corporations］, at § 76（1）.

⑤ 2005 年《公司法》第 54 条。

企业党组织所控制。正如一项针对监事会的研究所揭示的，
"如果他们胆敢犯上，履行法律所赋予的神圣职权，也许在提
出检查公司财务的第二天连公司职工都不是了，因而也就不能
继续代表职工了，出师未捷身先死的他们还能监督什么？"①
他们的监管权力将毫无意义。

为什么监事会的权力在翻译中遗失了呢？我提出两个
原因。

第一，中国法律规范的目的往往在于教化而不是诉讼。人
们预期，法律监管的对象会读到法律文本并将法律规范内部
化。法律中，可能存在一种能够强化该规范的执行机制，但如
果没有的话，该机制的缺乏并不被视为法律设计的致命性缺
陷。例如，2004 年 7 月的《公司法》修订草案，相较于十多
年前通过的当时有效的《公司法》而言，对董事及高管规定
了更多的义务，但是对因那些义务的违反而受损的股东和其他
人提供的救济却没有增多。因此，制度性的背景很少被考虑，
以致"法律责任"这一章虽然主要涉及罚款以及其他政府施
加的处罚，但并没有明确哪一个政府机构有权施加这些处罚。

这与监事会的权力是如何相关联的呢？它暗示了中国的立
法者可能将德国监事会开除管理会成员的权力视为可以采纳也
可以放弃的一项特别的功能，而没有意识到这种权力就是使监
事会的其他权力具有意义的最终武器。

第二，不应忘记，《公司法》的制定主要是为了服务于
正在进行内部组织重构而所有权没有重大变化的国有企业的
需要。将国有企业改组成股份有限公司后，它的所有人与改

---

① 王常柏、冯花兰：《论独立董事制度与监事会制度相结合的监管模式》，
载《生产力研究》2002 年第 1 期；王绍凯：《我国上市公司法人治理结构效能分
析》，载《经济纵横》2001 年第 7 期；蒋黔贵：《公司治理与国有企业改革》，载
《中国证券报》（网络版）2001 年 6 月 12 日；高勇：《独立董事制度与上市公司治
理》，载《经济体制改革》2002 年第 1 期。

组前是一样的———一家或多家国家机构，只是改组后它被称为股东而不是上级行政部门。国家机构里的官员们对企业的事务仍保留着积极的兴趣。当董事会存在时，在主管企业的政府部门和管理层之间再增加一层监管和官僚体制，就很可能显得多余。因此，监事会被写入法律，可能是因为在立法起草者决定遵循德国模式后，它看上去是必需的，但他们也做了一个理性的决定，即不浪费时间去考虑怎样能使监事会的权力具有意义。

2. 独立董事

有几个国家的政策制定者认为，独立董事是公司治理领域中法律和政策改革的重要元素。在美国，内部人士控制的董事会已经很多年都不常见了；① 虽然纽约证券交易所（以下简称纽交所）自 2004 年才要求美国国内公司的董事会必须有过半数的独立董事，② 但是早在 2001 年，约 75% 的纽交所上市公司的董事会已经拥有过半数的独立董事。③

① Sanjai Bhagat & Bernard Black，"The Uncertain Relationship between Board Composition and Firm Performance"，54 *Bus. Law.* 921，921（1999）. ["在 20 世纪 60 年代大部分（大型美国公司）有内部人占多数的董事会；如今，几乎所有该类公司有外部董事占多数的董事会，并且大部分是独立董事占多数的董事会"。]

② New York Stock Exchange（NYSE），Listed Company Manual § 303A. 01（2003），http：//www. nyse. com/listed [hereinafter Listed Company Manual]. 2002 年，在公司监管不力造成众多公司丑闻之际，美国证券交易管理委员会（SEC）主席发函要求纽约交易所与全美证券交易商协会 [National Association of Securities Dealers（NASD）] 重新评估并修改公司治理准则。Securities and Exchange Commission，Release No. 34-48745，NASD and NYSE Rulemaking：Relating to Corporate Governance（Nov. 4，2003）[该文讨论了新纽交所规则的历史并引用了 Commission Press Release No. 2002-23（Feb. 13，2002）]。作为回应，纽交所制定了公司治理改革建议，现被收录于《上市公司手册》（Listed Company Manual）第 303 节。

③ Joann S. Lublin，"NYSE Considers Rules to Boost Power of Boards—Fostering the Independence of Directors Could Improve Governance，Advisers Say"，*Wall St. J.*，June 3，2002，atA2. （该文引用投资人责任研究中心的报告。）

伴随着 20 世纪 80 年代收购活动的兴起，无利害关系董事①在相关的州法层级的诉讼中发挥着越来越重要的作用。在安然及其他公司丑闻发生之后，几年前纽交所上市规则构想的独立董事的较小作用已让位给《萨班斯—奥克斯利法案》的联邦强制性规范。根据《萨班斯—奥克斯利法案》规定，纽交所的上市公司必须拥有全部由《萨班斯—奥克斯利法案》所界定的独立董事构成的审计委员会。根据现行纽交所上市规则，上市公司董事会中符合上市规则定义的独立董事必须占多数。

英国自己的公司丑闻催生了"凯德伯瑞报告"（Cadbury Report），该报告连同随后类似的报告和研究建议加强外部董事以及独立董事的作用；② 在过去 10 年里，日本也出台了许多旨在增强与公司管理层无关的董事与审计人员作用的公司法改革。

无论如何，中国的政策制定者都没有忽视世界范围内日益增加的对独立董事的关注。事实上，中国对独立董事的关注早于导致美国联邦层面公司治理改革的公司丑闻，这可能是因为许多类似丑闻早已在中国两家证券交易所上市的公司中发生了。③ 中国的政策制定者与学者们对监事会权力的有效行使已

①　下面我将讨论无利害关系董事与独立董事的区别，详述请见 Donald C. Clarke，"Setting the Record Straight：Three Concepts of the Independent Director"，32 *Del. J Corp. L.* 73（2007）。

②　2001 年，53% 的伦敦交易所上市公司董事会由外部董事占多数。Corporate Governance 2001（PIRC ed.，Dec. 2001），*cited in* Motomi Hashimoto，"Commercial Code Revisions：Promoting the Evolution of Japanese Companies" 14（Nomura Research Institute，NRI Papers，No. 48，May 1，2002）。但是，2004 年英国的养老金投资研究顾问公司（Pensions Investment Research Consultants）则发现独立董事占董事会多数的上市公司低于 15%。Pensions Investment Research Consultants Ltd. （PIRC），*Presentation of Corporate Governance Annual Review 2004*（Nov. 18，2004），http：//www. pirc. com.

③　中国两家证券交易所是上海和深圳的证券交易所。

经绝望，从而开始推动独立董事制度，特别是在上市公司中，作为加强监管公司不当行为的方式。①

2001 年 8 月，中国证监会发布了《关于在上市公司建立独立董事制度的指导意见》。② 该意见适用于所有在中国证券交易所上市的公司（但不包括在海外上市的中国公司），并可以说是中国证监会或任何中国政府机构所采取的、试图通过独立董事制度来规制公司内部治理的、最广泛的措施。这也被丝毫不加掩饰地描述为对美国公司治理法律和实践的移植，③ 从而涉及与法律移植相关的诸多问题。④

尽管政策制定者以为他们移植了一项成功的美国公司法制度，事实却显著不同。借用伏尔泰对神圣罗马帝国的评论，可以说至少在移植时，独立董事制度并不如借用者所想象的，是那样成功的、美国式的或法律的一部分。

第一，有独立董事到底能否提高公司绩效还不清楚。有几个学者已经就独立董事对美国公司绩效的影响展开了研究，他们总体的结论是，并不存在可靠的证据证明独立董事提高了公

① 更多的讨论参见 Donald C. Clarke，"The Independent Director in Chinese Corporate Governance"，36 *Del. J. Corp. L.* 125（2006）。

② 《关于在上市公司建立独立董事制度的指导意见》，2001 年 8 月 16 日发布。2005 年修订的《公司法》授权国务院针对上市公司独立董事制定规则，参见 2005 年《公司法》第 132 条；一个有趣的推论是如果国务院在 2005 年前不是已经有这个权力的机关，那么，证监会在 2005 年前更不可能有这个权力。

③ 高勇：《独立董事制度与上市公司治理》，载《经济体制改革》2002 年第 1 期；马更新：《完善我国上市公司独立董事制度建设的思考》，载《政法论坛》2002 年第 6 期；闫海、陈亮：《独立董事制度研究》，载《法学论坛》2001 年第 4 期。

④ 有关公司法的移植，特别是对中国有参照价值的讨论，参见 Hideki Kanda & Curtis Milhaupt，"Re-Examining Legal Transplants：The Director's Fiduciary Duty in Japanese Corporate Law"（Columbia Law School Center for Law and Economic Studies，Working Paper No. 219，Mar. 24，2003），http：//ssrn. com/abstract＝391821。

司绩效。[①] 有些研究甚至发现董事会独立性与公司绩效之间存在负相关关系。[②] 最新的全面研究是桑杰·巴加特（Sanjay Bhagat）和伯纳德·布莱克（Bernard Black）的研究，他们在总结回顾其他学者的研究成果以及他们自己的研究后发现：[③]

第一，没有证据表明董事会的独立性越大，公司的绩效就越好。不佳的绩效与事后更大的独立性相关，但是没有证据表明更大的独立性能提高绩效。

第二，当董事会存在内部董事时可以增进公司价值。[④]

第三，持有大量公司股票的独立董事可能增加公司价值，而其他独立董事则不会。

引人瞩目的是，研究人员也没有找到中国有关独立董事在提高公司绩效有效性方面的实证支持。例如，一项研究调查了

---

① 因为此处并不是综合性综述此文献之地，总体见 Dan R. Dalton et al., "Meta-Analytic Reviews of Board Composition, Leadership Structure and Financial Performance", 19 *Strategic Mgmt* J. 269 (1998); Jill E. Fisch, "The New Federal Regulation of Corporate Governance", 28 *Harv. J. L. & Pub. Pol'y* 39 (2004); Benjamin E. Hermalin & Michael S. Weisbach, "Boards of Directors as an Endogenously Determined Institution: A Survey of the Economic Literature", *Fed. Res. Bank N. Y. Econ. Pol'y Rev.*, Apr. 2003, p. 7; Laura Lin, "The Effectiveness of Outside Directors As A Corporate Governance Mechanism: Theories and Evidence", 90 *Nw U. L. Rev.* 898 (1996); Stephen M. Bainbridge, "A Critique of the NYSE's Director Independence Listing Standards" (UCLA School of Law, Research Paper No. 02-15, 2002), http://www.ssrn.com/abstract_ id = 317121; and Sanjai Bhagat & Bernard Black, "The Non-Correlation between Board Independence and Long-Term Firm Performance", 27 *J. Corp. L.* 231 (2002) for reviews of other studies and meta-analyses。

② Anup Agrawal & Charles R. Knoeber, "Firm Performance and Mechanisms to Control Agency Problems between Managers and Shareholders", 31 *J. Fin. & Quantitative Analysis* 377 (1996); Catherine M. Daily & Dan R. Dalton, "Board of Directors Leadership and Structure: Control and Performance Implications", 17 *Entrepreneurship: Theory and Practice* 65 (1993).

③ Bhagat & Black, "The Non-Correlation between Board Independence and Long-Term Firm Performance".

④ Barry D. Baysinger & Henry N. Butler, "Revolution vs. Evolution in Corporate Law: The ALI's Project and the Independent Director", 52 *Geo. Wash. L. Rev.* 557 (1984).

所有上市公司——样本超过 1000 家，其中 83 家在过去 3 年里委任了独立董事。这项研究结果既不支持拥有独立董事的公司与没有独立董事的公司存在明显的绩效差距这一假设，也不支持"董事会独立董事的比例与公司绩效之间存在正相关关系"这一假设。[①] 另外一项最新研究则显示，如果以每股收益率与股本回报来衡量公司绩效，建立独立董事制度之后公司绩效会随后下降。[②]

第二，虽然中国证监会强制要求中国上市公司董事会至少拥有 1/3 的独立董事，但是移植时，对独立董事的政府强制性要求并不是美国公司法的重要部分。在《萨班斯—奥克斯利法案》通过之前，不管是在联邦层面还是州层面，都没有法律普遍要求上市公司必须有任何独立董事。纽交所要求上市公司有独立董事，但仅是对审计委员会而言，[③] 而且那时审计委员会也不需要拥有排他性的权力来聘用或者解雇公司的外部审计人员。因此，中国证监会将设立独立董事作为一项法律要求，表明它对独立董事制度的无条件的有利性的信任，远高于被移植制度的发源地社会对其的信任。

第三，独立董事不仅作为美国公司法成功的制度或美国公司法的制度是饱受争议的，而且它作为美国公司法的重要制度本身也是受质疑的。独立董事制度几乎是美国联邦法律独有的创造。但是对于公司内部治理来说，比美国联邦法更加重要的是州法，而州法很大程度上——至少从经济影响的方面来讲——是指特拉华州的法律。事实上美国公司法在州的层面，并没有普遍规定或界定这样的独立董事制度。相反，各州的公

① 高明华、马守莉：《独立董事制度与公司绩效关系的实证分析》，载《南开经济研究》2002 年第 2 期。

② 骆品亮等：《独立董事制度与公司业绩的相关性分析：来自沪市 A 股的实证研究》，载《上海管理科学》2004 年第 2 期。

③ New York Stock Exchange, Listed Company Manual § 303.01 (2002).

司法集中关注特定的具有利益冲突的交易——例如，公司与其董事或高管之间的交易，或者公司与其董事或高管享有权益的其他主体之间的交易，以及高管盗用本可能属于公司的商业机会——并规定了特定的后果，而这些后果取决于拥有决策权的利益冲突者是否规避参与决策程序。

州公司法中的"独立性"，仅仅是指在特定的利益冲突交易中的"无利害关系"——这与抽象独立性的含义相去甚远。州公司法通常通过向没有涉入交易的董事披露信息进而获得无利害关系董事批准的方式处理这类利益冲突交易。但是它没有假定这些无利害关系董事常常会是同一个人，并且不要求抽象式的独立董事制度。相反，它采取的是交易个案考量的方式，并且在每个个案中询问是否有与问题交易无利害关系的董事（或其他决策人）的批准。特拉华州的法官在数个场合中强调了他们更偏好采用个案分析而不是抽象定义的适用。例如，在被问到法院如何判断董事会是否独立行动时，特拉华州最高法院首席法官的答复是："我们不能为独立性制定规则。在特拉华州，我们是司法机关，而不是立法机关……但是，我们也不是第一次进城的土老帽儿，天真无知。我们可以判断某人是否独立行为。比如说，我认为从公司获得大量律师费的律师在绝大多数情况下都不能是独立董事，尽管某些情况下他们可能是独立的。"①

虽然无利害关系董事这一概念不断地在诉讼中被测验、优化，但是却几乎没有能够适用于要求独立董事的（通常是联邦的）法律和法规，以及说明谁可以算独立董事的司法实践。无利害关系董事是特拉华州公司法中的一个概念，

---

① Jared D. Harris, "What's Wrong with Executive Compensation", *Harv. Bus. Rev.*, Jan. 2003, p. 68.

并且特拉华州有法院和发现问题迅速作出反应的立法机关。相较之下，纽交所规则并没有以书面裁决为结果的通过公正程序来发现问题和解决纠纷的体系。《萨班斯—奥克斯利法案》有同样的问题：它们来自于一个不能快速改变的渊源。① 另外，如果特拉华州希望有无利害关系董事，它可以给予不能获得无利害关系董事保护的股东以起诉的激励。但是交易所只有通过退市这一生硬的工具来强制执行它们的规则。

简而言之，中国所移植的制度并不以中国政策制定者所认为的方式存在。在很大程度上，② 法律强制下的独立董事制度对美国来讲也是全新的，就如同它对中国是全新的一样。两个国家的法律体系都面临着如何在现实生活中适用这一抽象法定标准的全新问题。中国对于这个词语以外的法律的移植很少。这个词语的意义来自它背后的历史，但是在中国并不存在相同的历史，因而这一制度无法移植。

(三) 移植的规范：信义义务

没有发生过的移植有时候是最有趣的。1993 年，中国当时的国家经济体制改革委员会（以下简称体改委）（一个部级政府机构）向中国香港的联合交易所有限公司（以下简称联交所）发了一封信函。③ 在这封信函里，体改委正式向联交所保证其所

---

① 本段中论点的详述，参见 William B. Chandler & Leo E. Strine, Jr., "The New Federalism of the American Corporate Governance System: Preliminary Reflections of Two Residents of One Small State" (New York University Center for Law and Business, Working Paper No. CLB 03-01, Feb. 26, 2003), http://papers.ssrn.com/abstract = 367720。

② 在《萨班斯—奥克斯利法案》之前，美国联邦法确实有关于独立董事的零散要求（比如 1940 年《投资公司法》）。

③ 国家经济体制改革委员会关于《股份有限公司规范意见》和《关于到香港上市的公司执行〈股份有限公司规范意见〉的补充规定》致香港联交所的函，1993 年 6 月 10 日。

发布的《股份有限公司规范意见》① 第 62 条规定的 "诚信责任"② 和香港法律中的信义义务具有类似的含义。

体改委的信函并不是对一个没有意义询问的回应。这正是中国香港的联交所为了允许中国内地公司实现到香港上市的计划所需要听到的答复，而体改委热切期盼着该上市计划。然而，该信函所陈述的内容是否完全准确还是值得讨论的。③

如果中国内地的公司法中存在与中国香港法律中的信义义务相类似的规范，它只能通过移植而来，因为这一普通法概念来源于信托法，而在中国内地并没有与信托法真正相对应的法律。④ 如果我们降低标准以涵盖大陆法系中类似于信义义务的概念，如被委任的人的义务，这些概念也只能是移植而来；因为在1949 年后的中国的有关企业治理的规范中，这个概念就不存在。

当体改委 1993 年发布该信函时，还没有发生信义义务制度的移植。换而言之，那时不存在适用于替被动的受益人管理资产的、可以作为法律规范来执行的规范，起码没有书本以外的法律规范。事实上，即使在《公司法》颁布十多年以后，

---

① 体改委 1992 年发布的《股份有限公司规范意见》，是当时中国最接近公司组织法的文件。值得注意的是，此规范意见的第 62 条事实上并没提及诚信责任（responsibility of good faith），它提及的是诚信义务（duty of good faith）。或许仅仅只是语义学上的区别，但是法律上词语的选择关系重大，而对中国政治语境来说，词语的选择更为重要。详见 Michael Schoenhals, *Doing Things with Words in Chinese Politics：Five Studies* (1992)。

② 中文 "诚信" 是 "诚实信用" 的简称，而 "诚实信用" 是大陆法系中词语 "good faith"（法语 "bonne foi" 或德语 "Treu und Glauben"）的标准翻译。

③ 体改委平淡的保证能与俄罗斯股份公司法起草者旨在从俄罗斯法律词汇中找出能完全反映信义义务概念的不成功的努力相比较。Bernard Black, Reinier Kraakman, and Anna Tarassova, "Russian Privatization and Corporate Governance：What Went Wrong?", 52 *Stan. L. Rev.* 1731, 1752 n. 31 (2000).

④ 中国最近通过了《中华人民共和国信托法》（2001 年 4 月 28 日），但是该法律并没有，也许不可能详述并明确受托人义务的轮廓。它指出受托人的义务为 "诚实、信用、谨慎、有效管理"（参见该法第 25 条），但这些概念在中国法理中还没有详细阐述。

这样的规范现在是否存在尚不清楚。虽然 1993 年《公司法》提及了忠实义务，但注意义务——不管源于普通法系的信义义务原则还是源自大陆法系如同善管义务一样的委任规则——却不存在。① 新《公司法》在第 148 条加入了对公司的勤勉义务，然而它能否以及如何被强制执行仍不明朗。不管原则如何，中国没有普遍知晓的，强制执行与信义义务类似的义务的案例。② 因此，这种减少垂直代理问题（董事与股东之间的代理问题）的方式就不可靠。

信义义务在中国很难被发现，本来就不奇怪。政府所关注的资产管理者实质上是各个层级的政府官员，包括国有企业的经理。这些管理者连同他们的义务，与他们的直接上级或直接下级之间并没有质的分别。"国有企业"与"主管部门"之间的界限不同于公司与股东之间的界限，在很多情况下都很难界定。因此，那些资产管理者的义务是通过行政方式界定与执行的。他们只是等级体系中的官员；他们在特定的激励结构下运作，以各种方式对他们的上级负责，但是采用类似信义义务或者委任义务的概念来理解或描述他们的职责是完全不适当的。企业管理者对他的上级的义务更类似于一家综合美国公司中负责某产品的副总裁对总裁的义务。

三、结论

如上所述，当法律和制度移植发生时，很多元素会在移植过程中走样。为什么？无论是一般的法律移植还是中国公司法

---

① 王文福，付春明：《论美国〈公司法〉中的经营判断规则》，载《经济与管理》2004 年第 8 期；李晋：《我国〈公司法〉机关制衡制度的分析》，载《河南省政法管理干部学院学报》2001 年第 3 期。

② Nicholas C. Howson，"Corporate 'Fiduciary Duties' in China—Incorporation and Extension to the Heart of China's Corporate Law Problem"（未出版文稿，2005）（作者存稿）。

中特有的法律移植，我们都无法从上述样本中得出清楚的结论，因为样本不是随机选取的，我们也没有严格适用统一的理论框架。但是，一些突出的特征是具有考量价值的。

第一，尽管中国政策制定者在很多方面都坚持民族主义的立场，他们似乎非常拥护外来的移植物。如果中国政策制定者理解托拉斯是何物，他们应该理解它不仅仅是外来资本主义的产物，并且还是外来高级资本主义的产物。尽管如此，他们还是毫无掩饰地准备移植它。尽管本篇文章只讨论了一部分案例，现代中国已经移植了，或至少探索移植许多来自其他国家的规范和制度。

第二，虽然法律概念的移植在很多国家是由法律专业人士推动的，但是在中国，法律移植——正如法律系统本身的许多方面一样——却由法律外行人来负责。[①] 法律移植可能是由对所移植的制度仅有表面理解而完全不知使该制度在发源地国家发挥功能的环境的官员发起的。因此，所移植的制度存在表面化、功能失效甚至招致损害的风险。

第三，在诸多法律移植例子中，好像很少考虑到中国社会的特殊特征。或许是因为政策制定者是完全的内部人，他们似乎并不能察觉到，国有经济的规范与实践仍继续渗透中国社会许多领域的普遍性，以及这些规范与做法是如何扭曲从市场经济移植而来的概念的运作。

第四，我由此提出一个更广泛的、对中国法律体系中所有源自西方法律体系的移植都适用的问题：如果从一个以权利观念为中心而建构的法律体系中拿出一个制度或概念，把它移植到中国的法律体系中，这个移植能繁荣发展吗？或许某些制度或概念可以，但是前提是必须要有特定条件来支撑。

事实上，或许人们不能通过权利概念来很好地理解中国法

---

① 比如，起草《证券法》的责任由一个著名经济学家领导的团队承担。

律体系的实际运作。从中国法律体系的基本原则与假设来看，中国的法律体系与那些基本原则和假设源自罗马法的法律秩序根本不同，尽管后者在回应现代社会需求时多多少少有改变。不管是封建帝制时代还是现代，不能脱离中国法律体系的历史来理解中国法律体系，而这个历史主要是以国家为中心的历史。

在西方法律体系下，我们习惯于认为权利具有二元结构。一个主体要么有（或者应该有）某种权利，要么没有（或应该没有）该权利，并且有关权利的辩论总是采用这些概念进行的。就形式而言，中国的法律体系并无二致，但是在实践中，人们经常碰到所谓的"权利"被当作强度可以变化的连续体。换而言之，权利可能被当作赋予拥有者的某种权利主张（有时更强，有时更弱）用以对抗可能归为或可能不归为权利的其他竞争利益。权利拥有者能否胜出取决于当时竞争利益的强度。在任何法律体系，权利之间的冲突都是常有的，因此作出法律决定的人需要作出选择。中国体系的不同在于，不是某些利益被提升为权利；相反，权利被当作另外一种利益而进行相应的权衡。①

在计划经济时代，这种观点不会造成损害，并且这种观点可能确实是唯一可行的观点。有关的权利拥有者都是政府机构或国有企业。当他们之间有争议时，国家采用最大化所有相关人利益的方案是明智的，而强有力的权利观念并不能达成任何有用的目的。② 权利代表权利拥有者的一种选择：可以行使它

---

① 我要进行区分的是，当我作为一个餐馆老板时，我可能拥有这样一个可被理解的利益，即竞争对手不能在同条街道上开餐馆，但法律不会给我权利让我阻止他在同条街道上开餐馆。毫无疑问，许多国家的制定法中会有很多这样在游说成功后权利被授予被优待群体的例子。

② 因此，假如有在私人之间只能达到卡尔多—希克斯效率优化的结果的情况，政府可以强制获利者补偿失利者，从而达到帕累托效率优化的结果。

或者将它议价出售。在等级无处不在的系统中，这种自治权没有任何意义。如果通过交付稍微差一点、成本更低的螺丝钉以及对管理者的质量指标做适当的下调，系统能够运作得更好，那么，为什么企业管理者应该有权利坚持要求交付一定质量的螺丝钉呢？

令人惊讶的是，这种法律权利的连续性与非二元性的特征也延展到国家施加的义务上。从二元义务的角度来看，中国的法律有时候很令人困惑。它充满了"应当"或者"必须"履行的义务，致使接受西方训练的律师沮丧地惊叹："那我到底是否必须去履行这些义务？"从我个人经验来看，很少会有政府官员认为"应该"弱于强制性义务，但是他们同时却会坚称"必须"意味着更强制性的义务。

法律还常常规定某些事项"原则上"应当或必须完成，这就又为规范的绝对义务性留下了疑惑。事实上，即使法律没有明确提供此类疑惑空间，它往往隐性存在着。中国地方政府一个由来已久的做法是，经常在中央政府的批准下，试用大家承认与现行法律相反、不存在法律例外的制度与实践。发生在《土地管理法》与《宪法》修订之前的深圳土地租赁试点就是一个非常好的例子。如果从二元性的法律义务角度看，我们完全无法说明正在发生着什么。我们只能说它是违法的。但这种分析完全无助于我们加深理解。一个连续性的法律义务的概念可能打开更深入的分析之门，这些分析可能使我们能够思考到试点在多大范围内是允许的，以及哪类原则支配试验性偏差。

和权利一样，义务的连续性反映了中国法律体系以国家为中心的性质，尤其反映了从官僚内部交流体系进化而来的当代中国法律体系的历史背景。成功的官僚机构不是在二元权利和二元义务的基础上内部运行的。相反，人们看到恒定的信息流来来往往以及人们之间的交易建立在长期的关系上。作为官僚主义常态的一项原则，要求"原则上"或者"一般地"完成某项事情显得很合理。如果总的原则是明智的，一些例外的存在不会使国家崩溃。这种义务概念仅仅在它脱离原本的内部官僚机构背景而适用于官僚体系外部时，才开始成为问题。

我认为，这个问题是西方公司法的移植制度与中国公司法制度的相适性问题的一部分。西方公司法没有考虑它所规制的企业治理中政府的大量存在，也没有考虑这样一个法律体系，在该体系中权利实际仅仅是在任何一个个案中被用来与其他能或不能被归为"权利"的利益进行权衡的利益。例如，当股东的法定起诉权利被法院以维护社会稳定的名义削弱和阻碍时，股东诉讼不能作为有效的公司治理工具。人们可能自然倾向于批评中国法院不给予权利拥有者的应得权利。但是，内部人和外部观察者一样，如果要推进各自的改革和理解的议程，必须先了解中国法律体系本来的模样而不是所希望的模样。

译后记

能够参加总主编陈夏红先生组织的"远观"译丛项目，并担任公司法分卷的主编，葛平亮和我感到非常荣幸。经过选题、筛选文章、获取版权、翻译以及校对，公司法分卷即将与读者见面，我们倍感欣慰。

非常有趣的是，公司法分卷的团队成员分布在世界各地，有工作于美国、德国、澳大利亚、中国澳门的作者，有就读于德国、英国、中国香港的译者；而葛平亮和我则分别在德国、中国香港求学。在互联网的支持下，大家们因公司法分卷、因对中国公司法的热爱，而紧密联系在一起。因地域的差异，大家的合作更显得宝贵与难得。公司法分卷翻译项目获得圆满成功，离不开大家对它的支持与帮助。在此，我代表葛平亮，向大家的支持与帮助表达我们由衷的感谢！

首先，非常感谢中国大百科全书出版社学术著作分社郭银星社长对公司法分卷的大力支持，尤其是在公司法分卷因校对工作而拖延之后，仍不遗余力地支持我们，让我们最终能够交出忠实于作者而又相对通畅的译文。其次，特别感谢丛书主编陈夏红先生，他从最初的论文选题到最后的翻译校对，一直耐心地指导我们，为公司法分卷倾注了大量的心血。

此外，非常感谢译者唐晓琳、林少伟、高鹏程、游传满、闫文嘉（排名不分先后）为翻译论文所付出的辛苦努力。特别是，在春节期间，我给一些译者留言、发短信，不是为祝贺新年快乐,而是催促他们交稿。当我们觉得有些译文需要斟酌、修改时,译者也全力支持、配合我们。

再次,衷心感谢各位作者对译文的校对和审阅。为确保译文忠实于原文,我们将论文译文都发送给各位作者审阅。令我们感动的是,各位作者都很快发回其详细的评论和修改意见。在此,我想特别感谢郭丹青教授对译文校对所付出的大量时间和精力。郭教授为公司法分卷提供三篇文章,且文章的篇幅相对较长。郭教授在百忙之中,均亲自一一审阅,提供了许多宝贵意见和翻译建议。他深厚的中文功底、专业的学术水平,让我们备感钦佩。

最后,感谢各位读者的支持与包容。尽管我们尽最大努力确保译文忠实于原文,并做到通俗、顺畅。然而,译文不可避免地会有一些生涩、难懂之处,甚至会有一些错误。欢迎各位读者批评、指正!

梁姣龙于香港大学百周年校园